中国财经学术专著系列

高管团队社会责任取向、战略选择及其企业绩效关联机制研究

The Study on the Correlation Mechanism on Top Management Team CSR Orientation, Strategic Choice and Enterprise Performance

缪 悦 著

中国财富出版社

图书在版编目（CIP）数据

高管团队社会责任取向、战略选择及其企业绩效关联机制研究/缪悦著．—北京：中国财富出版社，2016.8

（中国财经学术专著系列）

ISBN 978－7－5047－6116－3

Ⅰ.①高…　Ⅱ.①缪…　Ⅲ.①企业管理—组织管理学—研究—中国②企业责任—社会责任—研究—中国　Ⅳ.①F279.2

中国版本图书馆 CIP 数据核字（2016）第 080098 号

策划编辑　王淑珍　　**责任编辑**　惠　婳

责任印制　何崇杭　　**责任校对**　杨小静　　**责任发行**　敬　东

出版发行　中国财富出版社

社　　址　北京市丰台区南四环西路 188 号 5 区 20 楼　**邮政编码**　100070

电　　话　010－52227568（发行部）　010－52227588 转 307（总编室）

010－68589540（读者服务部）　010－52227588 转 305（质检部）

网　　址　http：//www. cfpress. com. cn

经　　销　新华书店

印　　刷　北京京都六环印刷厂

书　　号　ISBN 978－7－5047－6116－3/F·2583

开　　本　710mm×1000mm　1/16　　**版　　次**　2016 年 8 月第 1 版

印　　张　16.75　　**印　　次**　2016 年 8 月第 1 次印刷

字　　数　300 千字　　**定　　价**　56.00 元

版权所有·侵权必究·印装差错·负责调换

前　言

企业社会责任问题日益引起理论界及社会各界的关注，在激烈的市场竞争中，商业道德和社会责任已成为企业获取竞争优势、实现可持续发展的关键环节，成熟的企业将企业社会责任与企业战略联系起来，企业社会责任已从过去“商人的社会责任”完全变成了一种战略竞争力资源，并与企业高层决策紧密联系。回顾以往文献，企业高管团队研究的更多关注团队特征相关研究，而企业社会责任研究特别是实证研究成果集中在企业社会责任与企业绩效的关系研究。鉴于此，本书尝试将高管团队理论与企业社会责任相融合，围绕高管团队的社会责任取向、企业社会责任战略选择、战略模式演变阶段特征及企业绩效过程机制等问题，展开了一系列的相关研究。

研究一通过多重案例比较研究，对四家有代表性的企业进行对比分析，从反映其高管团队社会责任取向及企业社会责任战略特点的关键事件中，总结企业高管团队社会责任在企业战略选择过程中、多要素系统中的初步规律。研究发现，企业高管团队社会责任取向可以分为经济绩效导向（偏重经济责任和基本法律责任）和社会绩效导向（偏重伦理责任、慈善责任）两种，并通过内部人责任、外部人责任、公共责任三个方面的具体关键事例，结合企业高管团队社会责任取向，将企业社会责任战略分为消极型、反应型、积极型和主动型四大类。通过多重案例比较研究进一步发现，在高管团队人员特征、社会责任取向、企业社会责任选择、社会责任演变、社会责任表现及企业绩效之间确实存在某种具体的内在联系，从而为后续研究奠定了初步的构思框架。

研究二提出和验证了高管团队社会责任取向及其社会责任战略选择之间的关系。研究结合相关文献及访谈内容设计了高管团队社会责任取向及企业社会责任战略问卷，对湖南省、北京市、深圳市等地区企业进行取样，在156家企业高管团队的478份有效问卷基础上进行分析。探索性和验证性因素分析结果表明，高管团队社会责任取向包括经济责任取向、法律责任取向及伦理责任取向三个维度；企业社会责任战略导向包含经济绩

效导向及社会绩效导向两个维度。结构方程建模结果显示，高管团队社会责任取向对于企业社会责任战略导向的选择作用明显，同时方差分析结果显示，企业高管团队社会责任取向受到个人异质性及企业异质性的影响。

研究三通过深度访谈，探讨不同个体特征企业，特别是高绩效企业高管团队在不同生命周期社会责任战略模式演变的规律。访谈结果显示，高绩效企业在不同的生命发展周期中，可能采取不同的社会责任战略模式，即消极应对、积极反应、超前行为及相互影响社会责任战略。访谈结论通过问卷佐证研究得到了进一步的验证，即通过对76家高绩效企业的社会责任战略模式在不同阶段的频次分析，结果显示，企业社会责任战略在企业不同发展阶段存在显著差异。

研究四提出和验证高管团队社会责任战略选择与企业绩效的过程模型。运用156家企业高管团队的478份有效问卷进行结构方程建模，结果显示高管团队企业社会责任战略选择显著影响企业社会责任表现，但对企业绩效没有直接作用，而是通过企业社会责任表现来对企业绩效产生影响。

最后，本书从政府、社会及企业三个层面提出了加强中国企业社会责任建设的对策及实施路径。

本书主要创新工作如下：

（1）首次将高管团队社会责任取向、社会责任战略选择、企业社会表现及企业绩效建立在同一个理论框架体系中，明确了这四者之间的作用关系，验证了企业社会表现的中介作用，在一定程度上突破以往社会责任的研究范畴，丰富了相关理论知识。

（2）相对于已有的模型，本书构建了一个与真实系统更加相符的企业社会责任过程传导模型。将企业高管个人特质、企业特质及其外部作用纳入同一模型，并通过实证方法探索企业社会责任取向与战略选择、责任表现及企业绩效之间的内在联系，有助于企业对其承担社会责任的理解提高到一个新的高度，为企业将社会责任纳入企业战略的制定与选择提供了一定的理论参考。

（3）突破了现有研究对企业社会责任战略的一般的阶段划分，揭示出高绩效企业社会责任战略模式演变的规律及阶段性特征。

缪　悦

2015年11月

目 录

1 绪 论

1.1 研究背景及研究意义

1.1.1 研究背景

自英国学者 Oliver Sheldon（欧利文·谢尔顿）提出企业社会责任（Corporate Social Responsibility，CSR）概念以来，企业社会责任已受到越来越多学者及企业界的关注。虽然企业社会责任存在较多争议，甚至有学者直接将企业社会责任等同于股东利益最大化，企业社会责任一度被视为是对企业资源的浪费。20 世纪 70 年代以来，由于跨国公司影响力的不断扩大、企业社会责任问题的不断涌现以及社会责任运动的兴起，传统经济学中“经济人”假设受到组织行为学、竞争力理论的挑战，管理领域关于 CSR 的研究进入快速发展期并出现了大量研究 CSR 的文献。经济全球化使得“公司责任”正在取代“公司社会责任”，强调所谓商业公司更广义的责任，尤其在可持续方面的责任。在激烈的市场竞争中，商业道德和社会责任已成为企业获取竞争优势、实现可持续发展的关键环节，成熟的企业将企业社会责任与企业战略联系起来，运用 CSR 撬动企业竞争优势。企业社会责任已从过去“商人的社会责任”完全变成了一种战略竞争力资源，并与企业高层决策紧密联系。

另外，随着社会经济的不断发展，企业对社会经济发展及社会环境变化产生越来越大的影响。日益扩张的企业经济活动，一方面使得造自然资源日益枯竭，另一方面也破坏了生态环境的自然平衡，给环境造成了极大的污染。近些年来，社会阶层分化逐渐加剧、社会有效需求严重不足、劳资矛盾日益加深等社会问题层出不穷，已引起了社会各界学者及有良知的企业界人士对企业社会责任问题的关注。从 20 世纪中后期开始，企业社会责任运动开始在西方发达国家发端兴起，并随着消费者的觉醒、政府的呼吁、社会责任投资者的积极参与和 NGO（非政府组织）的崛起而蓬勃发展。我国的社会责任实践运动刚刚兴起，社会责任意识相对欠缺，社会责任行为水平相对落后，不少企业存在着各种较严重的社会责任层面的问题，如产品质量低劣、环境污染严重以及存在欺诈消费者、压榨劳动力和漠视安全生产等。如举世瞩目的山西黑砖窑事件、震怒国人的三鹿奶粉三聚氰胺事件、令人触目惊心的特大矿难频发等都在时刻提醒着人们：推行企业社会责任理念、加强企业社会责任意识、根本改变企业社会责任态度等刻不容缓。而不可否认的是，企业社会责任的意识及发展水平，又在很大程度上取决于高层管理团队成员的社会责任取向。

自 Hambrick（汉布瑞克）和 Mason（梅森）（1984）提出高阶理论（Upper Echelons）以来，大量以高层管理者（Top Executives）为对象的实证研究开始涌现，研究结果也证实了高阶模型的价值。高管团队（Top Management Team，TMT）一词已成为正式的学术用语，高管团队行为特征与企业绩效的相关性得到了广泛的共识，并且随着对高层管理团队研究的深入以及交叉学科的发展，高管团队研究无论在深度还是广度上都得以拓展。以往研究显示，企业相关领导力及战略管理与企业社会责任存在一定的相关性，所以企业社会责任和高管团队的研究被提出并逐步得以发展。

企业战略，包括企业社会责任战略的制定与选择主要是由企业的决策者即企业的高管团队共同完成，企业高管团队的社会责任取向不仅影响到其自身的社会责任行为表现，更会通过企业政策的制定、实施，以及企业文化的建设进而影响企业社会责任战略的形成和演变。不同的企业战略将带来不同的企业经营行为及经营结果，企业社会责任战略亦是如此。随着企业社会责任战略研究的不断深化，如何客观评价企业社会责任战略越来越受到业内的关注，大量西方文献显示，企业社会责任战略可以增强企业竞争力，进而提升企业绩效，但这其中的内在影响机制及传递机制如何？怎样通过制定与选择适合企业内外环境的社会责任战略以改善企业社会责任表现？这些都已开始成为学界及企业界日益关注的焦点。

由此不难看出，在社会外部环境驱使和企业主观战略转变的双重背景下，以高阶理论的视角对企业社会责任进行深入研究，具有现实的必要性和理论的创新价值。

1.1.2 研究意义

企业作为现代社会最基本的经济主体，是拉动整个社会发展的重要力量，研究企业和社会的关系是学术界重点关注的问题。在国外，以企业社会责任概念为核心的研究已经从单纯的理论探讨转向实践操作。但在中

国，无论是有关企业社会责任的理论辨析，还是关注中国企业实践的实证探讨，都不多见，而以高阶理论为视角对企业社会责任进行深入研究更是一个全新的课题，具有重要的理论意义和现实意义。

首先，企业作为社会经济系统的一个组成部分，企业和社会的关系在很大程度上决定了企业与社会的共同繁荣及发展。企业如何处理发展过程中带来的外部性或者如何处理和利益相关者的关系，不仅是企业发展必须解决的问题，也是积极树立良好企业形象，提升企业竞争力的有效途径。改革开放以来，我国在经济得到长足发展的同时，企业社会责任问题频发：对消费者权益的漠视、对劳工工作环境的轻视、对法律法规的肆意践踏、为追求经济利益而置环境污染于不顾等反映企业社会责任缺失的案例时有发生。因此，倡导中国企业积极承担社会责任，顺应国际社会潮流，可以使中国避免走发达国家曾经走过的弯路，避免发展经济的同时对人类赖以生存的环境造成无法弥补的破坏，缓解企业劳资冲突，保护国家和消费者的权益，从而对国民经济的可持续发展以及和谐社会的构建做出贡献。

其次，在中国日益融入世界经济一体化的今天，企业社会责任已经引起社会广泛关注。中国企业目前面临前所未有的机遇与挑战，特别是一些劳动密集型的传统产业，多数企业依然沿袭低价竞销的贸易模式和成本导向的运营方针。对行业来说，企业不履行社会责任是企业承担社会成本的不相当，导致不公平竞争和行业低水平的发展。企业一方面面临缺工、招工难和员工流失率增加的问题，另一方面企业竞争加剧，特别是外向型企业，面临采购商的肆意压价压力、内部成本上涨压力及种种贸易壁垒，企业普遍感到生存压力增大，发展举步维艰。中国传统产业采取何种竞争模式，如何提高企业的国际竞争力和核心能力，使产业得到均衡发展，平稳融入世界产业链和全球经济，走科学发展的道路，这已成为摆在我国企业面前的重要课题。

再次，我国学术界有关社会责任的研究起步较晚，缺乏针对本国国情的研究而更多的是对西方社会责任研究的引入和介绍，侧重于规范分析，实证分析尚不多见，缺乏多视角、深层次的相关理论的研究和探讨，对中国企业管理实践的指导意义不大。如何在广泛吸收和借鉴国外相关理论与实践经验的前提下，构筑符合中国文化传统和中国国情的企业价值体系，设计出完善的制度安排，这都急需从理论层面和实践层面上得到解决。本书试图以高阶理论为视角探讨企业社会责任，通过构建企业高管团队社会责任取向及其绩效的关系传导模型，探讨企业社会责任取向、行为表现、战略选择及绩效之间的关系，并在借鉴发达国家经验的基础上，提出中国企业社会责任践行策略，以期为中国企业和社会提供有益的借鉴。

最后，企业和社会的关系是随着企业的发展和社会的进步逐步发展起来的。企业在和社会的互动中，其承担社会责任既有主观的意愿又有客观的能力，而高层管理者的价值观和社会责任取向很大程度上决定了企业的主观意愿所在。和跨国公司相比，中国企业大多规模偏小，赢利能力偏弱，企业如何在现实能力和主观意愿之间进行平衡，抓住企业和社会关系中主要方面，既能对社会负责又能实现企业的经济目标，树立正确的、与企业现实相匹配的社会责任取向，选择与企业能力相适应的社会责任战略，促进企业绩效的提升，这是学术界应该重点解决的问题，也是中国企业进行责任创新的现实需求。

1.2 研究对象及相关概念界定

1.2.1 研究对象

高阶理论将高层管理者和高管团队作为研究对象涉及一个基本问题：高层管理者是否对企业绩效起到重大作用以及这种作用的方式和过程，这也正是本书以高层管理者为研究对象的理论来源。不少商业实践表明企业高层管理者能对企业产生及其重要的影响力，他们的管理技巧及决策甚至决定企业的成败。当然也有不少学者和相关实证研究结果持相反的观点。高阶理论引入管理裁量权（Managerial Discretion）及高层管理者的决策自由度来融合这两种相反观点，该理论认为，高层管理者是通过管理裁量权进而对企业产生影响的，高层管理者的管理和决策空间包含了多重维度，如各种有形、无形资源的整合、人际角色的扮演、企业内外部活动的组织等。Mingtzberg（明茨伯格）将企业高层管理者的角色分为决策角色、人际角色和信息角色；结合其他的研究，企业高层管理者工作维度分为：内外部活动（External and Internal Activities）、战略制定、执行和情境创设（Strategy Formulation，Implementation，and Context Creation）、实质性和象征性（Substance and Symbols）等，在这些工作维度上高层管理者的个人特征，如职业经验、职业背景、受教育程度、个性甚至性别、年龄等都会对其企业行为选择及偏好产生影响。管理裁量权与工作维度相结合就是高阶模型以高层管理者作为研究对象的理由。企业社会责任态度、行为及战略

选择作为企业管理的重要部分，必然受到企业高层管理者的深刻影响，因此，本书以高阶理论为视角，探讨企业高层管理者对企业社会责任的重要影响。

以高阶理论为基础，选择高管团队社会责任取向、企业社会责任战略及企业绩效为研究对象，进行企业高管团队及其社会责任关系研究的另一个原因在于，试图尝试打破以往关于企业社会责任研究的固有缺陷，并进一步扩充相关理论：第一，在以往的研究中存在企业社会责任边界不清，争论较大的问题。我们试图换一种研究视角，以高管团队为视角研究企业社会责任，尽量避免在定义问题上的循环讨论；第二，以往企业社会责任研究过分注重经济等客观因素，而对于人的选择等主观因素加以回避，本研究探讨的是高层管理者如何根据自身偏好和对现实（企业的内在条件和外部环境）的理解选择战略；第三，企业社会责任表现对企业绩效将产生重要的影响，以往学术讨论更多的是从经济学层面对企业承担社会责任的理由及未来影响加以探讨，其实企业社会责任不仅仅包含经济背景，更强调道德和价值观因素的影响，本文从管理者的视角来研究有利于加深对企业社会责任的理解；第四，企业社会责任的内涵与企业家精神（Entrepreneurial Spirit）有重合的部分，企业家精神强调责任、诚信和创新等特质，这些与企业社会责任的领导力因子相一致；第五，委托代理制度（Agency）理论的有益补充。传统委托代理制度过分强调企业管理者对股东的负责，甚至认为股东是企业唯一的利益相关者，但在现代企业结构发生重大变化的今天，现代社会更强调企业的社会信托责任及众多利益相关者的利益保障；第六，企业社会责任也包含了公司治理结构的问题，从高层管理者角度研究企业社会责任有助于完善公司治理理论。

综上所述，本书从高阶理论视角，探讨高层管理团队企业社会责任取向、战略、行为表现及绩效之间的关系，不仅具有重要的现实意义，而且具有一定的学术价值。

1.2.2 相关概念界定

本研究涉及两个关键的概念：“高管团队”和“社会责任”。社会责任概念是一个重要的理论问题，在第 2 章的文献综述中会有详细阐述，在本小节中，我们仅对“高管团队”以及与本文内容紧密相关的“社会责任取向”“社会责任战略”“社会责任表现”做一明确的界定。

Amason 和 Mooney（1999）[1]在其研究中将高管团队定义为“包括 CEO（首席执行官），以及直接向 CEO 负责的，直接参与企业的战略决策制定

的人员”。高管团队中的每一个成员都有权利参与企业的战略决策或抉择，或在某一特定的战略决策中（如财务决策、投资决策）起主导作用。鉴于本次调研以中小企业为主，由于中国中小企业，特别是非国有制的中小企业，多数董事长直接参与管理，有的兼任总经理，因此我们在研究中定义的高管团队，包括总经理和董事长，以及有权参与企业战略决策和战略抉择、并能够直接向董事长或总经理汇报的高级管理人员，如营销、财务、人力资源、投资部门的部门经理等。

值得一提的是，中国大多数企业在实践中，至少有一些主要的管理团队成员是在自己并不熟悉的领域中运作。在中国，由于市场经济尚不成熟，而且由于高管团队成员各自不同的背景，许多高管“团队”成员之间的合作并非具有很强的凝聚力，也并非能做到真正的“团队”那样运作。鉴于此，Hambrick（1994）曾提出，不是所有的高管团队都可以称为团队，而应该替代称为高层管理群体。为了保持与以往研究的一致性，我们在本研究中还是沿用“高管团队”一词。

在以往CSR的多种定义中，Carroll（卡罗尔）的定义产生了较广泛的影响，即企业责任包括四种：经济责任、法律责任、伦理责任和慈善责任。而关于企业社会责任取向（CSRO），Wood（1991）[2]认为，CSRO取决于企业领导者对企业的四种责任领域作何选择或判断，取决于他们对这些责任的基本倾向（也可以称为个人的CSRO）。高管团队CSRO可以被认为是企业高层管理者对企业经济、合法性、道德和慈善行为的总体取向[3]。承袭Carroll和Wood的思想，目前学术界和企业界普遍认为，企业必须以经济、法律、道德和慈善四种行为来促进企业的发展同时满足社会需要，但不同的个人会持有不同的态度或价值取向，有的人可能偏重经济责任，而另一些人或许更看重法律责任或其他责任。高管团队这种对于CSR不同领域的不同态度或不同责任倾向，即可称为高管团队CSRO。

对于企业社会责任问题，不同的企业所持观点可能有所不同。一种是范围狭隘的社会责任观点，即主要以股东或所有者的经济利益为重，企业首先必须创造出一定的利润来满足经济责任，当然这个经济责任的满足还是在基本的法律框架范围内进行；另一种观点是范围较广的社会责任观点，即企业要对广大的利益相关者负责，包括供应商、员工、政府及广大社会等，协调企业经济利益与社会利益之间的平衡。也就是说，企业在满足经济和法律的基本要求的基础上，作为一个良好的企业公民还会履行更高层次的社会责任，这些责任更多的涉及伦理和慈善等领域。现代企业在

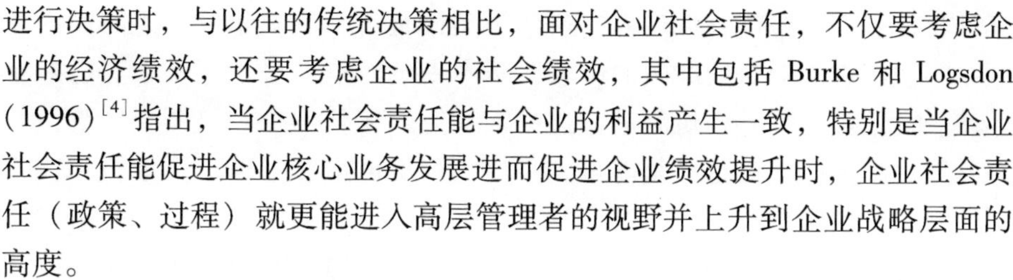

进行决策时，与以往的传统决策相比，面对企业社会责任，不仅要考虑企业的经济绩效，还要考虑企业的社会绩效，其中包括 Burke 和 Logsdon (1996)[4]指出，当企业社会责任能与企业的利益产生一致，特别是当企业社会责任能促进企业核心业务发展进而促进企业绩效提升时，企业社会责任（政策、过程）就更能进入高层管理者的视野并上升到企业战略层面的高度。

关于企业社会责任战略分类，Paine（1994）[5]提出了合法服从战略和整合战略两种，整合战略将企业价值观并入到企业的战略决策之中，并强调企业伦理在企业战略决策中的重要地位。Hummels 和 Karssing 在此基础上增加了对话战略，对话战略注重关注回应企业利益相关者的期望。Takala（2000）[6]提出三种观点：股东观点、利益相关者观点及广泛社会责任观点，William E. Halal 发展了他的思想，并从战略角度将企业区分为利益中心型和社会责任型。利益中心型的企业片面追求企业（股东）利益最大化，他们把企业其他利益相关者的利益仅仅看作是股东（或者所有人）利益最大化的手段而不是目的，而社会责任型的企业注重善举，而不仅仅追求自身利益。鲍勃·德威特和罗恩·梅耶尔（2008）[7]在以上学者的理论基础上，从企业战略管理中的战略张力、合力理论视角，将企业社会责任战略分为不服从型战略、被动服从战略、适应型战略及双赢战略。受到前述理论指导，本研究将以 William E. Halal 提出的两个企业社会责任战略导向为二维坐标，提出企业社会责战略的四种类型，即消极应付战略、积极反应战略、超前行为战略和相互影响战略。

20 世纪 70 年代末，社会责任表现的概念首次出现在 Carroll（1979）[8]的“社会责任—社会表现—社会响应”的三维模型中，Wartick（1985）[9]等在 Carroll 思想的基础上，将企业社会责任表现定义为“社会责任的原则、社会响应的过程及为所牵涉的社会问题而设立的政策三者之间潜在的交互作用”。本研究中的企业社会责任表现通过企业对其利益相关方承担的社会责任来测度，并将根据与企业关系的内外不同及亲疏差异，分为内部责任人行为表现、外部责任人行为表现及公共责任行为表现三种。

1.3 研究内容与技术路线

1.3.1 研究的逻辑框架

高管团队社会责任取向、企业社会表现、社会责任战略之间可能存在某种特征类型和维度，如何界定这些类型或维度，并揭示它们之间的内在联系，厘清它们对企业绩效的影响，是本书的重点。虽然很多学者已对企业社会责任实现的外在机制进行过深入探究，但任何外在机制要能真正发挥其作用，前提条件是必须能得到企业的积极回应和参与。企业首先应该强调自身价值观的改变，只有这样才有可能加深其对社会责任的理解，并形成改善企业责任行为的内驱力。因此，本书尝试着从高阶理论出发，寻找影响企业社会责任取向的高管团队个人特征及组织特征因素，揭示企业社会责任对于企业绩效影响机制及其中的传导机制，并从利益相关者的角度探寻企业承担社会责任路径选择。

具体逻辑框架如图 1－1 所示。

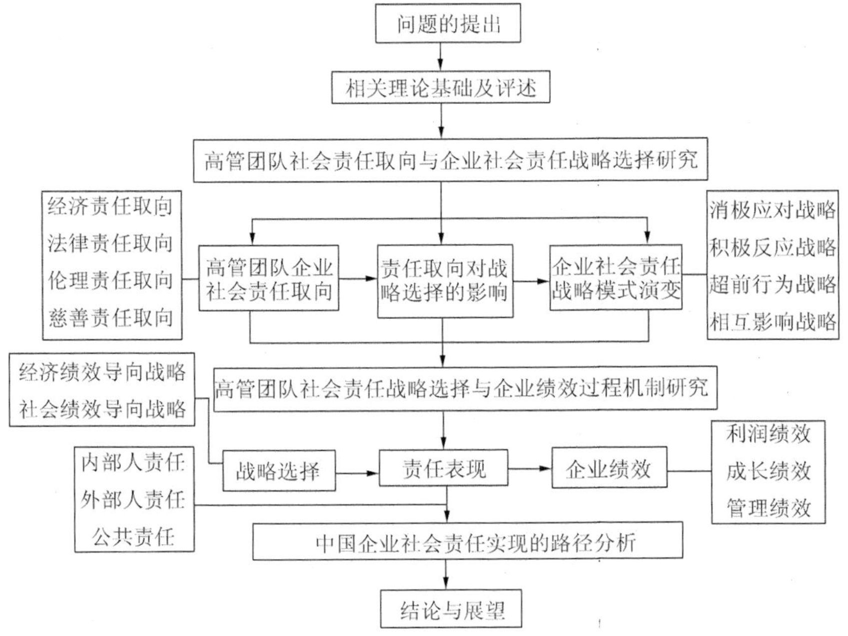

图 1－1　研究的逻辑框架

1.3.2　主要内容和结构安排

围绕着高管团队企业社会责任取向与企业社会行为表现、社会责任战略之间的关系及社会责任取向与企业绩效影响机理的模型和假设，本书分 9 章对相关理论和实证进行分析与讨论。

第 1 章：绪论。本章首先介绍研究背景，进而对研究对象进行了界定，然后采纳理论和现实两个层面阐述了研究意义，最后对研究构想做了一个

梳理，并对研究方法和可能的创新点进行了阐述。

第 2 章：相关理论基础及文献综述。本章对高管团队（TMT）理论、企业社会责任（CSR）理论及高管团队与社会责任关系等文献进行了系统的梳理，并在研究总结相关文献理论的基础上，展望了各理论未来的研究趋势。

第 3 章：理论构建及实证设计。在第 2 章分析的基础上，通过辩证分析本研究所依托的理论构建基石成立的依据，提出高管团队社会责任理论构建的总体设想，并大胆假设高管团队社会责任战略模式演变的阶段性特征理论构想，最终提出实证研究的总体构想，包括具体内容的明确界定及研究思路的整体设计。

第 4 章：高管团队社会责任多重案例比较研究。通过多重案例的收集与分析，定性分析企业高管团队社会责任取向、企业社会责任战略选择与行为表现的关系。

第 5 章：高管团队社会责任取向及其企业社会责任战略选择实证研究。根据文献及访谈内容，编制问卷，并对高管团队社会责任取向维度、战略维度、社会表现维度等进行分析，经过预测试生成正式问卷。本章内容主要分为两部分，第 1 部分介绍了数据来源及其背景；第 2 部分阐释了数据的具体分析过程，并对本章研究结论进行归纳总结分析。

第 6 章：高绩效企业高管团队社会责任战略模式演变实证分析。通过深度访谈，探讨不同个体特征企业，特别是高绩效企业高管团队在不同生命周期社会责任战略模式演变的规律。

第 7 章：高管团队社会责任战略选择与企业绩效过程机制实证研究。通过问卷数据处理等模型构建，推导并分析高管团队社会责任战略选择与企业社会责任表现、企业绩效之间的过程传递机制。

第 8 章：强化中国企业社会责任的对策及政策建议。从政府、社会（NGO）及企业三个层面提出加强中国企业社会责任建设的对策及实施路径。

第 9 章：结论与展望。通过对全书内容进行归纳和总结，得出总体结论和管理启示，分析本研究的不足，并对未来研究做出展望。

1.3.3 研究的技术路线

本书拟从文献搜索整理及分析入手，结合企业访谈和现实观察中发现问题，并采取定性分析和定量分析相结合的研究方法。基于相关理论，文章选择适合企业社会责任分类的视角和标准，将企业社会责任取向、企业社会行为表现分为多个维度，定性讨论它们之间可能存在的内在联系及其相互影响机理，并分别讨论企业社会责任取向对企业社会责任战略选择、社会行为表现及其企业绩效的影响。基于以上的理论分析提出变量关系模型，并在理论分析和概念模型的基础上提出本研究的理论假设。根据实证检验的需要和假设的内容，设计本书相关调查问卷，收集相应数据，并采用相关分析、聚类分析、因子分析等统计方法，使用 SPSS19.0 和 AMOS 7.0 等对数据进行综合处理，通过对理论的定性分析及建立在理论假设基础上的定量的分析与检验，探讨变量之间的辩证关系和作用机理。全书的研究技术路线如图 1－2 所示。

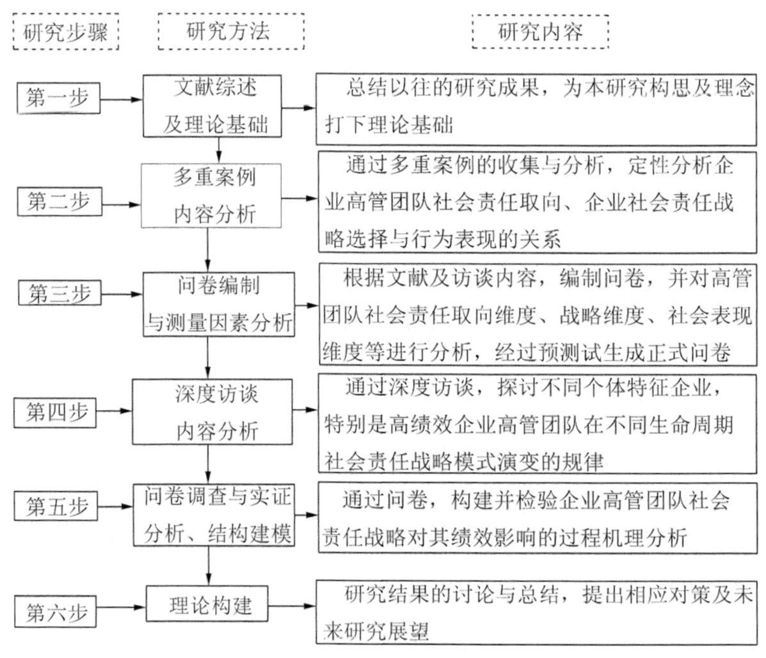

图 1－2　技术路线

1.4　研究方法及可能的创新点

1.4.1　研究方法

（1）文献评述与理论研究相结合。本书在回顾和梳理有关高管团队及企业社会责任研究不同发展阶段大量国内外相关文献的基础上，融合经济学、管理学、心理学、领导学、社会学等多学科理论背景，整合影响企业

高管团队社会责任取向的各种因素，明确企业社会责任的内涵、外延与管理模式，辨识企业社会行为表现及战略的测量维度，构建企业高管团队社会责任取向与战略、责任表现及企业绩效相互作用的机制模型。

（2）实证研究。首先拟在文献与整理分析、问卷调研等基础上，确定所需要测量变量的项目，设计出初始量表。初始量表首先经过小规模的预测试，在对其数据信度、效度检验的基础上不断修改、完善，形成最终量表。然后在大样本调研中发放问卷600份，运用SPSS19.0统计软件、AMOS7.0结构方程软件等，进行相关、聚类等分析，并建立结构方程模型。

1.4.2 可能的创新点

（1）首次将高管团队社会责任取向、社会责任战略选择、企业社会表现及企业绩效建立在同一个理论框架体系中，明确了这四者之间的作用关系，验证了企业社会表现的中介作用，在一定程度上突破以往社会责任的研究范畴，丰富了相关理论知识。

（2）相对于已有的模型，本书构建了一个与真实系统更加相符的企业社会责任过程传导模型。将企业高管个人特质、企业特质及其外部作用纳入同一模型，并通过实证方法探索企业社会责任取向与战略选择、责任表现及企业绩效之间的内在联系，这可能有助于企业对其承担社会责任的理解提高到一个新的高度，为企业将社会责任纳入企业战略的制定与选择提供了一定的理论参考。

（3）突破了现有研究对企业社会责任战略的一般的阶段划分，揭示出高绩效企业社会责任战略模式演变的规律及阶段性特征。

2 相关理论基础及文献综述

2.1 高管团队相关研究综述

国内外有关高层管理团队（Top Management Team，TMT）的研究发端于1984年Hambrick和Mason的“高层梯队理论”（Upper Echelons Theory）[10]。在此之前，本领域研究更多的聚焦于高管个体而非团队。

Hambrick和Mason“高层梯队理论”即“高阶理论”的提出，是战略领导理论的一个进步，标志着有关高层管理团队研究的开始，自此涌现了丰富而系统的有关高管团队的研究，主要集中在以下几个方面：高管团队与组织创新、组织战略、组织绩效之间的关联关系（Finkelstein和Hambrick，1992；Tsui和Gutech，1999；Hambrick等，2000）[11]；高管团队结构与决策质量关系（Talaulicar、Grundei和Werder，2005）[12]；高管团队的人口统计特征与团队行为特征关系（Simsek、Veiga、Lubatkin和Dino，2005[13]；Carpenter等，2001[14]）；高管团队的人口统计特征与公司行为（公司犯罪，公司变革）及公司绩效的关系（Wiersema等，1992[15]；Haleblian，1993[16]）；高管团队多样性的来源及其作用（Michel等，1992[17]；Simons、Pelled和Smith，1999[18]；Boone等，2004[19]）；高管团队的网络建构与信息过程结构（Collins和Clark，2003）[20]；高管团队凝聚力研究（Ensley和Pearce，2001[21]；Ensley和Pearson，2005[22]）；高管团队互动冲突行为研究（Ensley和Pearce，2001；Amason和Mooney，1999[1]；Porter和Lilly，1996；Amason，1996[23]；Amason和Sapienza，1997[24]）；高管团队与公司多角化及国际多角化之间的关联关系（Kslshnan等，1997；Tihanyi等，2000）。近些年的研究更多地集中在高管团队的特征研究（包括人口统计特征，组织结构特征及多样性特征等）及其人口统计特征与变革、战略及组织绩效之间的关系上。目前，已有一些学者将交流、冲突、团队信任等过程变量引入高管团队研究（Amason，1986；Jehn，1994）[25]。

国内学术界基本沿袭这种研究模式。

2.1.1 高管团队互动行为研究

根据上层梯队研究，TMT 研究的第一个分支是将 TMT 人口统计特征与企业水平的变量（比如战略定位、战略变革、企业创新等）联系起来。上层梯队理论的第二个分支则关注团队更加精细的互动过程，比如沟通质量（O'Reilly 等，1993）、沟通频繁程度（Smith、Olian、Sims、O'Bannon 和 Scully，1994）、社会互动（Smith 等，1994）、相互依赖（Michel 和 Hambrick，1992）和一致意见（Bourgeois，1980）。特别是进入 20 世纪 90 年代后期到 21 世纪初，高管团队的研究重心逐步转移到团队运作中介过程，如团队行为整合、团队沟通与冲突、团队协作等动态过程中。

2.1.1.1 高管团队行为整合相关研究

高管团队“行为整合”的概念是 Hambrick 于 1994 年首次提出的，他严格界定了“行为整合”的概念及内涵，及包括信息交换的数量和质量、合作行为和集体决策三个相互关联的核心要素[26]。Hambrick 认为，行为整合能够比较全面地抓住高管团队成员互动过程的核心变异。随后有关高管团队行为整合的研究氛围逐步形成和浓郁。Simsek（2005）等[13]主要关注了高管团队的人口统计特征变量并首次对高管团队行为整合的前置因素开展实证研究。Michael（2006）[27]提出中小企业高管团队行为整合与企业绩效的中介机制可能源于战略的模糊性。Abraham（2006）[28]进而发现，高管团队行为整合能有助于提升企业战略的决策质量，减缓组织的衰退，保持企业的活力与创新力。

纵观 2005 年以后国外有关高管团队行为整合的研究不难发现，本领域基本形成了以 Simsek 和 Li（2005）[29]为代表的两种研究派别。这两个研究派别对行为整合的构念和测量分歧很大。如 Simsek 等用九个题目测量行为整合，忽略了高管团队现场决策时“不同意见”的参与行为。Li 等仅用四个题目测量行为整合，忽略了高管团队的开放沟通和团队合作维度。此外，两个研究派别对高管团队行为整合的测量混淆了行为和非行为主观判断。

在国内，自孙法海等（2003）[30]总结了“高阶理论”以来，基于高管团队特征结构及行为互动的研究日渐增多。在行为互动研究中，国内学者关注高管团队行为整合对组织绩效的影响，但大部分仍集中于定性研究，少量定量研究也大多集中于高管团队的冲突与凝聚力等领域。姚振华、孙法海[31]在此领域的实证研究做了有益的尝试。该研究运用公共组织、国有企业、民营企业和欧美外企等四类组织的325个高管团队样本，从行为视角探索了高管团队行为整合的结构和测量，重点研究了高管团队组成特征与行为整合的关系。实证结果发现，高管团队规模、信任与高管团队行为整合变量显著正相关，高管团队的多项异质性与行为整合显著负相关。姚振华、郭忠金（2012）[32]通过对国企、民企及欧美外企三类性质企业的198个高管团队样本研究发现，高管团队的行为整合与企业绩效显著正相关，并且对企业长期绩效的显著水平明显高于短期绩效。

2.1.1.2　高管团队凝聚力研究

团队层面的凝聚力可以被认为是所有个人的、社会的和情境作用力作用在团队上的结果，这些作用力或者将团队绑牢在一起加强了成员留在团队的吸引力，或者将团队分开、排斥了团队的吸引、减少了留在团队的愿望[33]。Bollen和Hoyle（1990）[34]给凝聚力以更广的定义，即感知的凝聚力是处于群体中的个体的一种属性，反映了他们对自身与群体关系的评价。具有内聚力的团队成员会对别的成员表现出更深厚的感情、更多的信任和更高层次的满意感，会对整个团队表现出情感性的吸引力。Festiner（1950）对于凝聚力结构界定了三个维度：任务承诺、群体吸引和群体自豪感。Ensley、Pearson和Amason（2002）[35]调查了70个创业企业的管理团队，发现凝聚力强的团队有一个人际关系稳固的基础，有良好的工作配合，节省了额外的团队维护的能量和资源，离职率更低。

关于凝聚力与绩效之间的关系存在两种截然不同的意见。第一种意见是它们之间存在正相关关系。特别是基于资源观的观点认为，高管团队凝聚力具有稀缺性和难以模仿性的特点使其成为组织重要的战略资源，凝聚力能有效促进团队决策质量的提升，进而提高企业绩效。Smith等（1994）指出有凝聚力的团队更大限度地发挥团队成员的团结协作，使组织生产与运作更有效率。Ensley和Pearson（2005）通过实证比较，验证了家族企业较之其他企业更具有凝聚力。Ensley等（2001）验证了在新创企业TMT共享的战略认知对绩效的影响过程中，凝聚力所起的作用。总之，持该种意见的学者认为，团队凝聚力能增强决策中的认知冲突及降低团队成员间的情感冲突。当然并非所有学者都赞同这一观点，第二类意见是以Janis（1972，1982）[36][37]为代表的学者，他们从群体思维理论出发，提出凝聚力会促使个体趋同于集体意见，从而导致更低的决策质量和更低的企业绩效。

2.1.1.3　高管团队冲突研究

关于冲突的研究主要包括引起了高管团队中的冲突的因素分析，以及

冲突对绩效的影响过程。

关于团队冲突前因变量的研究反映了多样化的因素影响了团队冲突。具体包括 Amason 和 Mooney（1999）提出的积极的绩效反馈会降低高管团队战略过程中冲突的观点，研究中使用 Jehn（1994）的 7 项目冲突量表。Jehn（1995）[38] 指出群体准则存在类似作用，对不一致的开放性和容忍性会降低团队中的认知冲突和情感冲突。Brehmer（1976）[39] 指出决策者不能充分地识别他们的偏好，引起了纯粹认知的不一致，并成为人际冲突。Amason 和 Sapienza（1997）提出冲突主要受到共有性（mutuality）和开放性（openness）的影响，开放性与认知冲突和情感冲突呈正相关，共有性与两者呈负相关。

在冲突的效能研究方面，Amason（1996）[23] 提出冲突的水平和类型会影响决策的整体效能，以及组织的整体效能。Amason 认为，由于认知冲突有助于集思广益和协调一致，因此与高层管理团队决策的质量、理解程度和接受程度成正相关；而情感冲突不仅削弱决策质量和成员间的理解，而且降低了成员的满意感，伤害了成员间的感情，导致团队效能低下[38]。由此可见，为了使团队更为有效，应该营造一种鼓励认知冲突，抵制情绪冲突的团队氛围[40]。

认知冲突与情绪冲突并不孤立，单纯的认知冲突也有可能引发情感冲突，在这种情况下，团队凝聚力可能起到减缓团队成员情绪冲突的作用。事实上，当各种冲突发生时，内聚力是凝聚团队成员的强大向心力[24]。

Tompson（1997）[41] 认为，高层管理团队内部冲突有利于团队决策的成效的前提是：团队成员在团队整体或组织目标上能达成一致；短期的冲突未对团队长期合作产生消极影响；高层管理团队成员之间发生的是理性而非破坏性冲突；不存在性别之间的冲突，冲突事件能反馈于管理技巧。

2.1.1.4 高管团队沟通研究

团队行为的重点在沟通，有效沟通是团队存在和发展的基础。群体沟通是多维的，可以在频率和非正式性等方面存在不同。高管团队沟通效果取决于沟通规范与沟通频率两个维度。

根据社会认同理论，“高管团队”成员也会对来自其他团队成员的期望做出反应。由此，“高管团队”建立的规范会影响内部成员的互动。特别地，当“高管团队”成员觉得他们能够自如发表看法和挑战现状时，他们更可能表达自己的关心和意见[24]。开诚布公地交流使得“高管团队”加强了“高管团队”的共识，促进决策质量的提升；善于沟通、协作的

“高管团队”比更能使团队成员获得更高水平的满意感[42]。

沟通频率涉及团队成员互动的频次，无论沟通是面对面，还是通过电话、书面记录或电子邮件进行[43]。Smith 等（1996）[44]的研究表明，沟通频率与财务绩效负相关，这是以往内沟通频率高表明团队内的冲突和不同意见多，导致协调成本增加，相反，较少的沟通可能说明团队运作良好，只有很少的信息需要交换和澄清，成本的减少可能导致财务绩效的增加。

另外，群体研究人员认为群体在任务导向行为和群体维持行为之间也存在权衡关系，前者提供效率上的优势，而后者则会带来效率损失。沟通频率高属于一种群体维持行为，会消耗有价值的时间和资源，从而降低团队决策的质量。

鉴于以上分析，良好的沟通规范有助于提升高管团队决策质量，而过高的沟通频率反而可能降低决策的质量及高管团队的管理绩效。

2.1.1.5 高管团队动态行为过程研究

在高管团队的研究中，日益运用过程观点来研究高管团队行为动态，比较典型的研究是 Ensley 和 Pearce（2001）（如图 2－1 所示）TMT 共享的战略认知对新创业企业绩效的影响。研究中采用典型的群体动力因素凝聚力作为前因变量，作为 TMT 互动过程的输入变量，而 TMT 互动的主要过程是 TMT 冲突，作为研究的主要自变量，输出变量是共享的战略认知和组织绩效。

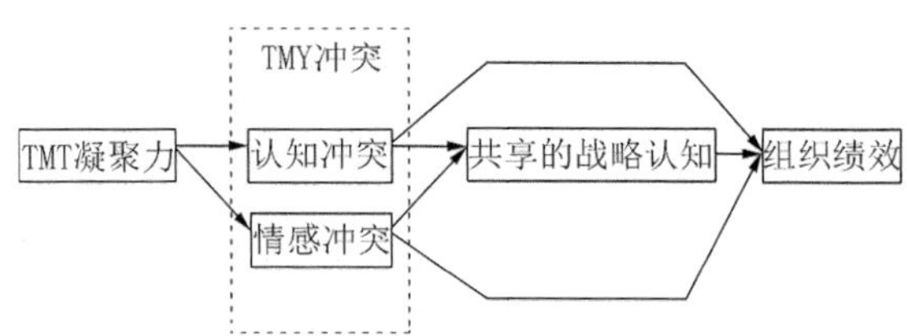

图 2－1 TMT 共享的战略认知对新创业企业绩效的影响

Amason（1996）研究了战略形成过程中的冲突（认知冲突和情感冲突）对战略决策质量、决策承诺度、决策理解度、决策接受度的影响以及对组织绩效的影响。研究显示，任务冲突的作用是正面的，对决策承诺度的影响是最大的，而情感冲突是负面的，对决策接受度的影响最大。

运用过程思路研究高管团队动态行为过程还体现在 Jehn 和 Mannix（2001）[45]进行的冲突的动态本质的研究中，其组内冲突与群体绩效关系的纵向研究典型地体现了过程思路。另根据 Tuckman（1965）的群体发展

四阶段理论："形成（Forming）、磨合（Storming）、规范（Noming）、执行（Perfoming）"，检验了任务冲突、关系冲突和过程冲突在群体发展不同阶段的过程特征，高绩效群体在互动初期和互动后期表现出高的过程冲突水平，互动中期表现出低的过程冲突，在整个互动的不同阶段都表现出低的关系冲突，在互动中期表现出高的任务冲突，互动的初期和后期表现出低的任务冲突。这样任务冲突、关系冲突和过程冲突三方面在互动不同阶段上特征的组合展现了群体特征的非线性变化。形成了三个阶段上不同的有益的冲突模式。

Gersick（1988，1989）[46]提出每个群体的不同阶段展现了"高低起伏不同特征组合上的平衡"。群体研究更多的观察得益于对群体互动模式的更多的检验。因此，高管团队及其群体互动的研究日益强调了过程机制。

2.1.2 高管团队特征与组织战略及组织绩效的关联研究

近年来，战略管理领域研究的一个重要课题即高管团队对企业绩效的影响。正如 Pitcher 和 Smith（2001）[47]指出的，"对于战略学者以及实践者来说，几乎没有比在组织战略层次的人与组织绩效关系更重要的话题"。

尽管战略管理领域的学者很早就意识到高管团队的重要性，但早期的研究在很长一段时间内都局限在定性研究中，定量的实证研究发端于 Hambrick 和 Mason（1984）[10]，他们首次将人口统计学概念延伸到高管团队构成与企业绩效关系的研究中，从此拉开了此领域的研究序幕。目前，有关高管团队特征研究主要集中在：人口统计特征（规模、任期、教育等）、结构特征（组织结构、权利结构等）、多样化特征三方面。对于 TMT 进行研究的人口统计特征方法主要围绕团队的两个维度开展：其一是特定的 TMT 人口统计特征对企业战略选择及企业绩效的影响，即团队的人口统计特征的内容分析；其二是 TMT 的异质性对企业战略选择及绩效的影响分析，即团队人口统计结构特征分析。

目前，团队结构研究涉及的领域十分广泛，研究成果也非常丰富，但并未取得一致性的结论，主要分歧在于：持团队绩效消极态度的观点从相似相吸理论出发，认为团队的异质性较易引起人与人之间互斥情绪，不利于团队绩效的提升，而另一种观点恰恰相反，认为多元化的团队意味着团队成员掌握更多具有独占性和稀缺性的知识和技能，从而有利于有效促进企业绩效的提升。

2.1.2.1 基于 TMT 人口统计内容特征的研究

Hambrick 和 Mason（1984）提出的"高阶理论"认为，高层管理团队

的人口统计特征（如年龄、性别、学历、工作任期、婚姻甚至包括宗教、种族等）能够反映成员认知、价值观等心理特征，是TMT战略决策的认知基础，团队成员不同的人口统计特征以及这些特征的作用过程会影响到组织的战略选择与绩效。该理论把“研究CEO个人”的范式引导为研究高层管理团队，开拓了一个崭新的、具有重大战略意义的研究领域。

研究显示，TMT人口特征与企业战略选择呈一定的相关关系。Wiersema和Bantel（1992）[15]通过对87个公司的高管团队在年龄、工作任期及教育背景等对战略的影响深入进行研究，结果显示，年龄较小的团队更愿意承担风险进而推动战略的变化，相反，工作任期越长，这种随外部环境变化而自觉调整企业战略结构的意愿越低。Tihanyi（2000）[48]认为，教育水平是形成个体认知基础的重要来源。TMT平均受教育时间越长，受教育程度越高，团队越有可能得到更多有效信息，同时也有利于开阔他们的视野，选择多元化战略的可能性越大，也更愿意接受战略变革，TMT平均受教育程度与战略多元化正相关；Wiersema（1993）[49]提出团队成员的平均年龄与战略多元化负相关，因为年龄越大的管理者更愿意固守原有的行业而反对进入新的行业领域，年轻的管理者则倾向于更大的战略变革。Bantel[50]等学者通过实证研究，也提出并支持高管团队受教育程度与企业战略变革及多元化倾向存在正相关关系的假设。在具体战略实施措施上，何霞、苏晓华（2012）[51]通过对中国A股市场105家上市高新技术企业的数据分析发现，高管团队教育程度和专业背景与企业研发经费及人力资源经费的投入呈显著正相关，职业背景与企业研发投入水平负相关，而高管团队年龄与企业研发经费投入显著负相关。

有学者提出，高管团队特征与企业绩效之间不会存在直接的映照关系，应该存在一定的调节变量，这个调节变量有可能包括战略决策，于是战略决策是否及怎么发挥其调节作用成为一个新的研究领域。目前的研究集中在高管团队成员的个性特征对企业战略过程行为的影响上。Capenter等（2004）[52]通过研究发现，高管团队的个性特征确实在很大程度上通过组织战略决策来影响其绩效。Arendt、Priem和Ndofor（2005）[53]引入CEO（首席执行官）作为组织战略决策顾问的模型结构，以证实高管特性是如何影响组织战略决策的，这为高管未来的研究特别是战略研究提供了新的思路借鉴。

TMT人口统计特征方面的实证研究在早期比较关注高管团队的人口统计特征与公司战略及公司绩效的关系。West和Anderson（1996）[54]试图将

对个人的统计特征与个人间的共识和公司的绩效联系起来，只是结论并不确定。Bergh 基于 Cannella 和 Hambrick 的研究发现了在并购后和正在并购的公司中高层管理者的任期会影响并购成功的可能性。Collins 和 Kevint (2003)[20]研究 TMT 成员的社会网络和组织绩效之间的关系，目的是验证针对高层管理者的人力资源实践是怎样影响团队能够发展出社会网络的。我国学者孙海法（2006）[55]等对中国纺织和信息技术上市公司的研究中发现，TMT 的平均教育水平与企业的长期绩效正相关，TMT 的规模与企业短期绩效正相关，而与企业长期绩效负相关，TMT 的平均任期与公司当期绩效正相关。

Hambrick 和 Mason 的高阶理论认为组织绩效与高管团队的人口特征变量存在一定的内在联系。但随后众多学者关于高管团队人口统计特征与组织绩效之间实证结果的不确定（正相关、负相关、不相关）引起学界的困惑，Capenter 等（2004）指出，可能源于研究过程中忽视了高管团队决策过程中的中介运作过程即所谓的“黑匣子”。Lawrence（2001）[56]提出，加强对高管团队沟通、冲突等运作过程的研究，是拓展高管团队理论、打开黑匣子的有效途径。最近几年的研究趋势逐步开始关注 TMT 人口统计特征与团队行为关系方面的研究，比如 Simsek、Veiga、Lubatkin、Dino（2005）进行了高管团队的人口统计特征与团队行为特征关系的研究，认为 CEO 水平的特征和团队水平的特征会影响 TMT 合作行为、信息交换和联合决策三个方面的行为整合。

2.1.2.2 基于人口统计结构特征的研究

团队特别是决策团队的结构特点对其工作绩效产生的巨大影响是高管团队理论研究的重点。对于团队心理研究而言，目前有很多研究都围绕基于动力理论的团队异质性特征而展开研究。而异质性作为团队的一种人口统计特征早从 20 世纪 60 年代起就引起了社会学家的广泛关注。Carpenter (2004)[52]在他的研究中讲述了团队异质性与公司战略和企业绩效之间存在显著的相关关系。

不同程度的 TMT 异质性对于组织战略选择可能产生重要影响。Ferrier (2001)[57]研究指出，TMT 异质性将企业的竞争行为产生积极影响。异质性较高的 TMT 更加倾向于在较为复杂的环境且更短的时间内采取竞争性的战略，并进而影响到企业的收益。一些学者的研究同时表明，团队异质性意味着团队具有更加广阔的视野，并能在机会识别及解决问题上具有更强的能力，同时，异质性较强的团队更倾向于接受并采用多样化、创新性的组织战略。

Hambrick 和 Mason（1984）[10]指出，高管团队的差异往往能够推动组织更新，在他们的思想指导下，众多学者在团队异质性与企业战略关联研究中做了进一步深入。实证研究发现，就任期差异大的团队更易产生多元化的战略选择，从而推动战略的变化。Cho 和 Hambrick（2006）[58]对团队成员产业内任职时间的差异及任职经历与企业战略变化关系进行研究，发现这两种差异都能推动战略的变化。Naranjo - Gil 等（2007）[59]对西班牙 92 个高管团队进行了团队异质性与战略变化的关联分析，结果显示，与工作密切相关的差异性才会推动战略的显著变化，这种差异性与战略变化的方向及程度呈现同步影响，并且这种想象还呈现前瞻性的作用。

Hambrick（1998）与 Carpenter 等的研究也证实了团队异质性越高，创新导向就越明显。国外研究一般认为团队的差异性与团队高度的创造力和创新正相关（McLeod，1992；Katz，1982；Murray，1989）[60]。Jackson（1995）在总结时提出，差异性增加将导致群体创造力的增加和工作绩效的提升。而且，Bantel 与 Jackson（1989）[50]通过对商业银行大样本的实证调研中发现，学历背景及职业背景差异性与团队创新也存在着这个关系。Finkelstein（1992）研究认为，具有生产、技术或研发经历的高层管理者更愿意加强产品和技术创新的投入。一般团队异质性与创造力和创新正相关的关系有其内在的必然性，Hambrick、Cho 和 Chen（1996）对于此种关系原因解释在于，团队成员组成的差异性增加了提供给团队的认知源的差异性。Chiang、Wu 和 Jiang（2002）也认为异质性高的团队更倾向于高水平的组织学习与创新。团队的多样性将有利于创新（Carmen，2006）。但是 Carmen（2005）[61]等的研究也指出，并非所有团队异质性的所有维度都对公司的创新有积极的影响。

至于 TMT 人口统计特征与企业绩效之间的关系，大多数学者赞成显著相关的观点，当然也有不同的声音。例如，人口生态学家以及环境定位论者认为决定企业绩效的是外部环境（包括机会和威胁），至于高管对企业绩效的影响，实在是微乎其微[62]。另有一些学者持中立态度。

高管团队特征与企业绩效之间存在什么样的关系目前尚无定论，不同理论视角下推导出的结论并不一样。目前，探讨的视角主要有：信息—决策理论视角、团队冲突理论视角及创新理论视角。

信息—决策理论认为，高管团队进行战略决策的基础是信息，个体拥有的信息是有限的，而团队成员的信息可以相互补充，从而提高决策质量

进而提升企业绩效。该理论视角所支持的高管团队特征包括：

（1）更大的高管团队规模。

（2）更高的高管团队人口特征（包括年龄、性别、婚姻、学历、职业背景、工作任期甚至宗教种族等）均值。例如高管团队平均受教育水平越高，团队获得的有效信息也会越多[48]。高管团队平均任期越长，越可能做出恰当的战略决策，从而对企业绩效产生积极影响。

（3）更高的高管团队异质性。团队成员从各自不同的角度进行充分讨论，有利于产品创新和管理创新[52]，从而提高企业绩效。团队成员的年龄异质性高，说明团队中既有经验丰富的年长者，又有闯劲十足的年轻者，从而有利于企业大胆创新，避免风险，进而改善企业绩效[63]。Amason 和 Sapienza（1997）[24]的研究表明，高管成员背景的多样性意味着成员之间分析与审视问题的角度各异，能使决策更加全面细致，从而提升决策的质量。

有学者基于团队冲突理论视角提出与此完全相反的相关关系假设，即 TMT 规模及异质性与企业绩效负相关。他们认为，冲突可能将会对企业造成致命的伤害。因此，他们赞成：①更小的高管团队规模，以减少成员之间的沟通时间和频率，节约企业运行成本[47]；②更低的高管团队异质性。团队异质性高会增加团队内部的冲突，导致团队的不稳定性的发生。例如，Boone 等（2004）[19]的研究表明，团队人口特征的高异质性会降低后续的企业绩效。Kor（2003）[64]通过研究成功的创业型企业后发现，高管团队工作经历的异质性越低，越有利于创业型企业成长壮大并取得良好的经营绩效。

创新理论强调企业对外部动态环境的快速反应，认为动态环境的压力迫使企业保持持续创新力，只有能适应不断变化的动态环境并采取相应战略的企业，才能得以生存与发展。因此，从这个意义上来说，创新是企业高管团队的核心任务之一。Tihanyi 等发现，高管团队平均年龄越大，制定的企业战略可能越保守，从而使得企业丧失市场机会，对企业绩效造成消极影响。Weinzimmer 等（2003）[65]研究指出，高管团队的任期越长，由于在企业中已经形成思维惯性和惰性，缺乏创新的动力，因此对企业绩效更可能产生消极的影响。因此，基于创新理论的视角学者普遍认同的观点为，TMT 人口统计特征均值与企业绩效呈负相关关系。

我国学者魏立群、王智慧（2002）[66]研究了我国上市公司高层管理团队的平均年龄、年龄多样性、教育背景的多样性、职业来源多样性和成员

的经历复杂程度与企业绩效的关系。研究结果仅验证了团队成员平均年龄与组织绩效的正相关关系，团队异质性假设都未获得支持。张平(2006)[67]研究了我国上市公司的团队特征异质性。发现中国企业高层团队任期异质性和职业经验异质性均与企业绩效负相关。马富萍、郭晓川(2010)[68]通过实证发现，高管团队任期、教育专业以及职业背景的异质性对企业技术创新绩效有显著的正向相关关系。而孙海法（2006）[55]等对中国纺织和信息技术上市公司的研究发现，只有信息行业 TMT 的团队任期异质性与企业长期业绩显著正相关。

总体上说，高管团队的异质性对企业绩效的研究得出了很多的结论，从已有的研究中可以看出，高管团队的异质性就是一把“双刃剑”，一方面有利于高质量决策地提出；另一方面降低团队凝聚力，增加冲突的成本。

2.1.2.3　基于 TMT 冲突及团队精神的研究

Watson、Ponthieu 和 Critelli（1995）[69]认为，高管团队内部之间的交流能促进新创企业绩效的提高，而 West 和 Meyer（1998）[70]也提出成员之间在重大问题上意见相左又缺乏沟通有可能降低新创企业的绩效。在高管团队内部，情感冲突会伤害成员间的感情，进而削弱成员间的相互理解及对企业所处环境的认知，降低成员的集体认同感和工作满意度，导致决策质量和公司效能低下，使企业错失市场机会和社会机会，阻碍公司成长性绩效的提升，因此，高管团队成员间的情感冲突与公司成长性绩效呈负相关。

基于 Jehn（1994）的分析，学者广泛研究了冲突与团队绩效之间的关系，结果并不完全一致。De Dreu 和 Weingart（2003）对 1994—2001 年的研究文献做的元分析发现，任务冲突和情感冲突都与团队绩效存在高度负相关。Simons（1993）[18]发现在快速决策的高管团队中，任务冲突与团队绩效负相关。Amason（1996）发现高管团队的任务冲突与团队决策质量、决策理解、决策承诺及情感接受度正相关，而情感冲突则与之负相关。我国学者李懋、井润田等（2007）[71]通过实证研究发现团队内情绪情绪冲突的增多会降低决策的质量，而凝聚力中的士气感则有利于决策质量的提高。

国内学者张玉利、李乾文、陈寒松（2004）[72]认为，企业家精神具有的团队异质性、风险共担性、超前认知性等能有效推动企业成长。关于高管团队精神对公司绩效的积极作用也得到实证支持，比如 Zahra 和 Covin

(1995)[73]证实团队精神与公司财务绩效存在正相关关系；Zahra 和 Garvis (2000)[74]对美国国际化制造业企业的研究表明，公司的高层管理者精神与海外公司的总体绩效存在着显著的正相关；国内学者张映红（2006）[75]在研究转型经济环境下我国公司创业战略时发现，包括创新性、冒险性、先动性和竞争侵略性等创业导向型维度均与公司绩效有显著的正向关系。基于高管团队成员在公司中的重要地位和作用不难推测，高管团队企业家精神有助于正面促进公司成长性绩效的显著提高。

学术界先前的研究比较关注高管团队成员间人口特征变量异质性与公司绩效的关系，并且得到的结论各不相同。Keck（1997）[76]试图从环境动态性因素来解释这一结果。现在学术界基本取得的共识，即高管团队成员间人口特征异质性程度对绩效的影响仅仅是外在表现，高管团队精神才是真正的内核所在。受人口特征变量异质性影响的冲突，包括情感冲突和认知冲突，的确会对企业成长性绩效产生影响，同样，这种影响仍然是通过高管团队企业家精神而发挥作用的。因此，得到极大认同的观点认为，高管团队精神在高管团队内情感冲突和公司绩效之间起重要的中介作用。

2.1.3 高管团队研究的相关理论基础

2.1.3.1 高层梯队理论

Hambrick 和 Mason（1984）的高层梯队理论认为，企业绩效是企业高管团队的特征和行为的结果体现，后续 Amanson 和 Sapienza（1997）的研究在寻求 TMT 特征与互动行为对企业绩效的影响。

高层梯队理论的一个重要观点是，组织高层梯队的特征是组织战略的核心变量。具体而言之，上层梯队的特征（包括人口内容特征、结构特征以及梯队成员的互动行为特征等）会直接影响组织的战略选择和变化，当然这些特征对战略的影响还将受到某些情境的影响，它们之间同时也是相互影响和制约的。Hambrick（1984）在其上层梯队理论的假设中主要检验了 TMT 的年龄、工作经验、管理风格、（正式管理）教育水平与组织绩效的关系，以后关于团体特征与企业绩效关联研究日渐丰富。随着研究的逐渐深入和完善，高层梯队理论得到进一步发展，具体体现在 Hambrick (1994) 提出的 TMT 整合行为模型，并通过对 CEO 的访谈和相关案例研究将该模型与组织绩效联系在一起。Simsek 等（2005）[13]进一步将 TMT 整合概念化和实证化，同时通过实证进一步检验了 TMT 整合在 CEO 水平、团队水平的结构及影响因素。

高层梯队理论推动高管团队研究的理论价值在于：一是它为组织绩效

的预测提供了有效的思路借鉴；二是对于高管团队成员的选拔，团队结构的配置提供了理论指导；三是增加在战略上对竞争对手的预测。

高层梯队理论对高管团队研究的指导意义在于：一是关注 TMT 人口统计特征对于企业绩效的影响；二是关注 TMT 人口统计特征与企业绩效关系过程中的团队互动行为特征。但是，高层梯队理论也存在明显的不足，如其研究基础过于局限在人口统计特征与绩效的关系研究上，而这种关系研究由于受到企业运作过程的多种因素影响，两者之间的关联关系至今没有也很难得到明显的定论。目前的研究趋势已开始从对结果的关注转化为对过程的探讨，特别是团队行为互动过程中一些中介变量的影响，如团队冲突及团队凝聚力等。

2.1.3.2 组织群体动力特征理论

Peterson 等（1999）提出了组织群体动力特征分类理论，涵盖高管团队的八项行为动态特征：①思维的僵化与灵活；②危机的控制意识与能力；③对取得目标悲观与乐观；④领导的弱势与强势；⑤帮派结盟与团队凝聚；⑥合法与腐败；⑦集权与分权；⑧风险的规避与承担。

Peterson（1998）将上述理论分别应用到不同的团队，包括成功的团队和不成功的团队，并对结果进行比较，研究结果显示，成功的团队较之不成功团队思维更加灵活应变、领导更加强势有效、团队凝聚力更强，也更加愿意承担相应风险。团队中较少有悲观情绪的蔓延，腐败及集权的现象更加少见等。为了验证这一观点，Peterson 又从群体思维理论、警觉性理论出发，探讨成功团队与不成功团队的动力特征，结果得出类似的结论。

Peterson 的组织群体动力特征理论的贡献不仅在于对团队过程行为特征的分类，而且还对高管团队的最高领导，即首席执行官 CEO 的个人特性对团队绩效及组织绩效的影响做了深入探讨。通过研究，他发现 CEO 的个性对高管团队群体动态的影响，并通过这一影响进而改变企业的绩效。如情绪稳定、性格外向、人际包容、责任心强的 CEO 对于其所带领的高管团队积极乐观向上氛围的培养、团队凝聚力的提升有正向促进作用，并因此而使得企业出现更大的收入增加。出现这一现象的原因在于，CEO 的情绪稳定与团队凝聚、领导优势成正比，CEO 的性格外向与群体过程的领导强度正相关，CEO 的人际包容能促进权利的分散与团队的合作；CEO 的责任意识与团队水平对合法性的关注及对周围环境的有效控制呈正相关关系等。

2.1.3.3 群体决策理论

群体决策理论是关于群体动力如何达到有效的决策制定和选择的理论。这其中有一个重要的概念即群体思维（groupthink）。群体思维是指在一些具体情境中，群体在进行决策时会不自觉地产生极端的寻求一致性思维的反应即群体思维。群体思维的前因变量是群体凝聚力，Janis（1982）[37]认为，群体思维能够产生有效决策，不完全取决于群体凝聚力，后者仅为前者的必要而非充分条件。群体思维在决策中会产生一系列的症状，如集体合理化、笃信群体内部规范、不完全信息检索和加工处理、非理性的评估偏好引起的解决方案的风险等，这些都有可能导致决策绩效的下降。

社会心理学中关于群体决策的研究发现，具有相似特征的团队在对事物的看法上也会呈现惊人的一致。团队成员在价值观念、人生信仰及处事态度等方面与团队其他成员具有一定的相似性，将提高整个团队的凝聚力和认同度，包括对企业战略决策的认同，并导致高管团队降低信息获取的开放性，从而降低企业成本，提高绩效。因此，有学者提出，群体同质性是群体思维产生的另一决定因素。

群体决策理论为高管团队与战略及绩效之间的关联研究提供了理论基础，但该理论依然存在很多不足，因为企业的战略决策并不完全取决于高管团队本身的意愿，或者说，决策本身要能收到实际效果必须转化为战略行为的实施。高管团队是否有动力推动必要的战略变化不仅在于群体决策的有效取得，更在于将这种战略决策倾向转化为战略变化行为的能力和权力。Hambrick 和 Finkelstein（1987）[77]因此修正了一些理论上的偏差和不足，提出高管团队的管理权力是群体决策转为战略行为表现的重要影响因素。

2.2 企业社会责任的相关研究综述

2.2.1 企业社会责任的缘起和争议

2.2.1.1 企业社会责任问题的提出

早在企业社会责任尚处于萌芽时期的19世纪末，探究企业家社会责任和企业社会责任的理论研究文献就开始出现。1899年，美国钢铁大王Andrew Carnegie曾在其《财富福音》中明确指出，企业或企业家作为社会财富的受托人有义务运用其掌握的资源为整个社会谋取利益而不仅仅局限于鼓动，并对企业及企业家从事社会公益事业的具体运作方式进行了开创性的研究，1905 年，美国学者 John Davis 在其著作《公司》中提出，社会创建的公司应该对社会负有一定的责任。随后，主流学者开始逐步关注“企业社会责任”问题。

2.2.1.2　企业社会责任的争议

20 世纪 30 年代，美国法学界爆发了著名的关于企业是否应该承担社会责任的“伯利—多德”之战。1931 年，针对传统的“股东至上”理论受到严峻挑战的现实，哥伦比亚大学法学院教授伯利（Berle）重申企业的唯一目标就是股东利益最大化。伯利的观点立即遭到哈佛法学院教授多德（Dodd）的强烈反对。多德抨击伯利的观点越来越不合时宜，企业管理者的权利不仅来自股东，也来自企业其他所有利益相关者。因此，企业应该自愿承担相应责任而不应坐等法律法规的强制执行。这场论战一直延续到 20 世纪 40 年代甚至 50 年代，多德的观点逐渐被伯利所接受。

基于利益相关者理论的企业社会责任概念认为，企业实为一类社会公共机构，经理是社会公共机构的受托人而不是股东的代理，因此，他有义务保证包括股东在内的利益相关者如公司雇员、债权人、分销商、消费者甚至广大公众（即非股东利益相关者）的利益。此概念一提出，引起理论界的广泛关注和争议。企业社会责任的早期研究者、诺贝尔经济学奖获得者米切尔·弗里德曼（1970）坚持认为，在自由经济中，“企业仅具有一种而且只有一种社会责任，那就是在法律和规章制度许可的范围内，利用它的资源，从事旨在增加它的利润的经营活动”[78]。他在《资本主义与自由》（*Capitalism and Freedom*）一书中说：“几乎没有什么事情能够像企业管理人员接受社会责任理念，而不尽力去为股东赚钱这件事那样彻底破坏我们自由社会的根基。”[79] 鲁瑟福特·施密斯（Rutherford Smith）也认为：“企业社会责任只不过是一种作秀工具而已。”[80] 持相同观点还有波斯纳、冈尼斯（Guinness）等。哈佛大学莱维特教授（Levitt Theodore）甚至认为：“企业承担社会责任是一种危险的行为。社会问题如果要让企业来解决，就必须赋予企业更大的权力，但这十分危险的。追求利润是企业的责任，而解决社会问题却应该是政府的责任。”[81] 另一位英国的诺贝尔经济学奖获得者哈耶克（2000）[82] 表示赞同：“对利润最大化目标的任何偏离行为都可能危及企业的生存。”

但随着利益相关者等理论的深入发展，越来越多的学者撰文反对企业单纯追求经济利益的观点。Howard（1953）[83] 认为：“企业在进行经营活

动时应该采取对社会负责的态度，哪怕这将导致企业利润的降低。”日本学者金泽良雄（1988）[84]也支持这一观点，因为“今天的企业，本已经摆脱了原来的单纯朴素的私有领域，而成为社会制度中的一环，其经营不仅受到资本提供者的委托，而且也受到全社会的委托……换言之，企业已不再允许片面追求一己之利，而必须在与经济和社会的协调中最大效率地与各种生产要素相结合，并须满足‘物美价廉’商品及服务的社会需求”。随后，Pratley（1999）[85]在其所著的《商业伦理》（*The Essence of Business Ethics*）一书中界定了企业承担社会责任的具体内容：“在最低水平上，企业必须承担三种责任：一要对消费者的关心，比如能否满足使用方便，产品安全等要求；二要对环境的关心；三要对最低工作条件的关心。”舍尔文（Sheruin）更是强调应从企业所有者、雇员与顾客三个方面来认识企业的责任问题，他强调，企业的社会责任就是对顾客或消费者的利益的维护。

表2-1总结了学者们支持和反对企业承担社会责任的部分观点或理由。

表2-1　　支持和反对企业承担社会责任的观点或理由

支持企业承担社会责任的观点或理由	反对企业承担社会责任的观点或理由
1. 实现企业的长期利润	1. 社会更倾向于要求企业效率和利润最大化
	2. 参与社会事务要花费成本
2. 改善企业公众形象	3. 企业领导人接受的训练是管理经济组织，而不是有效解决社会问题
3. 有助于企业长期生存	4. 承担社会责任会使时间和资金运用偏离企业的主要目标
	5. 不承担社会责任的企业可能比承担社会责任的企业更有成本优势，影响出口
4. 有助于规避政府管制	6. 如果无法让企业对自身行为直接负责，那么让企业参与社会活动是不明智的
5. 社会规范的要求	7. 企业的影响力已经够大了，承担社会责任会使影响力过度集中于企业
6. 股东利益的要求	8. 得不到董事会的支持
	9. 社会公众对企业应当做什么意见不一，不论企业做什么尝试都会遭到批评

续 表

支持企业承担社会责任的观点或理由	反对企业承担社会责任的观点或理由
7. 其他组织解决社会问题不成功，应当让企业进行尝试	10. 政府通过法律知识为了让人们遵守，它们并不希望企业因解决社会问题超越法律
8. 企业具有解决社会问题的资源	11. 如果社会希望公司参与解决社会问题，那么政府应当运用税收优惠或补贴来促成
9. 社会问题可以转变为营利机会	12. 企业卷入社会活动会加剧与反对者之间的摩擦，从而不能履行其经济使命
10. 预防（社会问题）胜于救治	13. 企业在经济繁荣期承担的社会责任多于经济衰退期
11. 哪怕只付出象征性努力也比原则反对好	14. 企业会把承担社会责任的成本通过价格转嫁到消费者和社会公众身上
12. 高效率地生产优质产品/服务不再是社会对企业的唯一期望	15. 让企业涉足社会责任计划是不公平的，因为它通过遵守社会规制已经做到了这一点
13. 社会责任的思想能够平衡企业的影响力，抑制企业不负责任的行为	16. 企业承担的社会责任越多，社会对企业贡献的期望值越高
14. 企业是整个社会的一部分，应当对社会问题作出响应	17. 企业要做的事情已经够多了，不应再承担其他的责任
	18. 让企业从事营利以外的活动很可能使社会变得更糟而不是更好
	19. 让企业解决他人造成的社会问题而又无利可图是不明智的

资料来源：Davis（1973）；Ostlund；Ford（1984）；Quazi（2000）。

归纳表2-1，反对企业社会责任的理由主要可以归结为三类：一是有悖企业利润最大化原则；二是担心企业承担社会责任可能会产生某些其他负面结果；三是不具备承担相应社会责任的条件，或认为企业做得已经做得足够，已经超出了企业应有的界限等。

对于第一类理由，笔者表示不能认同。早期的企业作为一个单纯的经

济组织，追求利润最大化自然无可非议，但随着社会的进步与发展，社会契约在企业与社会的频繁互动中早已悄然改变，企业活动也日益渗透到人们的生活的方方面面和世界的每一个角落，企业的外部性也越来越明显，如果企业片面追求经济利益而忽视人们追求生活品质提升的要求，忽视社会对其承担相应社会责任的期望，那么它的生存和发展将会面临困境。

第二类理由似乎有点矫枉过正，企业承担社会责任并不是要求其承担所有的社会职能，我国改革开放前企业办社会的历史证实，企业承担所有的社会职能并不能解决好社会问题，反而阻碍社会进步。事实上，企业只是也只能在一定程度一定范围承担与其能力相匹配的社会责任，这是因为：首先，政府有时难以独自承担保障公民权的全部重任，只有在这种情况下，企业采用必要部分接管政府的责任，但绝不可能取代政府；其次，有时由于企业本身经营行为的外部性影响，或者出于某些政治的考虑，此时企业出面承担社会责任可能取到更好的成效。除去以上两种情况，企业并不需要过多涉入社会职能领域范围内。

对于第三类理由，笔者认为这些都是企业实施社会责任过程中需要解决的问题，不能借此来反对企业社会责任本身。张维迎教授（2007）[86]以“企业社会责任概念，如同利益相关者概念一样，并不能真正让企业承担社会责任”为由而否定企业社会责任概念的观点，同样没有足够的说服力。因为概念的提出是进行理论建构和对现实解释的逻辑基础，但概念本身并不是现成的解决方案。

由此可见，反对企业承担社会责任的理由大都变得不合时宜，企业是否需要承担社会责任已是一个不争的命题，且日益成为企业必须面对的现实问题。

2.2.2 企业社会责任的内容体系

伴随社会环境的变迁和企业实践的演进，企业社会责任的内容体系也丰富。根据对文献的梳理与分析，并借鉴 Donaldson 和 Preston（1995）对利益相关者理论的划分方法，我们将企业社会责任研究划分为规范性究、实证性和策略性研究三类。

规范性研究主要从道德准则或哲学原则的角度探讨企业承担社会责任的规范性依据，即企业是否应该承担，为什么应该承担以及怎样承担企业社会责任。这类研究重点关企业及其管理者行为的道德合适性（Moral Propriety）。实证性研究旨在描述或解释企业及其管理者履行社会责任活动过程及结果，如企业的社会责任行为表现如何，为什么会有这些行为表现以及这行为表现会引致何种结果。策略性研究从不同层面探讨应如何促进企业承担社会责任。由此可见，三类研究回答的问题分别是："为什么"（why）、"是什么"（what）和"怎么办"（how）。如图2－2所示。

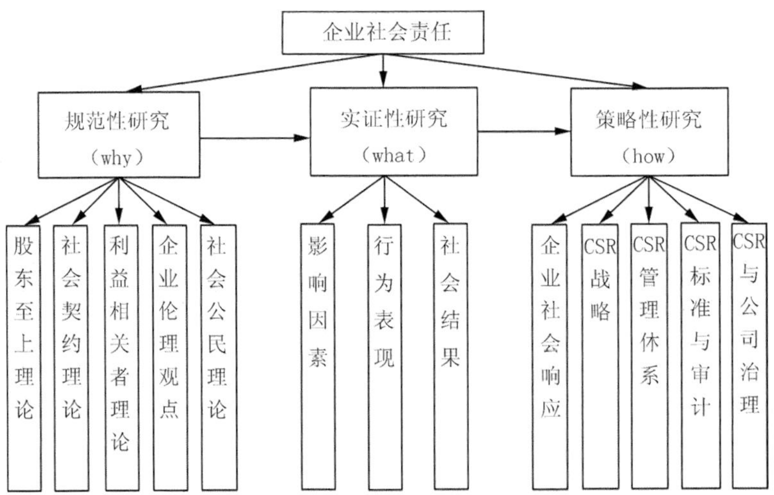

图2－2　企业社会责任内容体系

2.2.2.1　企业社会责任的内涵

对企业社会责任的一些经典定义有以下几个。

企业家按社会的目标和价值要求向相关政策靠拢，作出相应的决策，采取合理的具体行动的义务——鲍文（Bowen，1953）。

企业社会责任的宗旨以为企业不仅仅要有经济和法律义务，而且还要对社会负有超过这些义务之外的某些责任——麦圭尔（McGuire，1963）。

企业社会责任是指企业在谋求利益的同时，对维护和增加整个社会福利方面所承担的义务——戴维斯和布洛斯特罗姆（Davis 和 Blomstrom，1975）。

企业社会责任就是要使企业决策的结果对利益相关者有利而不是有害的影响，企业行为的管理是否正当是企业社会责任关注的焦点——爱泼斯坦（Epstein，1987）。

企业社会责任是指超越法律和经济要求的，企业为谋求对社会有利的长远目标所承担的责任——斯蒂芬·罗宾斯和玛丽·库尔特（Stephen P. Robbins 和 Mary Coulte，1991）。

企业社会责任就是认真地考虑公司的一举一动对社会的影响——哈罗德·孔茨和海因茨·韦里克（Harold Koontz 和 Heinz Weihrich，1993）。

国内也有不少学者对企业社会责任问题进行了探讨，卢代富(2000)[87]把企业社会责任的范围总结为对员工、对消费者、对债权人、对政府等的责任，对环境的保护和资源的合理利益，以及对所在社区经济社会发展的责任等方式。常凯（2003）[88]把企业社会责任的范围划分成三个方面：一是对内部员工的诚信，公平地分配企业利润，保障员工合法的收益，创造良好的工作环境；二是对社会的诚信，不生产假冒伪劣商品，不欺骗消费者，依法纳税；三是企业要有公益心，为社会公益事业做贡献。刘俊海（1999）[89]的观点是，公司不能仅仅考虑股东利益，而应当最大限度地增进股东利益以外的其他所有利益相关者的利益。

根据利益相关者的定义，我们可以把企业社会责任区分为六个不同的利益相关者：员工、供应商、顾客、广大社区、服动、同业竞争者，以及组织方面的伦理，这主要包括促进企业社会责任行为的一些工具和手段。各利益相关者的企业社会责任表现总结如表2－2所示，从内容上看，企业社会责任可区分为经济责任、社会责任和环境（生态）责任三个部分。

表2－2　利益相关者的企业社会责任表现

利益相关者	内　容
员工	人权、同非政府组织的对话、对妇女的平等机会、对少数民族的平等机会、培训、健康和安全、参与、正确的态度、员工的和谐关系
供应商	产品安全、产品以及生产过程对环境的影响、供应商的工作条件、对供应商的尊敬
顾客	产品的安全与质量、持续的产品可供选择性、尊敬顾客
广大社区	对环境影响、同环境组织的积极的对话、重新安置残疾人、对第三世界消除贫困的贡献、对地方项目的支持
股东	预防股票和利益的内部交易，实现利润最大化
同业竞争者	公平竞争，尊重竞争者的智力资本、预防共谋的措施、预防贿赂的措施
组织伦理	各种手段，包括生产守则、ISO认证、外部审计、社会报道、社交指南、伦理委员会和伦理培训

资料来源：J. J. Graafland，S. C. W. Eijffinger. Corporate Social Responsibility of Dutch Companies：Benchmarking，Transparency and Robustness［J］. De Economist，2004，3（152）.

从整体上来看，企业履行社会责任具有一定的层次性（如图 2－3 所示）。第一层责任是最低限度的责任需求，如对员工的诚信，保障员工的合法权益，创造良好的工作环境。这三个方面的内容作为必要的道德底线，在大多数国家和地区以法律责任的形式确定下来，是企业必须遵守的，具有一定的强制性。第二层责任是超越最低限度的积极职责，如 SA8000（社会责任认证标准）就是介于强制责任和非强制责任之间的责任，其中规定了企业对工作环境、工作健康与安全、员工培训、薪酬、工会权利等一系列问题承担“最低责任”。第三层责任是对责任的最高目标和追求，把企业社会责任作为企业自身的追求，如对公共环境的责任，包括维护公共环境质量、使用清洁能源及保护生物多样性等。

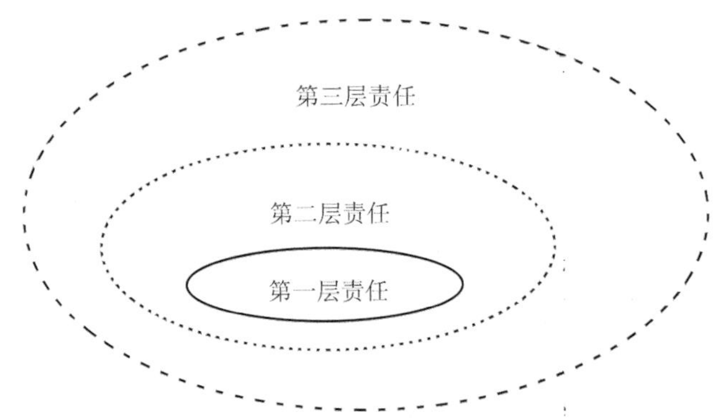

图 2－3　企业履行社会责任的层次性

2.2.2.2　企业社会责任与企业绩效关系研究

自 Friedman 对社会责任与企业绩效的关系展开研究以来，许多学者对社会责任与企业绩效和价值之间的关系进行了深入的探讨。有关企业社会责任与企业绩效之间的关系，目前尚未取得一致看法，主要研究结果有正相关、负相关、无关或不显著相关及不确定四种。

1. 社会责任与企业绩效正相关

以往相关研究中，超过一半以上的实证结果证明，企业社会责任与企业绩效之间存在正相关关系。Bragdon 和 Marlin（1972）[90] 从环境污染的角度对企业社会责任进行探讨，这是研究企业社会责任与企业价值关系的起点，此后一些有关社会责任与企业绩效和价值创造的实证文献检测了股票市场回报与企业社会责任履行的关系，但这些研究由于大多采用社会责任的某个单一指标进行检验（如环境污染），因此结论遭到质疑。20 世纪 70 年代以来，国内外学者们在研究指标和研究范围上进一步深入，Moskowitz

(1972)[91]利用内容分析法对企业社会责任表现进行赋值分析，发现社会责任水平高的公司其平均股票回报就高。Simpson 和 Kohers（2002)[92]对美国所有的国有银行 1993—1994 年的企业社会绩效与财务绩效的关系进行了研究，发现两者之间有着积极的关系。Lin（2009)[93]等对中国台湾地区 1000 个企业 2002—2004 年的数据进行分析，发现社会责任对企业短期财务绩效影响不明显，但对企业长期价值创造具有显著影响。Schadewit 和 Niskala（2010)[94]研究发现社会责任报告对企业价值提升具有积极的影响。李红玉等（2009)[95]研究发现企业承担社会责任对股东财富具有积极作用。晁罡等（2008)[96]研究了企业领导者的社会责任取向、企业社会表现与组织绩效的关系，认为社会责任对企业绩效具有积极的影响。李勤(2012)[97]以我国发布了 2009 年社会责任报告的 433 家上市公司为样本，对企业社会责任与企业价值创造之间的关系进行了实证研究，发现社会责任评分对于企业股份每股收益的影响为显著正相关，即他赞同企业承担社会责任能有效提升企业价值的观点。目前，大都利用利益相关者理论作为分析工具的学者赞成企业社会责任与企业绩效之间存在正向相关，因为他们认为社会责任活动对于树立企业树立良好的商业形象，赢得各方支持有正向促进作用。

2. 社会责任与企业绩效负相关

持这种观点的研究者，社会责任对于企业来说是一种额外的成本负担，承担这种额外的负担会使企业的生产经营处于不利的境况[98]。Vance (1975)[99]利用对照样本进行研究，发现社会责任水平高的公司的股票市场表现低于对照样本，社会责任与企业价值负相关，也有不少学者赞同这一观点，包括中国的部分学者在内，如中国学者李正（2006)[100]发现承担社会责任会降低企业当期价值，同时他也承认，企业长期价值不会因此受到负面影响。持负相关观点的学者认为，企业应该将其掌控的资源投入自身最具优势、最有核心竞争力的领域中，使企业实现利润最大化，所有不利于企业价值增加的业务，包括社会责任企业都不应该涉足。

3. 社会责任与企业绩效之间无关或关系不显著

Margolis 和 Walsh（2003)[101]认为社会责任与企业财务绩效之间的关系非常复杂，影响因素较多，它们之间的关系是不确定的。Mcwilliams 和 Siegel（2001)[102]利用 DSI400（又称 KLD）评价企业的社会责任表现，发现社会责任与企业财务绩效之间没有关系。Subroto 和 Hadi 通过对印度尼西亚的部分企业进行实证检验，也得出相似结论。我国也有研究者发现上市公司的社会责任信息与其价值相关性不强[103]。贺小刚（2008）[104]通过调查研究发现，社会责任的作用主要体现在非财务价值方面，而对财务价值没有影响。一些学者指出，社会责任与企业绩效之间存在太多复杂的尚未被人发现或者恐怕永远难以发现的混乱因素，导致它们之间关系的不显著性。

4. 社会责任与企业绩效之间的关系呈现不确定关系

可持续发展理论的研究学者认为社会责任与企业绩效之间存在一种U形曲线关系[105]。Wagner 和 Schaltegger（2004）[106]利用欧盟制造业企业样本实证检验了环境责任与企业绩效之间的U形曲线关系，他们发现以利益相关者价值导向制定企业环境战略的企业，环境投入与企业绩效之间的相关性比没有这种战略的企业更强，这种U形曲线关系能够解释实证研究中发现的既有正向又有负向关系的研究结果。而另一些研究者则坚信社会责任与企业绩效之间具有相互影响的协同关系，Waddock 和 Craves 利用社会影响理论（Social Impact Theory）和资源松弛理论（Slack Resources Theory）分析了正向协同理论，认为好的企业绩效能够使企业履行更多的社会责任[107]。而 Preston 和 Banno 研究了负向协同理论，认为当企业绩效较好时，管理者会减少对社会责任方面的投入来最大化其私人利益，这导致了社会责任与企业财务绩效之间的负向关系。中国学者刘建秋（2011）[108]认为，社会责任价值的实现受制于社会责任沟通的影响，因此社会责任与企业绩效呈现不确定性。

企业社会责任与企业绩效之间的关系至今尚无定论，到底是自变量选择或研究方法差异导致，还是两者之间的关系本身受企业特征、外部环境等的影响而有所不同？目前理论界没有给出明确的答复。笔者搜集了1972—2007年和全部和2008—2010年部分有关两者关系实证的论文共132篇，均以企业社会责任为自变量，企业绩效为因变量，从已有的文献来看，支持企业社会责任与绩效之间呈正相关的观点占据较大比例，一定程度上给予了企业承担社会责任的理论支持，如表2-3所示。

表2-3　企业社会责任与企业绩效关系研究的结论

企业社会责任作为自变量（Independent Variable）			
正相关（61项研究）	无关或不显著（32项研究）	不确定（21项研究）	负相关（8项研究）
Anderson & Frankle（1980）	Abbott & Monsen（1979）	Belkaoui &	Boyle，Higgins

续　表

企业社会责任作为自变量（Independent Variable）			
正相关（61 项研究）	无关或不显著（32 项研究）	不确定（21 项研究）	负相关（8 项研究）
Belkaoui（1976）	Alexander & Buchholz（1978）	Karpik（1989）	& Rhee（1997）
Blacconiere & Northcut（1997）	Aupperle, Carroll & Hatfield（1985）	Berman et a1.（1999）	Kahn, Lekander & Leimkuhler（1997）
Blaeeoniere & Patten（1994）	Bowman（1978）	Blackburn, Doran & Shrader（1994）	Meznar, Nigh & Kwok（1994）
Bowman（1976）	Chela & Metcalf（1980）	Bowman & Haire（1975）	Mueller（1991）
Bragdon & Karash（2002）	Fogler & Nutt（1975）	Brown（1997）	Teper（1992）
Bragdon & Marlin（1972）	Fombrun & Shanley（1990）	Cochran & Wood（1984）	Vance（1975）
Brown（1998）	Freedman & Jaggi（1982）	Diltz（1995）	Wrist & Ferris（1997）
Christmann（2000）	Freedman & Jaggi（1986）	Graves & Waddock（1994）	李正（2006）
Clarkson（1988）	Fry & Hock（1976）	Gregory, Matatko & Luther（1997）	
Conine & Madden（1986）	Greening（1995）	Guerard（1997b）	
D' Antonio, Johnsen & Hutton（1997）	Guerard（1997a）	Hillman & Keim（2001）	
Dowell, Hart & Yeung（2000）	Hadi（2003）	Holman, New & Singer（1990）	
Epstein & Schnietz（2002）	Hamilton, Jo & Statman（1993）	Kedia & Kuntz（1981）	

续 表

企业社会责任作为自变量（Independent Variable）			
正相关 （61 项研究）	无关或不显著 （32 项研究）	不确定 （21 项研究）	负相关 （8 项研究）
Freedman & Stagliano（1991）	Hickman, Teets & Kohls（1999）	LutlleL, Matatko & Comer（1992）	
Graves & Waddock（2000）	Hylton（1992）	Mallin, Saadouni & Briston（1995）	
Griffin & Mlahon（1997）	Ingraim & Frazier（1983）	Marcus & Goodman（1986）	
Hart & Ahuja（1996）	Kurtz & DiBartolomeo（1996）	Margolis & Walsh（2003）	
Heinze（1976）	Lashgari & Gant（1989）	MeGuire, Schneeweis & Branch（1990）	
Herremans, Akathaporn & Mclnnes（1993）	Luther & Matatko（1994）	Ogden & Watson（1999）	
Ingram（1978）	Mabapatra（1984）	Pava & Krausz（1996）	
Jones & Murrel（2001）	McWilliams & Siegel（1997）	Rockness, Schlachter & Rockness（1986）	
Judge & Douglas（1998）	McWilliams & Siegel（2000）		
Klassen & McLaughlin（1996）	O' Neill, Saunders & McCarthy（1989）		
Klassen & Whybark（1999）	Patten（1990）		
Konar & Cohen（2001）	Reyes & Grieb（1998）		
Luck & Pilotte（1993）	Saucr（1997）		

续　表

企业社会责任作为自变量（Independent Variable）			
正相关 （61 项研究）	无关或不显著 （32 项研究）	不确定 （21 项研究）	负相关 （8 项研究）
Lin（2009）	Subroto & Hadi（1998）		
McGuire Sundgren & Schneeweis（1988）	Teoh. Welch & Wazzan（1999）		
Moskowitz（1972）	Waddock & Graves（2000）		
Nehrt（1996）	陈玉清，马丽丽（2005）		
Newgren et a1.（1985）	贺小刚（2008）		
Parket & Eilbirt（1975）			
Porter & Van der Linde（1995）			
Posnikoff（1997）			
Preston（1978）			
Preston & O’ Bannon（1997）			
Preston & Sapienza（1990）			
Reimann（1975）			
Russo & Fouts（1997）			
Shane & Spicer（1983）			
Sharma & Vredenburg（1998）			
Simerly（1994）			
Simerly（1995）			
Simpson & Kohers（2002）			
Spencer & Taylor（1987）			
Spicer（1978）			
Stevens（1984）			

续 表

企业社会责任作为自变量（Independent Variable）			
正相关 （61 项研究）	无关或不显著 （32 项研究）	不确定 （21 项研究）	负相关 （8 项研究）
Sturdivant & Ginter（1977）			
Schadewit & Nisala（2010）			
Tichy，McGill & St. Clair（1997）			
Travers（1997）			
Tsoutsoura（2004）			
Verschoor（1998）			
Verschoor（1999）			
Waddock & Graves（1997）			
Wokutch & Spencer（1987）			
Wright et al.（1995）			
沈洪涛（2005）			
李红玉（2009）			
晁罡（2008）			

2.2.2.3 企业社会责任响应策略研究

面对来自各方利益相关者施加的压力，企业试图对环境进行管理和控制，即企业将采取各种策略以减少其对外部环境的依赖和来自外部环境的制约。西方学者将这一过程定义为企业的社会响应（Social Responsiveness）（Ackerman 和 Bauer，1976；Sethi，1975；Frederick，1978；Carroll，1979）。20 世纪中后期，众多学者开始对企业社会响应策略进行系统研究，并各自建立了不同概念框架下对企业社会响应策略进行描述。Davis 和 Hlomstrom（1973）[109]认为企业一般采取五种不同的策略响应外部压力，这五种方式分别为逃避、进行公关、诉诸法律、协商、化解问题等。Terry Mcadam（1973）认为，企业常采用四种不同的策略，即长期抵制、消极应

对、不断改进和成为行业表率。Ian Wilson（1975）提出的“四策略模式”有较大社会影响力——消极应付、被动防御、协商调和和积极行动。Post (1996)[110]等学者进一步发展和完善了企业社会响应策略研究，认为企业面对社会压力会采取四种不同策略，这四种策略分别为消极策略、反应策略、超前行动策略、相互影响策略。Post 等学者与上述学者的主要差异在于他们注意到了企业可能采取的一种互动策略——相互影响策略以解决社会问题。相互影响策略强调企业在响应具体社会压力的过程中与相关社会利益集团的相互交流与沟通，从而不仅具有更强的主动性，也有助于企业与相关利益集团建立良好的合作关系。

上述不同学者提出的企业响应社会压力所采取的不同策略实质上即反映了企业对于承担社会责任的不同态度。不同的响应策略意味着不同的社会责任态度。企业应对特定社会问题与社会压力的社会责任态度可以分为以下六类：漠视社会责任、回避社会责任、被动承担社会责任、自觉承担社会责任、积极承担社会责任及策略性地承担社会责任，如表 2 -4 所示。

漠视社会责任是指企业完全不顾社会公共利益而从事生产经营活动，企业生产经营的唯一目标是股东利益最大化，企业甚至不惜以危害公共利益为代价获得商业利益。回避社会责任指企业在面对外部压力时采取回避和置若罔闻的态度。被动承担社会责任指企业在面临较大外部压力的情况下才被动承担相应的最小限度的责任，相对回避态度，持这种态度的企业基本能接受公众的批评与指责，并逐步采取慎重措施调查和满足利益相关者的要求。自觉承担社会责任的企业能够比较自觉地使其行为与公共预期及法则保持一致。积极承担社会责任的企业通常提前采取行动担负起社会赋予它的责任，防患于未然。策略性地承担社会责任的企业具有高度的社会责任感和敏锐的商业头脑，能够巧妙地将承担社会责任与商业利益有机结合起来。企业承担社会责任不仅有助于社会公益，也能有效地促进商业利益，从根本上消除传统经营模式对生态环境的负面影响，一些有远见的企业纷纷创新经营模式，这不仅有助于社会公益，也有助于企业获得竞争优势，实现双赢。

表 2 -4　　企业社会响应策略与社会责任态度

Davis（1966）	逃避责任	进行公关	诉诸法律	协商	解决问题	
Mcadam（1973）	长期抵制	消极应付		不断改进	行业表率	
Wolson（1975）		消极应付	被动防御	协商调和	积极行动	

续 表

Post（1996）		消极策略	反应策略		超前行动策略	相互影响策略
六种企业社会责任态度	漠视社会责任	回避社会责任	被动承担社会责任	自觉承担社会责任	积极承担社会责任	策略性地承担社会责任
企业社会责任态度举例	“血汗工厂”	富士康起诉记者	跨国公司制定生产守则	安利名校支教	摩托罗拉回收废旧手机	电池租赁替代电池销售

Ells（1960）、Wilson（1974）、Carroll（1979）、Zenisek（1979）等学者正是从企业社会态度变化的角度定义社会责任。Ells 认为，任何企业行为都可以被置于两个极端分别为最低限度和最高限度的的企业社会责任并构成一社会责任连续流（如图 2－4 所示）。最低限度社会责任的一端表示企业仅仅满足股东利益而完全忽略其他所有利益相关者的任何需求，而最高限度社会责任是尽可能地满足所有利益相关者的需求，尽可能广泛地承担社会责任。Ells 的这一思路得到了 Wilson 的充实和发展，Wilson 将企业社会责任流进一步细分为六种不同的具体情况，即极端自利的、家庭的、商人的、投资的、公民的和高雅的。Wilson 使用的这些术语似乎有些令人费解，Zenisek 解释说，Wilson 的极端自利相当于艾尔斯的极端不负责任，而所谓公民的就是负责任的意思。

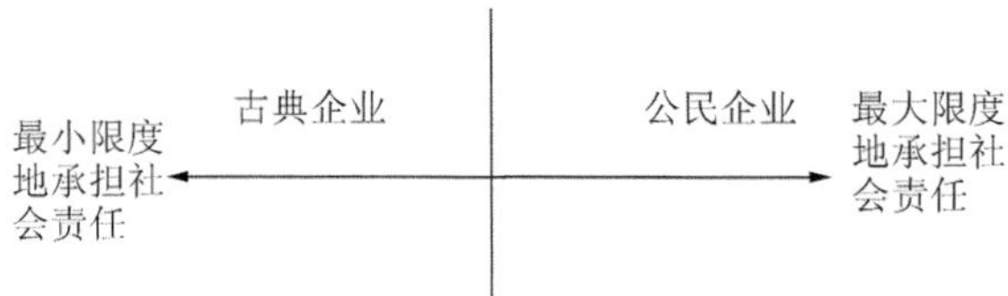

图 2－4　艾尔斯（Ells）企业社会责任连续流

资料来源：Zenisek，Thomas J. Corporate Social Respon sibility：A Conceptualization Based on Organizational Literature，Academiy of Management Review，Jul. 1979.

2.2.3　企业社会责任实践发展

按照 Frederick（1994）的观点，企业社会责任经历了以下几个发展阶段。①社会责任的起始阶段（CSR0），这一阶段始于 20 世纪初到 30 年代，是企业公共责任逐渐形成的阶段；②企业社会责任概念阶段（CSR1），这一阶段强调的是企业的义务和责任；③企业社会响应阶段（CSR2），主要

注重于企业通社会关系的具体管理方面。到20世纪80年代，Frederick在企业响应中加入价值和伦理维度，这意味着企业社会责任进入社会公正阶段（Corporate Social Rectitude）（CSR3）。Vercic（1994）和Frederick（1998）认为对企业社会责任应该掀起第四个浪潮，即社会动机阶段（Corporate Social Reason）（CSR4），即把社会和谐进步作为对社会问题管理的基本参考标准。上述分析不难看出，企业社会责任的内涵在不断地发展变化，正如未来学家阿尔文·托勒夫在20世纪70年代所言：企业社会责任的内涵及实践将不再局限于经济的范畴，会随着社会经济的发展而迅速拓展到信息、就业、道德、生态、政治等众多领域。

Hay（1976）[111]等在分析企业社会责任概念时，提出了三个不同的阶段：①第一阶段为利益最大化阶段，这一阶段管理的唯一目标就是在法律框架内使企业的利润最大化；②第二阶段为受托人职责管理阶段，即强调企业经理人不仅要对股东利益最大化负责，更要保持对员工、消费者、债权人、供应商等众多企业利益相关方的公正及权益；③第三阶段为生活质量管理阶段。随着经济的发展，社会问题层出不穷，贫富差距日益加大、环境污染日渐严重等，人们的生活质量并没有随着经济的增长而同比增长，因此社会呼吁企业承担更多更广泛社会责任，切实提高包括雇员、消费者等众多利益相关者的生活质量的呼声也日益高涨，企业受到来自各方面利益集团的压力。

2.2.3.1 企业社会责任的产生与发展演变

1. 企业社会责任的萌芽（20世纪初以前）

早在真正意义上的现代企业产生之前，企业社会责任就以商人社会责任的形态长期存在。西方进入重商主义时代后，商人的社会地位和社会义务得到了共同提升。18世纪工业革命不仅极大地推动了西方世界的跨越式发展，也带来了社会文化和价值观念的根本变化，受亚当·斯密自由竞争理论的影响，原重商主义时代所推崇国家利益观念和朴素商人社会责任观念被利润最大化观念所取代。19世纪中后期，现代企业制度在欧美逐步形成和发展壮大，追求利润的商人和企业家逐步学会关注公共利益和社会弱势群体；19世纪50年代，美国金融家乔治·菲布迪捐赠大量资金进行广泛的社会公益事业，其中重点资助教育和无家可归者；19世纪末，美国钢铁大王安德鲁·卡内基捐赠巨资修建音乐厅和公共图书馆；20世纪初期，石油大亨洛克菲勒慷慨捐赠以“改善全人类生活”为己任[112]。

尽管早期商人社会责任行为和19世纪中后期的企业社会责任活动在本

质上只是个人而非真正意义上的企业社会责任行为，但都对后来的企业社会责任实践产生了重要的影响和示范作用。这种萌芽状态的社会责任主要包括一般性社会公益责任，如维护国家利和社区利益、资助弱势群体和扶持教育等。

2. 企业社会责任的产生（20 世纪初到 20 世纪 60 年代）

真正意义上的企业社会责任产生于 20 世纪初，当时随着社会剧烈变动，各种社会问题层出不穷，单个商人或企业家无法解决这些问题，公众对于企业特别是拥有巨大经济资源的大企业积极介入社会公益事业的呼声日益增加。张志强、王春香（2005）[113] 发现，这一时期，除了对社会公益的捐助以外，一个最明显的趋势就是企业将重点转移到对企业内部员工权益的关注上，企业纷纷建立失业基金、员工养老金计划、全员持股和退休员工生活保障计划等，同时致力于减缩工作时间，增加薪酬待遇等。

20 世纪初期，现代企业制度的确立/企业规模的迅速扩大导致先导意义的企业社会责任的产生。在两权分离的现代企业中，经营权和所有权的分离，催生出两种有利于企业承担社会责任的有关管理者职责的观点。其一是受托人观点，此观点认为管理者不仅仅是股东的受托人，更是整个社会利益的受托人，他们有义务满足和平衡不同利益集团的利益要求。另一观点是服务原则，该原则强调企业的利润来自于社会及公众，所以应该以承担社会责任来回报社会。显然，现代企业制度条件下的受托人观念和服务原则促进了企业社会责任运动的产生和发展。

企业社会责任的产生离不开法律法规的建立和完善。卢代富（2002）[87] 以美国为例来说明，20 世纪初期，由于美国法律体系对企业社会责任持消极态度，法律的滞后成为企业承担社会责任的根本障碍。20 世纪 30 年代开始，“越权原则”逐步被突破，支持和鼓励企业承担社会责任的法律环境不断完善。如在公司法中赋予企业慈善权力的州在 1928 年为 5 个，1948 年为 15 个，1959 年为 41 个，呈逐步增加的趋势。法律制度的健全和法律环境的改善，促进了企业社会责任实践的发展。

3. 企业社会责任的发展与深化（20 世纪 60 年代到 80 年代末）

这一时期的主要特点表现在以下三个方面。第一，企业社会责任范围进一步扩大，不仅包括共教育、公共健康、就业福利、住房改善、环境保护、家庭护理等传统项目，甚至涉及种族歧视、战争、暴力等更加广泛的社会问题。第二，大量强制性专项法律法规成为推动企业承担社会责任的

主导性力量，如美国在20世纪60年代至80年代颁布的大量有关员工保护、消费者权益保护及环境保护等相关法律法规。第三，企业日益将承担社会责任与赢得商业利益紧密结合起来，精心策划的企业社会责任行动不仅不会成为企业沉重的经济负担，反而可能给企业到来丰厚的商业利润。

4. 企业社会责任的成熟与国际化（20世纪80年代末至今）

随着经济全球化进程的迅速加快，这一时期的企业社会责任逐步步入成熟与国际化时期。这一时期的企业社会责任呈现如下特征。首先，政府间国际组织、国际非政府组织（NGO）以及跨国公司所确定的企业行为规范逐步成为推动企业承担社会责任的主导力量，企业社会责任日益发展演变成为声势浩大的全球性企业社会责任运动。如美国“公平劳工协会”（FLA），荷兰“洁净衣服组织”（CCC），英国的“道德贸易行动”（ETI）等制定的企业外部生产守则，耐克、李维斯、沃尔玛等大型跨国公司成为企业承担社会责任的先导力量。其次，到20世纪80年代末，美国各州纷纷修改公司法，将对利益相关者的权益保护上升到法律层面，明确允许甚至强制要求公司管理层对包括股东在内的更广泛的利益相关者负责（沈艺峰，2000）[114]。最后，20世纪90年代中后期以来，企业承担社会责任的策略意识进一步强化，企业社会责任问题的争论已从“是否要承担”向“如何承担”转变[115]。

在企业社会责任运动的推动下，从20世纪90年代中后期开始，企业承担社会责任的态度和方法发生了一些重要的变化。王春香、张志强（2006）[116]研究发现，变化之一是，企业社会责任活动和企业社会责任业绩逐步成为企业对外展示企业形象和企业综合竞争力的重要指标，越来越多的著名企业不仅定期公布财务业绩，同时也公布企业年度社会责任活动和所取得的相关业绩。变化之二是，企业社会责任管理开始纳入企业日常经营管理中。20世纪90年代中后期以来，越来越多的企业，特别是大型跨国企业，在企业内部设立专门的管理机构或企业社会责任董事会，以负责企业社会责任方面的事务。如NIKE（耐克）公司成立专门机构，不仅负责公司一般性公共关系事务，更将工作重点放在企业社会责任策略的研究和策划上，推动了本企业社会责任的纵深发展，进而带动整个国际社会企业社会责任实践的日臻成熟与完善。

2.2.3.2 企业社会责任在中国的发展

与西方国家相比，我国的企业社会责任实践相当有限。首先新中国成立以后我国企业在经济体制的禁锢下，无法取得独立利益主体的地位，虽然被迫承担了大量社会功能，但严格来说都算不上真正意义上的社会责任。此后推行的市场经济体制改革，又将中国企业从一个极端推向了另一个极端，企业开始盲目追求利润最大化而忽视了社会利益及公众利益。长期以来“企业办社会”遗留的隐患及对经济利益的盲目追逐，阻碍了企业社会责任意识的培育和更新。事实上，企业社会责任与企业办社会之间具有本质区别。付实（2004）对挪威企业社会责任和企业办社会之间的区别进行了小结（如表2－5所示）尽管有些内容值得探讨（如企业社会责任的行为依据仅仅是法律法规、行为目的仅仅是企业的发展与盈利等），但总体而言，通过比较分析，仍能看出这两者的明显不同。

表2－5　　企业社会责任和企业办社会的区别

序号	内容	企业社会责任	企业办社会
1	社会环境	现代市场经济	计划经济
2	本质	企业的社会资本	企业发展的沉重负担
3	受益者	企业的利益相关者	本企业职工或家属
4	核心内容	提供利益/保障	提供福利
5	行为依据	法律法规	政策
6	行为模式	经济行为	政治行为
7	行为目的	企业发展/盈利	完成政治任务
8	行为主体	企业	上级
9	行为内容	保障和发展机会	无限制“大包干”
10	资金来源	企业经营费用	国家调拨
11	行为参与者	企业与职工	企业
12	行为后果	企业的经济效益和社会效益	中国企业病

资料来源：付实，2004。摘自《企业社会责任在中国》，环境与发展研究所编，经济科学出版社，2004。

在中国，真正意义上的企业社会责任是一个相对全新的概念。这一概

念的引入是在中国改革开放之后，在其与世界经济逐渐融合的背景下产生。中国作为一个出口依赖型发展中大国，经济社会的发展无一不打上西方国家的烙印。中国引入企业社会责任的进程总结为三个阶段（Zhou，2006）[117]。第一阶段，1996—2000 年，这一阶段中国主要通过跨国公司对它们的中国供应商的审核来引入企业社会责任这一概念。1993 年，深圳一家外资企业深圳致丽玩具厂发生了火灾，这一事件引起国际商界的关注。随后相关国际组织编制了《中国商业原则》章程，许多跨国公司签署了这个章程（郭军，2006）[118]。不过，当时这些仅限于与外界接触频繁的有限数量的企业，政府机构、学者和媒体整体上并不知晓这一概念。第二阶段，2000—2004 年，中国供应商忙于应付国外企业频繁甚至重复的审计要求，同时还要满足发达国家的客户的其他需求，这引起了几个关键政府部门的关注，包括劳动与社会保障部及商业部。不过，这些部门最担心的是企业社会责任被西方发达国家作为最爱中国出口的非关税壁垒，因此采取了观望态度。第三阶段，从 2004 年至今，在这一阶段，企业社会责任理论研究开始在中国的推广实施，其中最引人入目的是社会各方面都开始采取主动的措施积极加以应对。政府机构和商业界携手合作以加强企业社会责任，并使之成为商业策略中不可分割的一部分。除此之外，商务部着手制定中国自己的企业社会责任标准，2005 年，国内首个行业标准“中国纺织企业社会责任管理体系”（CSC9000T）颁布实施。另外，一些中国大型企业如中石油、中石化、宝钢、国家电网公司等，率先定期发布它们的企业社会会责任或而持续发展报告。除此之外，媒体也积极参与企业社会责任报道中来，企业社会责任在中国媒体中日趋普及的一个迹象是，这个概念在互联网上成为一个高频词汇，比如，截至 2010 年 12 月底，在 www. google. com 上搜索关键词“企业社会责任”而已从中文网站上得到 2200 万个结果。

总体而言，近 20 年来中国企业在履行社会责任方面取得了一定的成效，但与西方发达国家相比，还有很大的差距。主要问题集中在：劳动合同问题、工时与工资问题、强制劳动问题、安全与健康问题、环境污染问题等。不少企业尤其是非公企业在利益的驱动下通过违反劳动法规来降低劳动成本，引发大量劳资纠纷利社会问题，造成极大的社会隐患；某些社会责任缺失的企业生产销售不卫生食品或假冒伪劣药品，损害消费者的身心健康，干扰社会主义市场经济秩序；有的企业以节约成本为由，肆意污染环境、破坏生态，致使“少数人受益、多数人受害、全社会埋单”的现象依然突出。矿难频发、“血汗工厂”屡禁不止、劳工争议数量不断攀升……

由此看来，将西方企业社会责任理论与我国实际情况相结合，尽快界定有中国特色的企业社会责任内涵，积极探索在中国转型经济的背景下如何理性指导企业承担相应社会责任，并逐步完善相应法律法规，加强社会监督，构建一个更系统的、更具操作性、更符合我国国情的企业社会责任框架体系，意义重大。

2.2.4 企业社会责任的相关理论基础

有关企业社会责任的理论发展体现在以下几个方面，即工具理论、政治理论、整合理论和伦理理论等。有关企业社会责任的理论回顾如表2－6所示。

表2－6　企业社会责任的理论总结

理论类型	方式	主要内容	相关文献
工具理论：注重通过社会行为达到经济目标	股东利益最大化	企业长期利益最大化	弗里德曼（Friedman，1970）、詹森（Jenson，2000）
	竞争优势战略	在竞争环境的社会投资	波特和克雷默（Porter 和 Kramer，2002）
		以企业自然资源观为基础的战略和企业动态能力	哈特（hart，1995）、利兹特（Lizt，1996）
		经济金字塔底线战略	普雷哈拉德和哈蒙德（Prahalad 和 Hammond，2002）、哈特和克里斯坦森（Hart 和 Christensen，2002）、普雷哈拉德（Prahalad，2003）
	善因营销	以企业社会认可的利他行为作为营销工具	瓦达拉加和梅诺（varadarajan 和 Menon，1988）、默里和蒙塔纳瑞（Murray 和 Montanari，1986）

续 表

理论类型	方式	主要内容	相关文献
政治理论：注重在政治领域以负责人的方式行使企业权力	企业立宪	企业社会责任源于他们所拥有的社会权利	戴维斯（Davis，1960，1967）
	综合社会契约论	在企业和社会之间存在社会契约	多纳德逊和邓菲（Donaldson 和 Dunfee，1994，1999）
	企业公民	企业被认为是在社区具有一定包含关系的公民	伍德和洛奇逊（Wood 和 Lodgson，2002）、安德里夫和麦金托什（Andriof 和 McIntosh，2001）、马太和克兰（Matten 和 Crane）
整合理论：注重社会需求的综合情况	公共责任	企业以法律和现行的公共政策作为社会表现的参考	普雷斯顿和波斯特（Preston 和 Post，1975，1981）
	利益相关者管理	平衡各利益相关者的利益	米切尔等（Mitchell 等，1997）、阿格和米切尔（Agle 和 Mitchell，1999）、罗利（Rowley，1997）
	企业社会表现	寻求社会合法性，对社会问题给予恰当的响应	卡罗尔（Carrol，1997）、沃克特和科克伦（Wartic 和 Cochran，1985）、伍德（Wood，1991b）、斯旺森（Swanson，1995）
伦理理论：注重做正确的事情以达到一个好的社会	利益相关者规范理论	考虑对企业利益相关者的信托责任	弗里曼（Fpeman，1984，1994）、埃文和弗里曼（Evan 和 Freeman，1988）、多纳德逊和普雷斯顿（Donaldson 和 Preston，1995）、弗里曼和菲利普斯（Freeman and Phillips，2002）、菲利普斯等（Phillips 等，2003）

续 表

理论类型	方式	主要内容	相关文献
伦理理论：注重做正确的事情以达到一个好的社会	共同权利	结构以人权、劳工权利和环境为基础	全球苏利文原则（1999）、联合国全球协议（1999）
	可持续发展	在考虑当前和后代的前提下促进人类的发展	世界环境与发展大会（布伦特兰报告，1987）、格拉德温和肯内利（Gladwin 和 Kennelly，1995）
	共同利益	以社会共同利益为导向	奥尔福德和诺顿（Alford 和 Naughton，2002）、米尔（Mele，2002）、凯库（Kaku，1997）

资料来源：Elisabet Garriga. Dome' nec Mele "Corporate Social Responsibility Theories：Mapping the Territory［J］. Journal of Business Ethics，2004（53）：51 – 71.

2.2.4.1 股东至上主义观点

以弗里德曼为代表人物的股东之上观点认为，企业经营应始终与股东利益最大化作为首要标准来评价企业的社会行为，并以此作为企业决策的依据。对社会需求的任何投资应使股东利益增加，如果社会需求给企业带来的额外成本的增加，则企业放弃社会责任的承担应是一种理性的判断和选择。诺贝尔奖得主、倡导经济自由秩序的著名学者哈耶克曾旗帜鲜明地反对企业承担社会责任，他认为这样做是有悖于自由的，企业过度地参与社会活动还容易导致政府的不满和干预，从而使企业自由遭到损害。

股东至上观点反对企业承担社会责任的主要原因在于以下三点。其一，企业承担社会责任会增加企业的经营成本，这种成本的增加会转嫁到企业其他利益相关者的身上，给企业及企业各利益相关方带来沉重的经济负担，进而损害企业效率。弗里德曼曾尖锐地提出，践行企业社会责任，随之而来的首先是股东的红利的减少，挫败股东的投资积极性；企业投资减少，企业员工工资也会因之降低，从而使员工的生产积极性受挫甚至离开企业，影响企业的正常生产和运作；生产效率的降低可能导致产品价格的上涨，为此消费者将承担这一严重后果，要么承受价格上涨要么缩减消

费，所有这一切都将直接或间接损害企业的效率。其二，提高企业社会责任将破坏自由、平等的市场竞争秩序，导致政府的过多干预。弗里德曼始终推崇自由，认为自由才是增进效率的根本，只有自由的诚实的市场交易才能使交易双方从中获利。社会责任会将导致干预的扩大，违背了自由的原则，从而损害效率。哈耶克表示赞同，他认为行善的权力必然是暂时的，人们终将为此付出高昂的代价。其三，强化企业社会责任，尤其是过多参与企业的决策与经营，会损害企业内部的运作效率。弗里德曼和哈耶克断言，企业承担社会责任，必然导致员工对其主体地位的强调，以及其他相关利益团体对于企业事务的积极参与，这些都会对损害企业内部的运作效率。

委托—代理理论是股东之上观点持有者最常见的理论利器。但是，社会发展至今，人们似乎更愿意接受接受这样一种观点，即股东利益最大化和满足企业利益相关者的利益不可能相容。比如说，詹森（Jensen）提议所谓的“开明的利益（Enlightened Value）最大化”，这种观点就把追求长期利益最大化或寻求企业价值作为企业的最终目标。

2.2.4.2　综合社会契约理论

Donaldson（1982）从社会契约惯例来考虑企业和社会的关系，他认为企业和社会之间存在隐性的契约，这些契约无形中界定了企业对于社会的某些间接的义务。随后，Donaldson 和 Dunfee（1994，1999）[119] 延伸了这种观点并提出了综合社会契约论，该观点将工具观点和规范观点整合在同一个理论框架内，对企业承担社会责任持赞同态度。综合性社会契约是联系企业社会责任和利益相关者利益要求的纽带。

现代企业理论把企业看作一种法律实体，这种法律实体实际是由不同个人之间一组复杂的显性契约和隐性契约的交汇所构成。任何组织结构（企业或政府）的建立，即与社会之间达成了一份公正的协议或契约，规范双方的权利义务，以及双方应承担的责任。经济活动必须在一定道德范围内进行，经济体系中的道德行为有助于决定经济的质量和效率。如果企业只考虑某些利益相关者的显性契约，而漠视其隐性契约，或者根本忽视其利益要求，那么就会导致错误的企业社会责任价值观。多纳德逊和邓非认为企业的社会责任观中应包含一种更为广泛的、超出法律约束的社会契约，这种社会契约不仅应体现社会对企业的固有的期望，更应反映出社会文化习俗的快速变化。企业与其利益相关者之间所遵循的所有契约形式被称为综合性社会契约（Integrative Social Contracts），综合性社会契约成为企业社会责任与企业的利益相关者利益的纽带。如果企业不主动对其承担社会责任，对于慎重考虑并尽量满足利益相关者的合理利益，那么企业的长远利益及持续发展就将受到威胁。企业社会责任和利益相关者要求联结的纽带即综合性社会契约，作为契约关系连接点的企业如图 2 -5 所示。

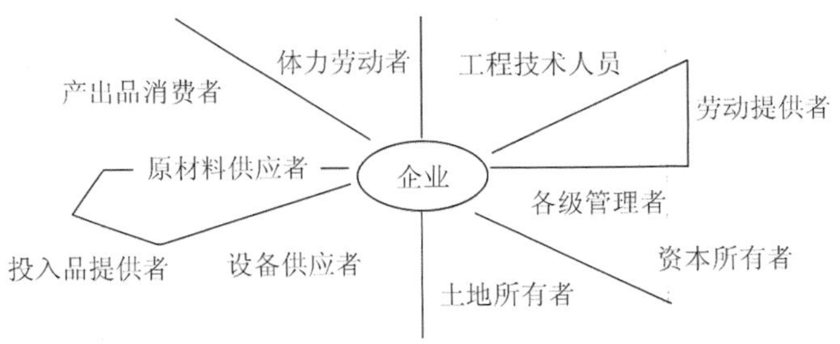

图 2 -5　作为契约关系连接点的企业

今天，社会和企业之间的契约条款内容比以往的有着明显的和重要的不同，企业正被要求对社会承担起比以前更多的责任，也将在更广意义的人文价值上起到越来越重要的作用。

2.2.4.3　公共责任原则

一些学者试图通过规范企业的责任范围来帮助和指导企业履行其社会责任。Preston 和 Post（1981）[120]认为单纯的社会责任响应方式和过程方式远远不够，相反，他们主张“公共责任”原则，强调公共过程比个人道德观点或范围狭窄的利益集团定义的责任的范围更加重要。

按照普雷斯顿和波斯特的观点，对企业社会责任管理行为的恰当指导是建立在相关的公共政策框架范围的。他们认为公共政策不仅包括以书面文本存在的各类法律及相关规则，还应包括更为广泛的社会趋同方式，以及加强或实施的过程，这就是公共责任原则的精髓。

普雷斯顿和波斯特按照企业在社会环境中的重要程度，分析了管理责任的范围。首要责任应包含企业基本的任务，如选址、建造厂房、选择供应商、雇佣员工、经营生产等，当然还包括合法的需求。次要的任务包含对首要包含的延伸，如个人职业发展和赚钱的机会，这主要来自于对首要活动的选择和员工的发展。

同时，这些学者普遍认同企业对在公共政策制定过程中相互影响的观点，尤其是关于特殊的公共政策还没有明确制定或还在变迁之中，企业能合法而且可能是必不可少地公然影响、参与公共政策的制定。

2.2.4.4 利益相关者理论

美国斯坦福研究院（Stanford Institute）自1963年首次提出了利益相关者的概念以来，利益相关者被定义为那些如果没有他们的支持企业就不复存在的这样一些群体。这个提法对企业管理提出了更多的要求。企业从原来的单纯的生产管理观念逐渐加入了利益相关者的因素。利益相关者认为，企业是所有相关利益主体之间的一系列多边契约，其包括股东及非股东在内的企业多方参与者。所有与企业签订了实际契约或隐性契约的参与者都向企业的发展提供了个人资源或作出了个人的努力，因此理应得到企业的利益回报。在原有的传统的企业管理观念中，所有者（股东或企业主）将企业利益相关者仅视为单纯提供资源、消费商品或服务的个人或群体，随着公司制的发展和企业两权（所有权和经营权）的分离，企业管理者越来越意识到企业的发展必须处理好与其利益相关者特别是关键群体之间的关系。

不少学者对利益相关者的分类提出了自己的看法。Freeman（1994）[121]依据企业所有权、经济依赖性和社会利益等对利益相关者进行了分类，把利益相关者分为对企业拥有所有权的利益相关者和对企业有经济依赖性的利益相关者。对企业拥有所有权的利益相关者是指那些持有公司股票的相关方，对企业有经济依赖性的利益相关者包括企业员工、消费者、债权人、分销商供应商等，另外还包括与公司在社会利益上有关系的政府、媒体、公众等。Clarkson（1994）[122]根据利益相关者对公司的影响将利益相关者细分为两个层级。第一层级是对公司的生存和持续经营不可或缺的相关群体，包括股东、投资者、员工、顾客、供应商、政府及社区等第二层级是指能左右或影响公司，或被公司左右或影响的人，如媒体或非政府组织（NGO）等。Mitchell、Angle 和 Wood（1997）等从权力、合法性和紧急性三个维度构建了利益相关者的狭义模型，并提出可以根据以上三个维度对企业利益相关者进行评分，然后按照分值的高低将这些利益相关者分为不同类型，根据他们对于企业作用及影响力，企业在对待这些利益相关者时会加以区别对待。Wheeler 和 Sillanpaa（1997）[123]则把社会性维度引入到利益相关者的分类中，认为可按照与企业的紧密程度划分为主要利益相关者和次要利益相关者。卡罗尔（Caroll）对此表示赞同，他认为次要利益相关者对于企业也有着极大的影响力，尤其是在企业的声誉和社会地位方面，“比起那些直接的权益，次要利益相关者在企业中的权益更能代表公众和特殊利益的权益”。Savage（1991）等把利益相关者分为利益兼有型、支持型、非支持型和无足轻重型四种，而企业相应的回应策略分别为合作、参与、防范和监控，如图 2 -6 所示。

利益相关者对企业构成威胁的可能性

利益相关者和企业合作的可能性		
大	利益相关者类型Ⅳ 利弊兼有型 策略：合作	利益相关者类型 Ⅰ 支持型 策略：参与
小	利益相关者类型Ⅲ 非支持型 策略：防范	利益相关者类型 Ⅱ 无足轻重型 策略：监控

图 2 -6　利益相关者类型和回应策略

资料来源：Savage G. T. , Whitehead G. , Blair J. D. Strategies for Assessing and Managing Organization Stakeholders ［J］. The Executive, 1991 （2）.

利益相关者理论表明，企业行为与企业多个利益相关者的群体行为互为影响。股东只是企业利益相关者的一种，企业不应仅仅关注股东利益，而应对其所有利益相关者负责。当然这是理论上的提法，在实践操作中，企业无法对所有群体负责，也不可能平等对待每利益相关者，因此，有必要根据企业实际情况，对企业的利益相关者范围进行合理的界定及分类。近几年，随着企业社会责任理论和企业利益相关者理论逐渐融合的趋势，从利益相关者的角度界定企业社会责任越来越受到学术界的追捧和企业界的认可，已成为一个不争的事实。

2. 2. 4. 5　可持续发展理论

虽然可持续发展理论从宏观上来说是从社会的角度而非企业的角度，但社会的进步离不开企业的发展。1987 年可持续发展这一主题的提出得到了广泛的应用与认可，联合国世界环境和发展发挥出版了《布伦兰特报告》，这份报告明确界定了可持续发展的定义，要求社会经济的发展不能仅局限于当前更要着重于未来。虽然这份报告中仅包括环境的隐私，但“可持续发展”的概念已经把社会问题作为发展的不可缺少的一个方面。在 2000 年世界商业委员会（World Business Council）上，与会专家提出，可持续发展需要综合社会、经济和环境的因素，在短期目标与长期目标中进行权衡。

1997 年，由两个美国环境非政府组织共同发起成立的非营利组织全球

倡议报告（GRI）成立，其目标是定并推广可持续发展报告框架指南。GRI 注重企业可持续发展报告的内容及格式的规范化，旨在通过合作协商的过程制定出广泛认可的衡量企业社会及环境绩效的方法，帮助企业、政府、公众及社会投资者更清楚了解企业可持续发展的主张，促进企业改善其决策。CRI 依照编写的报告信息的使用者以及对报告框架制定做出贡献的组织等多种利益相关方组成的网状组织。并鼓励所有企业将经济、环境、社会 3 个方面的责任履行情况报告与财务报告一样具有可比性并定期发布，从实际操作进行企业社会回应管理。

对于可持续发展，有多种不同的定义。一种受到广泛认可的定义为：“可持续发展以一种范围广泛的、相连的、均衡的、节俭的和安全的方式，达到人类发展的一个过程。”问题是，只有企业在发展和战略实施中，才面临企业可持续发展的挑战。正如 Wheeler 等（2003）[124] 指出的，可持续发展是一种对社会和企业能持续努力创造价值和创造产出，和社会、环境和经济的三个方面的可持续性一致的一种理念。社会的可持续发展离不开企业的可持续发展，企业可持续发展基于对社会责任的关注与实践。

英国的约翰·埃尔金顿在分析 21 世纪所要求的形象时提出了“正四面体”的概念，顶点是“可持续发展”，三条线为“经济、社会、环境”，为了实现可持续发展，经济的繁荣、社会的公正、环境质量的提升这三个方面要取得平衡，如图 2－7 所示。

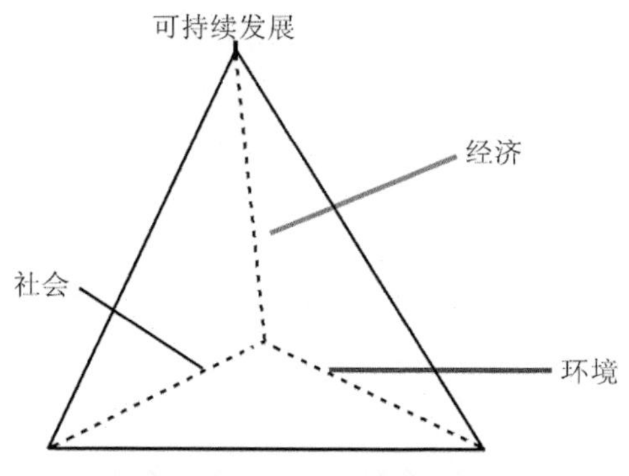

图 2－7 社会可持续发展模型

以上是关于企业社会责任的理论依据及理论基础的概括总结，但上述理论都是从某一个侧面来论述企业应履行社会责任，到目前为止，并没有一个明确、统一的理论来指导企业社会责任实践，还需要理论界在这些方面做进一步深入的整合和发展。

2.2.5 企业社会责任研究发展趋势

2.2.5.1 研究内容：从“规范”转向“实证”

企业“是否”应该承担社会责任已不再是争议的焦点，现实的发展逐渐使这一争议画上了句号，社会已普遍接受了企业应当承担社会责任的理念。但怎样承担这是一个现实的问题。企业和社会都关注怎样才能促进企业承担社会责任，怎样把企业社会责任管理纳入企业战略管理体系中，以实现企业和社会的可持续发展，这一问题必须得到解答。在解答这一问题前，我们至少要弄清两个问题：企业目前的现状如何？为什么企业会有这样的表现？这两个问题实际上是“是什么”问题，属于实证性研究范畴。目前，受经济发展、社会意识形态、人们素质等的影响，社会对于企业社会责任行为的与企业责任水平现状相距甚远，企业社会责任理想与现实的差距似乎有着逐步加大的趋势，社会对于企业社会责任问题的质疑呼声不断增加，社会矛盾日益扩大，为解决这一越来越凸显的社会问题，学术界将此领域的研究更多地转向企业社会责任行为本身：企业现今的责任水平及责任表现究竟怎样？为什么会有这样的表现？不同企业间相距甚远的责任行为表现究竟受到什么因素的影响？企业社会责任表现与企业绩效的关系相关还是不相关？两者之间的关系究竟受到什么中介变量的影响？如此等等，都是学术界及企业界亟待解决的问题。只有先从理论上解决这些问题，才有可能引导企业纠正自身的行为逻辑，从而在现实层面上寻找解决企业社会责任问题的有效途径。

2.2.5.2 研究视角：从“外部压力推动”转向“内部动力驱动”

对企业社会责任的研究有两个不同的视角：企业外部视角和企业内部自身视角。前者是从企业外部看企业，站在政府或社会层面；后者是从企业内部向外看，本身站在企业层面。看待同一个问题的视角的不同，有可能得出截然不同的感受和结论。以往的理论分析和实践探索大多是从企业外部视角来进行的，视角比较单一，得出的结论也难免偏颇，这种情况在我国尤其明显。

企业社会责任是企业迫于外部压力或出于企业自身盈利动机而对非股东利益相关者所承担的责任。可分为两种类型：压力推动型社会责任和动力推动型社会责任。企业外部视角更多的是从企业外部压力推动视角来看待企业社会责任，如果单纯这个视角出发来研究企业社会责任的理论和实践，一旦企业利益与社会利益发生冲突，站在社会及公众视角的处理方式

及处理结果很有可能是采取法律强制力甚至启用社会伦理道德迫使企业做出让步。这种措施可能能取得短期效果，但长期而言很难持续。要使企业主动、自愿承担相应社会责任，必须要设法建立一个良好的体制使企业、政府和社会三方实现和谐共赢及良性互动。企业作为承担社会责任压力的直接主体，其内部利益驱动尤其关键。

站在企业内部的视角进行社会责任研究，即需要站在企业自身的立场充分理解和尽量满足企业的需要，并从企业内部审视各利益相关者，探讨通过整合各项企业资源、改善与各利益相关者关系从而获得商业利益，赢得竞争优势，将企业迫于外部压力被动承担社会责任转向自身利益驱动的主动承担，是目前企业社会责任研究的一个新的视角。

2.2.5.3　研究范式：从“盲目追求结果”转向“注重情境过程”

过去企业社会绩效研究框架中的实证部分主要集中在企业“社会绩效—财务绩效”（CSP－CFP）关系问题上。因为这个问题是企业极为关心和关注的，而且其蕴含的理论价值也颇高，因而这方面的研究成果相当多。但遗憾的是，有关企业社会绩效与财务绩效之间的关系，目前尚无定论，究竟是正相关、负相关、不相关还是无法确定？这个问题困扰了很多学者，至于结果的不确定，他们始终坚信一定是由一些客观原因的存在，如概念的严谨性、样本的代表性、绩效指标选择的可靠性等造成的。随着研究的深入，越来越多的学者发现，目前企业社会责任研究更多地集中在“原则”和“结果”的研究上，“过程”研究却非常薄弱，社会责任行为如何影响企业绩效，其过程受哪些因素的影响，基本上还是一个“黑箱”。企业对承担社会责任的直接动因是什么、受哪些企业内外部因素的影响、企业家或管理层在企业社会责任表现中扮演什么角色等，这些行为机理问题还存在很多疑义。近些年来，企业社会责任领域一些著名学者已经开始关注这些问题，如 Edmondson 和 Carroll（1999）[125]、Norcia 和 Tigner（2000）[126]、Hemingway 和 Maclagan（2004）[127]等研究了企业承担社会责任的动机问题，Rashid 和 Ibrahim（2002）[128]、Ramasamy 和 Hung（2004）[129]、Brammer、Williams 和 Zinkin（2007）[130]以及 Mudrack（2007）从不同角度研究了个体特别是企业高管对企业社会责任行为的影响。但总体来看，这方面的研究还有待拓展，理论创新空间很大。

目前，企业社会责任研究特别是实证研究绝大部分是以西方发达国家为背景的，发展中国家的研究非常少，这可能是因为发展中国家企业社会责任实践尚处在起步阶段，不论是理论的探究还是数据的采集都很难具备应有的条件。但如果我们将研究领域仅仅限于发达国家，就很难揭示经济社会发展条件、社会文化背景及产业发展程度等差异性的情境变量的对企业社会责任行为的影响。随着研究方法的改进和研究条件的改善，研究情境受到理论界及企业界越来越多的关注，转型中的中国，为企业社会责任理论研究提供了丰富的研究情境。

2.2.5.4 国内研究：从“传统思辨”转向“国际规范”

国内对企业社会责任的现代研究始于20世纪90年代，近十年逐渐成为一个热门的研究领域。为了定量了解国内企业社会责任研究的基本情况，笔者分别以“企业社会责任”和“公司社会责任”为精确匹配的检索词，以“篇名”和“关键词”为检索项，在CNKI的“中国期刊全文数据库”中对中文文献进行了检索，获得了一些基本数据。检索2001—2010年全部期刊中发表的相关论文，结果如表2-7所示。

表2-7　2001—2010年CNKI全文数据库收录的CSR论文数量

年　份	2001	2002	2003	2004	2005	2006	2007	2008	2009	2010
检索项：篇名										
企业社会责任	14	16	38	118	236	477	716	872	613	960
公司社会责任	2	8	15	22	39	76	111	122	87	169
小　计	16	24	53	140	275	553	827	994	700	1129
检索项：关键词										
企业社会责任	39	52	125	332	468	907	1482	1866	1140	1727
公司社会责任	13	21	56	89	57	93	142	185	113	217
小　计	52	73	181	421	525	1000	1624	2051	1253	1944
篇名关键词合计										
企业社会责任	53	68	163	450	704	1384	2198	2738	1753	2687
公司社会责任	15	29	71	111	96	169	253	307	200	386
总　计	68	97	234	561	800	1553	2451	3045	1953	3073

从表2-7中可以看出，近十年来，有关企业社会责任方面的文献数量激增。只是在研究方法方面，大部分研究仍然采用传统思辨范式，符合国际规范的研究并不多见。传统的研究范式存在一些缺陷，如研究结论不易反复验证、结论的可靠性不强、研究过程很难重复试验推广、研究成果不

易被国际主流研究承认等。随着国际学术交流的逐步加深和我国对外开放的进一步扩大，国际主流研究规范越来越多地被国内学者接受和学习。近几年来，我国在企业社会责任研究领域中也出现了一些符合国际规范的，受到国内外学界关注的相关实证研究，如陈玉清、马丽丽（2005）、李正（2006）、姚海鑫（2007）[131]、晁罡（2008）等[96]。另外，关于企业社会责任的访谈及问卷调查也不断增多，这都有利于向国际研究规范靠拢。当然，仅仅做到这些还远远不够，今后我们需要继续加大推广国际主流研究规范的步伐，拓展研究领域，扩大研究应用范围，努力提高我国企业社会责任研究领域的质量。

2.3 文献评述

2.3.1 以往研究的主要结论

根据上述研究，我们可以得出以下主要结论。

（1）利益相关理论引入企业社会责任研究，为推动企业社会责任理论与实践的发展提供了一个新的研究视角。利益相关理论和企业社会责任行为之间的联系主要体现在以下三个方面：利益相关者的势力、公司的战略意图及公司过去及现在的绩效。当今社会对企业社会责任高度关注，源于对其对于环境问题和道德问题重要性不断增长的认识，并且国家对于环境和社会方面问题的政府管制也在不断增强，企业利益相关方的势力逐步得到确立和提升，这从客观上要求企业在经济、社会、环境各方面都以可持续的方式经营发展，严格履行社会责任。

（2）企业社会责任的架构中包括四个紧密相关的方面——经济的、法律的、伦理的和慈善的。组织，更确切地说，组织的决策层，也可以理解为组织的高层管理者在进行决策时，应力图同时考虑这四个方面的责任，但由于高层管理者的个人异质性，以及他们所领导企业所处的内外环境的不同，这些都会导致他们的社会责任取向的差异。高管团队社会责任取向会影响其社会责任战略选择，这个已有相关文献作支撑。从实证哲学的角度认为，组织的股东，包括相关决策层，他们的价值观相互影响，以及特定的情境都预示着组织的行为 Brenner 和 Cochran（1991）Jones 和 Wicks（1999）。因此，实证性公司的社会责任战略及行为表现，往往反映了企业决策层的价值理念及某些特定意图。

（3）在现实社会中，不管政府如何规制，不论市场如何完善，最终也

不可能使得企业利润目标与社会价值相统一，在这种情况下，就要强调企业的社会责任。企业高管，特别是民营企业的高管，他的价值观与企业的发展有着直接的因果关系，甚至可以说，企业高管社会责任取向，在很大程度上引导了整个企业关于社会责任文化氛围的营造与建设。因此，政府、媒体与公众要运用各种途径来引导企业家（包括企业高管团队成员），使企业将社会责任的观念内化为自身的行为规范，并自觉地将经济绩效目标与社会绩效目标统一起来。

（4）企业社会战略模式的选择与组织的生命周期有着密切的关系，一方面，处于不同生命周期的企业，其经济绩效不同直接影响企业执行社会责任项目的能力；另一方面，Jawahar 和 McLaughlin（2001）提出不同利益相关者在不同阶段与企业的相关程度也会有所不同，一般来说，随着企业的发展成熟，利益相关者会稳步增强其势力，很可能将改变企业社会责任价值观，甚至带来价值观的重新定位。因此，企业社会责任战略在企业不同发展阶段呈现变化的趋势，随着时间的演进，高绩效企业如果经历完整的发展周期，并且社会责任稳定地保持和推进，那么，企业社会责任战略模式可能会经历消极应对、积极反应、超前行为和相互影响战略的更替和变化。

（5）战略意图是指企业对社会问题作出反应的特点——积极的还是消极的。具有积极社会战略意图的比采取消极战略的公司更多地采取社会责任行动，除了追求利润最大化目标外，企业也有动力去扩充其经营目标，采取各种社会责任方案，来鼓励体现社会责任的行动和政策，并有效回应各利益相关方的要求（Maignan 和 Farrell，2004），对内部人责任、外部人责任及公共责任有一个良好的企业社会责任行为表现。

（6）关于企业社会责任与企业绩效之间的关系，虽然目前并没有完全统一的定论，但从长远来看，企业承担社会责任理论上来说能给企业带来良好的财务回报，这点从交易成本理论、社会责任投资理论等都可以得到相应支撑（McWilliams 和 Siegel，2001），事实上，大部分研究也证实了企业社会责任与企业财务绩效之间存在的正向关系（Margolis 和 Walsh’s，2001）；不仅如此，有研究证明，企业承担社会责任还能成为企业获取竞争优势的源泉，因为根据社会认同理论，拥有较高社会责任感的企业，更能招聘和吸引更多的优秀人才（McWilliams 和 Siegel，2001），而当今企业的竞争更多地体现在对人才的竞争上，另外，环境政策的优化带来的企业声誉也体现了企业的市场竞争优势（Russo 和 Fouts，1997）。

2.3.2 有待进一步研究的问题

国内对于社会责任的关注主要来自于实践，不断涌现的企业社会责任问题引发了国内外理论界对于企业社会责任领域研究的关注，目前大部分研究成果特别是实证研究成果集中在企业社会责任与企业经济绩效的关系研究，并且由于以下两方面的原因，使得研究成果较为单一，结论可信度值得怀疑。第一，企业承担社会责任对于提升企业绩效的作用虽然已经过理论界的充分论证并在实践中得到部分验证，但由于该理论研究体系较为庞杂，研究成果缺乏对企业具体的可供操作的指导。第二，企业社会责任绩效本身难以精确衡量，对企业绩效的作用也难以量化评估。基于以上两个原因，如果能尝试将高管团队理论与企业社会责任理论相融合，也许能为实证研究提供新的思路。特别值得尝试的是，如果将企业社会责任纳入到战略领导力研究中，可能会拓展实证研究空间，并将责任领导力与企业责任竞争力紧密相连。

国外已有少数学者尝试以高阶理论为基础研究高层管理者与企业社会责任的关系，并在该领域取得了一定的实证研究成果，这几乎开创了企业社会责任实证研究的先河，改变了企业社会责任长时期被经济学甚至管理学排斥或边缘化的十分尴尬的学术地位。长期存在的尴尬局面在学者关注到企业社会责任与领导力的关系时候得到了相应改变，学者们继而发现企业文化以及企业领导者的价值观会对企业社会责任倾向产生相当得影响，于是出现了一些关于企业高管 CSRO 与企业绩效的关系研究，研究得出如下结论。一是认为企业领导者的道德取向与企业绩效呈正相关，如 Alpaslan（2004）[132]等对财富 100 强公司的调查结果表明，企业的道德取向对企业风险管理和绩效至关重要，而企业的道德取向在很大程度上取决于企业高层领导的道德取向。汤海溶等（2005）[133]通过对沪深两市上市公司的数据进行分析，发现企业高管的自利行为与公司盈利能力呈负相关。二是认为体现企业高管价值观的利益相关者管理模式对组织绩效有影响。如 Dooley 等通过数调查发现，经济绩效与一些企业 CEO 的利益相关者取向有关。

有关团队领导力与企业绩效关系的实证研究也很丰富，有正相关的实证文献（Waldman、Ramirez、House 和 Puranam，2001）[134]，也有领导力与企业绩效负相关的实证文献（Agle、Nagarajan、Sonnenfeld 和 Srinivasan，2006）[135]，他们在研究中进一步揭示，道德领导与企业绩效存在中间变量，但这中间变量是否包含社会责任取向，它们之间究竟存在什么样的确切的关系，还有待进一步探讨。

在企业高管社会责任取向、企业社会表现及企业绩效三者之间的关系中，更多的研究集中在后两者之间的关系上。此领域存在的主要观点为：①对社会负责任的企业盈利能力最强。Wood 等（1984）[136]用实证研究等多种方法得出了近似的结论。金乐琴（2004）[137]坚信企业承担相应社会责任能有效推动的可持续发展，从而对其盈利能力特别是长期盈利能力的提升大有裨益。②企业的财务绩效对企业社会表现起推动作用。邓冬梅（2005）[138]对我国医药企业进行了实证研究，研究发现，履行较好的社会责任的医药企业主要是一些大型企业或者是外资企业，她发现这些企业的发展态势也相对较好，究其原因可能是企业如果拥有良好的财务绩效，其履行社会责任的可能性和主动性会相应提高。③企业社会表现、财务绩效和企业声誉三者之间相互影响。曹凤月（2004）[139]认为企业除了盈利之外还应关心员工利益、消费者权益保护、社区发展和环境保护等，企业良好的社会表现能促进企业声誉的提升和财务绩效的改善。

总之，在 CSR 领域，国内外已有不少学者做了许多有益的研究探索，但相对而言，对 CSRO、企业社会表现和组织绩效三者的关系研究尚不多见。正如前所述，企业履行社会责任与企业绩效之间呈现错综复杂的关系，而社会责任本身是一个价值观的命题，带有一定的主观性，与高阶理论中的某些观点相联系。企业高层管理者究竟需要履行什么样的社会责任？是否存在一个与企业绩效相关的研究范式？高层管理者如何将其社会责任取向影响企业的战略选择？企业社会责任战略的演变历程怎样？及其他对于影响企业社会责任行为表现的过程传导机制？等等，这些都是在输入（高管团队社会责任取向）与输出（企业绩效）之间的“黑箱”，打开“黑箱”，也许需要引入新的研究思路与新的理论框架。

3 理论构建及实证设计

3.1 高管团队社会责任理论构建依据

研究组织理论和企业社会责任的学者所共同关心的一个重要问题是：为什么拥有近乎相似的内在经营条件及外在经营环境的不同企业，其社会责任行为表现会相差迥异？现有的理论解释集中在企业伦理和战略管理两个领域。企业伦理理论更多地根植于哲学而非企业理论研究范畴，它通常用一个伦理框架对商业组织的伦理、社会和环境问题进行探究，视角更多地来自道义而非理性管理。战略管理学对此的解释集中于技术经济因素，学者们更多地试图用实证数据来向企业表明，承担社会责任能够为企业带来持续的市场竞争力和良好的企业绩效。这其实是将研究集中于“果”，由果及因，理论的解释力及指导意义受到了固有的限制。

目前，很少有学者充分考虑企业管理者，特别是高层管理者及其构成的高层管理团队对企业社会责任的独特影响力及所产生的重要作用。早在20世纪90年代，Wood（1991）[140]就提出，已有的社会责任范式缺乏一个明晰的理论构架来界定或说明高层管理者在企业社会责任政策制定、战略选择及承担企业社会责任行为方面的具体作用和影响力。为了弥补这一理论空白，一些学者做了少量理论探索。Thomas 和 Simerly（1995）[141]最早将高阶理论引入企业社会责任问题研究中，Browne（2003）[142]对此进行了更加深入的探讨。他们的研究成果极大促进了高阶理论与社会责任理论的融合与发展，但同时也存在以下不足：一是没有从根源上阐释高阶理论引入企业社会责任研究领域的理论依据所在；二是研究较为片面、孤立，没有建立一个框架性理论，将两者涵盖在总体框架之中。

高阶理论是一种成熟的战略领导理论，它对于企业高管团队的个体成员及整体团队对于企业不同类型战略选择及企业绩效结果具有一定的理论预测性。正如上一章的文献评述所言，高管团队中的某些可观测变量与不

同企业战略（创新战略、多元化战略及差异化战略等）及不同企业绩效之间具有某种既定的隐形关联。

目前，将高阶理论引入企业社会研究领域的文献很少，原因在于一些学者认为这是两个独立的研究领域，企业社会责任不适用于用高阶理论来解释。这似乎是学术界的一个误区，因为社会责任长期作为一个伦理范畴出现在研究者的视野，而不认为它其实也是属于企业管理特别是企业战略管理的一个分支。其实，将企业社会责任导入高阶理论的框架在理论上是可行的，只是要能够验证一下几个前提条件：①高管团队成员的认知能力和价值取向能够引导企业的社会责任行为；②高管团队成员的认知能力和价值取向能够被其个体特征所测度；③研究分析的对象是团队整体而非个人（如 CEO 或总经理、董事长等个体）；④企业社会责任能够看做企业的一种重要战略选择。

3.1.1 高管团队的认知能力和价值取向能够引导企业的社会责任行为

企业承担社会责任，意味着企业在经营运作过程中，要考虑各方利益相关者的利益，包括员工、消费者、债权人甚至社区、政府及广大公众利益群体，而不仅仅只考虑股东或企业所有权的利益，因此企业社会责任是建立在社会公众伦理道德和核心价值观的基础之上，是对传统股东利益至上观念的相对否定。利益群体的界定及利益分配等决策必然受到决策制定者认知能力和价值取向的影响。基于此，Hambrick 和 Mason（1984）[143]在行为理论的指引下，提出管理者做出战略决策的过程是建立在其认知感知基础之上并受到价值观念的引导，这个决策过程由一系列的步骤组成，而这些步骤均会不同程度受到决策者个人意识的影响。

首先，高管团队成员在进行决策特别是重大决策时，要充分考虑组织所处的内外环境，要审慎均衡内外环境给企业带来的利益危机，但受到团队成员视野及能力所限，高管团队不可能观察到组织内外环境的所有方面，决策的优劣明显受到决策者本身对市场环境判断的准确与否，而判断的准确程度不仅受到决策者的认知感知意识及能力，也可能因价值取向的不同而可能产生方向性的迥异。其次，任何决策都应建立在信息的收集与运用上，管理者认知能力及价值取向的不同，会造成他们对同一信息的不同选择，管理者的感知会因选择性感知的存在而造成信息的过滤和失真。最后，对于所选择的信息不同的人会产生不同的理解，一个人的认知意识和价值取向决定了他对于信息的接受程度和认知程度，管理者特别是高层管理者对于组织外部环境、内部决策情境等的最终感知及其他们的价值取

向，将共同构筑企业各项决策制定和选择的基础。

企业该采取何种社会责任战略、做出何种社会责任行为表现，这无疑构成了企业决策的一部分，因此也必将受到管理者特别是企业高层管理者的认知意识、认知能力及价值取向的影响。

3.1.2 高管团队成员的认知能力和价值取向能够被其个体特征所测度

对于团队成员的认知能力、价值取向的研究，过去大量的相关文献主要集中在团队特征、团队人口统计特征异质性上，究其原因是“心理过程比较难考察和衡量”，而人口统计学数据容易获得，且能在一定程度上替代认知框架和价值判断趋向。

高管团队成员的认知能力和价值取向研究属于心理学研究范畴，影响个人心理活动的因素非常复杂，并且很难进行测度特别是定量测度，即便能收集到相关数据，因为数据受测试情境、测试双方心理互动等因素的影响，收集到的数据不一定真实反映客观现实，也很难经得起重复验证的检验。因此，高阶理论的观点是，一个人的认知基础、认知发展及价值观的形成是其背景、经历及经验的产物，如教育背景、工作经历及职业发展经验等，可测度的管理者背景特征是其认知能力和价值取向的投射指标。人口统计特征能有效地从个人的基本人口统计特征，如年龄、性别、学历层次、工作任期、专业背景及职业特征等方面加以预测。这在近20年来大量的文献资料中可以得到确切的实证验证。我们将在下一节做详细的理论探讨，这里暂时不表。

通过人口统计特征来测量高管团队成员的认知能力和价值取向，可行且可取，因为这样做有以下几个好处：一是人口统计特征是重要的因果变量，虽然它们之间存在很多中介变量和过程变量，但都受到人口统计特征的影响，或者说，人口统计特征是最本质的影响因素[144]；二是有关人口统计特征与高管团队成员的认知能力和价值取向之间的关联关系，已经由大量的前期实证结果对此进行了验证；三是人口统计特征数据的客观性、易获得性及高预测性等优点，为测量工作的开展和测量数据的实际运用与推广提供了必要的前提基础[15]。

3.1.3 研究分析的对象是团队本身而非个人

现有企业社会责任与企业管理层之间关联关系的研究大部分集中在对企业 CEO（或总经理、董事长），过分关注 CEO 在其中发挥的作用而忽视高管团队的其他成员，这可能与研究者们认为在企业社会责任战略的制定过程中，只有 CEO 才拥有最终决策权有关。Hambrick （1981）[145] 认为，研究管理团队是有益的而且是必要的，因为即便是CEO做出最终决策，但在其过程中仍会与团队其他成员分享权力；Cyber和March（1963）[146]更是早就指出，企业任何一项重要战略决策都不应是CEO单独做出而是由高层管理者组成的团队共同完成的；Gupta（1988）[147]赞同以上观点，他指出，把研究聚焦于高管团队，这比单独考察单个高层管理者如CEO更能找到与组织战略强有力的联系。在以往的多元化战略、战略变革、战略创新与企业绩效之间的关联关系研究中，高管团队在其中起到重要作用这一观点已得到学界越来越多的认可，因此，以高管团队整体替代CEO个人来进行企业社会责任战略研究，具有重要的理论价值。

McPherson（1987）[148]等认为，与具有相似属性的人交往往往更加融洽，彼此的认同度也更高，换句话说，即人们总是喜欢和自认为与自己有着相近态度和价值观的那些人交往，因为这样能进一步验证自身的态度和价值观，这就是社会分类理论在高管团队研究中的一个观点。该观点在一定程度上驳斥了团队异质性会产生社会集成障碍这一说法，认为团队内部成员一有机会就会相互了解，相近相吸，如果没有机会进行深入理解，也会用社会分类的理论来引导自我，从而对团队群体产生归属感，并逐步形成团队整体认知和价值观，引导企业战略，包括社会责任战略的生成和发展。

3.1.4 企业社会责任能够看做企业的一种重要战略选择

随着世界经济一体化进程的逐步推进、社会的持续发展以及人们观念的不断更新，现代企业较之过去所面临的内外环境都发生了巨大的变化，如何看待企业在社会中的作用、如何理顺企业与其多重利益相关方的关系，需要企业管理层特别是高层管理者的深入思考和重新定位。环境的变化从客观上要求企业战略重点从过去亚当·斯密时代关注传统的产品与市场，而延伸到社会的方方面面，要把社会、环境的一系列复杂因素纳入企业决策之中，这就需要将企业的创造价值功能看做是一系列关系的组合——与股东、管理者、员工、消费者、销售商乃至政府、环境、社区、NGO等的利益关系的组合，这些关系处理得好与坏，直接影响企业价值的增加或减少，而这些利益相关者同时也是企业持续创造价值的源泉。

一些企业从以往间或的慈善捐助到战略企业公民的转变，反映了它们对于社会责任问题的战略变化。“三重底线”（经济、社会、环境）目标的提出，从客观上呼吁企业在追求经济利益的同时，也要强调对社会及环境

的关注。企业战略的制定，要考虑如何在经济、社会、环境目标中加以权衡。企业社会责任成为企业的一种战略选择，体现在：首先，这些企业将社会责任作为一种战略“投入”，传统企业的投入包括资金、劳动力、土地等，企业社会责任被纳入企业战略“投入”，这表明企业将其作为一种信息资源和对企业环境的关键因素的理解，是企业进行战略选择和战略实施的源泉；其次，企业社会责任作为一项的重要企业决策和行为，其投入和收益形成了企业价值链的基础；最后，企业社会责任作为企业一项重要的管理职责，是企业的整体战略规划的前提和保证。

曾有学者指出，要把企业社会责任纳入到高阶理论分析框架中，一个不可忽视的前提在于企业社会责任首先能够成为一项独立的战略选择，正如差异化战略、多元化战略或并购战略一样。这个前提存在的基础已经得到了学者们的证实，前述文献中已有表述。关于企业社会责任与企业绩效之间的关系研究，目前已有非常丰富的研究成果，有正相关、负相关、不相关及不确定等，这在前一章的内容中也已做了充分的表述，这里就不再重复提及。另外，还有一些学者致力于企业社会责任与企业竞争优势之间的关系研究，他们认为，积极承担社会责任能够促进企业社会声誉，并因此而获得较高的消费者满意度和提高员工的职业忠诚度，这些都将有利于企业持续市场竞争优势的获得。

3.2 高管团队社会责任理论构建：高阶理论的视角

目前，将高管团队与企业社会责任并入同一个理论框架的研究成果尚不多见，国外有少数学者以高阶理论为基础研究，通过实证研究，探讨高层管理者与企业社会责任关系，但研究成果并不多见，原因之一在于，在著名学者 Porter 将企业社会责任纳入到企业战略体系之中以前，企业社会责任研究在管理学领域中被极度边缘化，经济学也将其排除在研究领域范围以外，直至学者关注到企业社会责任与领导力的关系后，相关实证研究才逐步展开。通过研究，学者们不仅初步发现了一些企业社会责任变革与其领导的关系，也发现了企业文化与企业领导者的价值观对其企业社会责任倾向存在某种相关性，国内也有一些关于管理者社会责取向的研究，但并没能将高阶理论与社会责任理论相融合。

近些年，高阶理论无论在深度还是广度上都得到了相当的拓展，不少学者发现从高阶理论的视角出发，提出企业的社会责任行为也能够通过高管团队的某些特征，如性别、年龄、学历、工作任期、职业经验等预测出来。以往的研究似乎过多地关注企业社会责任表现与绩效之间的关系，但企业社会责任行为有可能掩盖企业高层管理者的真实动机，虽然高层管理者的社会责任取向不易测量是一个客观事实，但以前的研究过多关注 CSR 表现而忽视了高层管理者在进行 CSR 决策时的价值观和倾向却是一个不争的事实。

企业在没有明确战略意图的情况下可能出于道德或者伦理的原因履行 CSR（Donaldson 和 Preston，1995），促使高层管理者进行 CSR 决策的驱动因素是研究的关键，在企业 CSR 战略的制定和选择上，企业高层管理者会表现出明显的差异，高管和组织的特征与 CSR 之间的关系有助于理解企业 CSR 行为[2]（Wood，1991），因此有必要也有可能建立一个全新的分析框架，在这个新的理论框架内讨论不同高管团队特征与企业社会责任之间可能存在的关系，尝试以一个新的视角即高阶理论角度探讨企业社会责任与绩效的关联关系，这就得到了高管团队与企业社会责任的关系模型图（如图 3－1 所示）。图 3－1 从左到右显示的是团队成员的特征如何影响企业的社会责任战略选择进而影响企业绩效的影响传递机制过程。从图中可以清晰地看出，高阶理论的核心思想是要强调高管团队特征是企业社会责任并通过社会责任（行为及战略）来影响企业绩效的。高管团队特征具体体现在：年龄、教育背景、专业背景、工作任期、财务状况及团队成员异质性等方面。

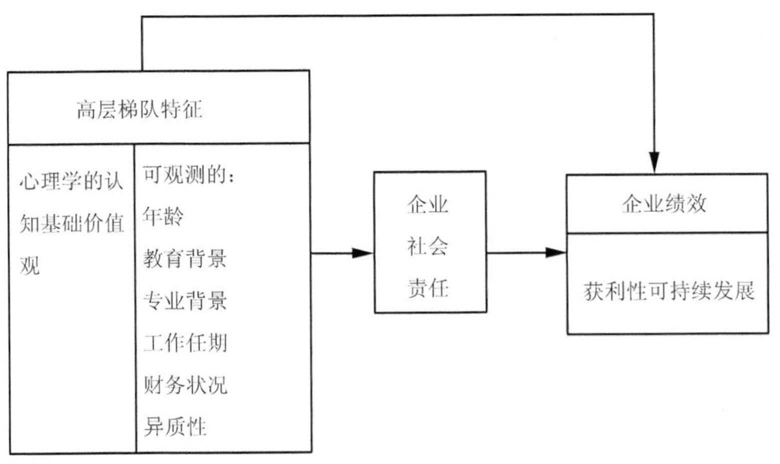

图 3－1　高管团队和企业社会责任：高阶理论的视角

3.2.1 年龄

普遍认为，年龄大的高管较之年轻高管而言，可能更愿意承担企业社会责任，对于这种推断的解释有如下几点。首先，已有的研究证实，年龄较大的高管更趋于稳重甚至保守，创新精神及激进意识减退，他们更加看中职业生涯的稳定与经济利益的保障，而且在他们的职业生涯及日常生活中，社会活动、消费意识以及对退休后收入的期望已经牢牢建立并形成思维、行动惯性，任何可能破坏这些的风险行动都本能地受到他们的心理排斥[149]。他们更趋于规避风险，而严格限于法律甚至道德框架内行事，积极承担社会责任就属于风险较少的决策。其次，普遍而言，年龄大的高管在企业中身居要职的可能性较之年轻高管更大，他们的收入更高，按照马斯洛的需求层次理论，当人们的基本层面需求得到满足后，他们对于个人社会声望的提高、自我社会价值的实现有着更高的追求，利用企业的资源来从事社会责任活动，从而为自己获得慈善家的美名，更能凸显他们及其他们所掌控企业的社会存在价值。最后，年龄越大，管理者的为人处世经验也就越丰富，越能得心应手地处理各种复杂关系，越能在兼顾员工、消费者、政府等多方利益相关者利益上游刃有余，越能清醒地认识到不道德行为对企业利益特别是长远发展的危害，从而避免短视行为，也更有意愿且更有能力承担更多的社会责任。

3.2.2 教育背景

个人所受教育有可能对其一生的发展包括职业发展产生巨大的影响，并对他的认知能力及价值观的形成和发展打下深深的烙印，而个人固有的认知能力及价值观念会影响他对于社会责任问题的定位和态度。一般来说，高管团队成员所受教育水平与承担企业社会责任呈正向相关，主要的原因可能在于：一是学校的功能不仅在于教书，同时也承担着育人的功能，学校教育特别是伦理方面的教育对学生人生观的形成、价值观的奠定与发展起着极其重要的影响，管理者的学历越高，说明其接受学校教育的年限越长，从而受到的影响可能也就越大；二是一个人学历越高，其思辨能力的提升空间越大，越能够在复杂的决策过程中客观分析及理性思考，更有能力全面关注和充分理解各利益相关者的不同诉求，并提出相应的解决方案；三是学历高的人，一般其社会经济地位越高，摆脱了对低层次需要追求的人更有时间和精力关注相关社会问题，如改善食品安全、加强环境保护等。

3.2.3 专业背景

专业背景也有可能对管理者的社会责任取向或战略选择产生一定的影响。比如生产技术型管理者更加关注技术层面的问题，因为他们熟悉企业生产流程、具备技术优势，因此对于企业工艺的改进及新产品的研发本能地加以更多的关注。因此，他们对于利益相关者的关注更多是从技术层面加以考虑，即技术的提升能否改善利益相关者的利益。

文科类学科背景的专业对社会责任的关注侧重点也各不一样，例如，社会学专业的学生可能对于劳资纠纷、社会公平等社会问题和现象有着职业敏感度，法律专业毕业的管理者可能会对企业启用童工、排污过量等违法行为更留意，财务或相关专业毕业的管理者考虑问题更多集中于企业现金流及企业投资回报，他们对于企业内拥有良好内部资本市场具有较其他专业背景的管理者更加强烈的意愿。而具备管理学背景的管理者似乎更关心企业的运营效率和效果，即企业承担社会责任是否能提高财务绩效是他们关注的焦点。

3.2.4 工作任期

团队任期长不仅意味着团队成员共同工作的时间更长，而较长时间的共事可能促进成员之间的互动、理解进而增强团队的凝聚力；工作任期长同时意味着单个团队成员对自己所在企业和行业理解力的增加及认识面的增大，因此，企业高管团队平均任期甚至可以视为团队凝聚力的替代变量。随着团队工作任期的增加，团队工作稳定性逐渐加大、冲突相对减少，当然这都需建立在团队成员的充分沟通上，持续稳定的合作能有效促进团队的整合与有效沟通。另外，较长工作任期反映了团队成员一个自我选择的过程，在这个过程中，只有那些拥有的相似信念、观点和遵守相同规范的人才会愿意且更有可能在同一企业的同一团队精诚合作。最后，团队平均任期越长，团队成员之间越容易感知和决策方式越容易趋向同一，越会产生团队稳定性，进而促进团队的社会化程度，价值观趋于相同，其社会责任取向也会趋于一致，对于企业可持续发展的关注度也会提高，因而可能有更好的社会责任行为表现。

3.2.5 财务状况

个人的思想意识在一定程度上是受其经济基础影响的，一般来说，高管团队成员的财务状况越好，越有可能在企业社会责任意识和行为上表现得更好，因为当他们拥有较高收入时，对企业目标的制定和追逐重点很自然地会从经济目标逐步转向非经济目标，对于企业社会责任中非经济目标

领域的关注和投入也会更多，简而言之，就是更有可能在社会责任领域表现得更好。

高管团队成员的财务状况主要包括他们拥有的股权和薪资结构，以及工资、津贴、奖金、期权等。股权和薪资结构对企业社会责任有无影响，目前尚无定论。Deckop（2006）[150]等以企业 CEO 作为研究对象，探究 CEO 薪资结构与企业社会责任的关系，结果显示，CEO 薪资结构在短期内与企业社会责任呈负相关关系，而长期却呈现正相关，推而广之，这种相关关系在理论上也可以延伸到整个高管团队之中。另有学者提出，管理层薪资结构中，如股权比重较大，有利于提升企业社会责任行为，如高层管理者收入结构以工资、奖金等现金收入为主，可能会在客观上影响企业的社会责任特别是短期社会责任表现。

3.2.6 团队成员异质性

高管团队的异质性是指团队成员间人口背景特征以及重要的认知观念、价值观、经验的差异化程度，包括多个维度，如年龄、性别、学历、工作任期、职业背景甚至宗教信仰等。有研究证明，团队成员异质性也会对企业社会责任产生一定程度的影响。

年龄异质性是影响企业高管团队战略决策与选择的一个重要因素。高管团队的年龄异质性被认为与认知多样化有关，与成员年龄接近的高管团队相比，年龄异质化程度更高的团队被认为更倾向于承担社会责任，原因在于团队成员处于不同的年龄层，不同年龄阶段的管理者对于同一问题可能有着不同的理解，并且关注的利益阶层也有所不同，因此，可能具备更多的应对各种复杂挑战和问题的能力，也更关注和愿意满足不同利益相关者的要求，关于这一推测，曾在 Greening 和 Johnson（1997）[151]的实证研究中得以证实。Greening 和 Johnson 研究了企业对环境突发危机的反应问题，这其实是企业社会责任的一种特殊类型，在研究中他们发现，高管团队成员的年龄异质性会更易产生团队冲突，但这种冲突的存在对企业而言是有益的，因为与年龄同质化的高管团队相比，年龄异质性的团队可以提供更多可供选择的解决方案。

高管团队工作任期异质构成了认知基础的多样性，与任期同质性较强的高管团队相比，工作任期异质性高的团队更能充分地解决企业战略问题，这其中当然也包含企业社会责任战略在内。原因在于，高层管理者进入团队的时间不同，其经历的企业发展阶段也不尽相同，经历的人和事各异，他们对于企业的理解必然与他们在企业中的经历有关，因此，他们在

进行团队决策中，有意无意中将会带入关于企业使命、愿景以及对各利益相关者的义务等多方面的不同观点。Dutton（1987）[152]认为，由工作任期各异的成员组成的高层管理团队具有更多信息收集途径，更有能力对信息进行多层次的解释，能够产生多种战略方案并对其进行全方位的评估，从而能保证决策质量的提高，进而促进企业的发展。

与年龄、工作任期异质性一样，其他如职业背景、学历背景等高管团队异质性也可以通过认知理论和利益相关者理论来加以阐释。例如，当高管团队进行决策时，他们虽然都是基于企业层面考虑同一问题，但由于成员个体具有不同的职业经验背景，他们大多数会根据自己熟悉领域的活动和目标来定义问题[153]，结果就是，职业经验异质性高的团队，会为企业决策及其过程贡献更多的认知多样性，同时有助于提高高管团队成员与利益相关者所关注问题之间的匹配度，具体来说，营销出身的高管本能关注客户和分销渠道的各种诉求，具有采购背景的高管更加关注供应商的需求，曾经从事人力资源的工作的高管对于企业员工的诉求更为敏感，而有政府工作背景的高管更加重视满足所在社区及当地政府对于企业的期望。

3.3 高管团队企业社会责任战略模式选择的阶段性特征理论构想

企业社会责任通过三种方式与企业战略及其战略管理联系在一起。首先，这些企业将社会责任作为一种战略“投入”，传统企业的投入包括资金、劳动力、土地等，企业社会责任被纳入企业战略“投入”，这表明企业将其作为一种信息资源和对企业环境的关键因素的理解，是企业进行战略选择和战略实施的源泉；其次，企业社会责任作为一项的重要企业决策和行为，其投入和收益形成了企业价值链的基础；最后，企业社会责任作为企业一项重要的管理职责，是企业的整体战略规划的前提和保证。

企业社会责任作为企业的一种战略“投入”，已引起多方的关注。Crr-roll 和 Well（1984）强调企业承担社会责任是创造价值的重要途径，不应该将其作为企业环境多余的因素而排除在企业战略制定与实施的范围之外。Atkinson、Waterhouse 和 Wells（1997）[154]根据企业目标，重新定义了企业战略计划，并将企业利益相关者划分为两类：一类是包括消费者、股东和社区在内的环境利益相关者，这是以企业的外部环境来定义的；一类是包括员工和供应商在类的过程利益相关者。对于社会责任应成为企业一

项支持性的行为，Preece、Fleisher 和 Toccacelli（1995）[155]利用价值链原理在有支持环境情境下对企业承担社会责任做了分析，Litz（1996）[156]利用资源基础模型分析企业社会责任问题，Owen 和 Sherer（1993）[157]进而对企业社会责任与企业竞争优势的关联关系做了深入研究。具体到企业社会责任如何上升至战略管理层面，有不少学者在不同研究领域做出了相应的探索，如 Murray 和 Montanari（1986）[158]的整合营销战略，Polonsky（1995）[159]的环境营销战略及 Burke 和 Logsdon（1996）[4]的双赢战略等。哈佛政策研究中心提出的企业社会责任的战略管理模型而更是将企业社会责任的战略制定和实施整合在同一框架体系内，如图 3－2 所示。

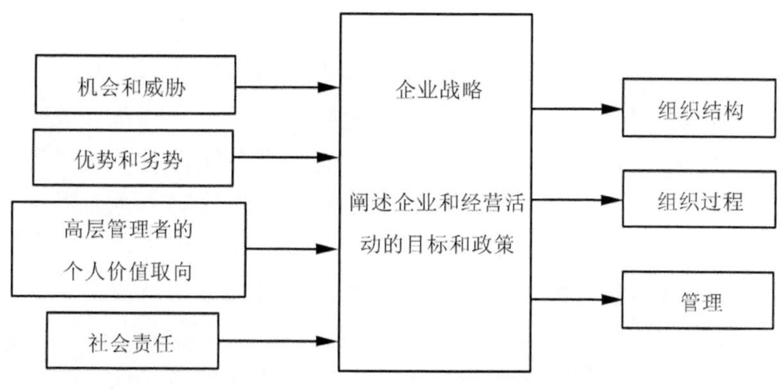

图 3－2　哈佛政策模型

资料来源：R. Edward Freeman，Daniel R. Gilbert，Jr. Edwin Hartman. Vaules and the Foundation of Strategic Management［J］. Journal of Business Ethics，1988，7（11）：821－834.

关于企业社会责任战略模式演变及其影响因素分析，比较权威的是德威特（De Wit）和迈耶（Meyer）提出的观点，他们认为，企业战略模式选择受到二维因素的影响：一是企业对于社会责任问题的态度，说到底，就是企业决策层及高管团队对于社会责任的价值取向问题，可分为不服从、被动服从和主动适应这三种不同的态度；二是企业社会责任和企业绩效之间存在的是战略张力还是战略合力，根据企业对社会责任态度的不同及企业社会责任和企业绩效之间存在的力量性质的差异，可以把企业社会责任战略分为不服从战略、被动服从战略和适应型战略，如图 3－3 所示。

企业在不同的发展时期，所处的内外环境不同，企业所追求的目标也不尽相同。成立初始，如何在激烈的市场中得以生存是企业的唯一目标，企业更多地关注股东的利益，甚至无法更多地顾及其他利益相关者的利益，

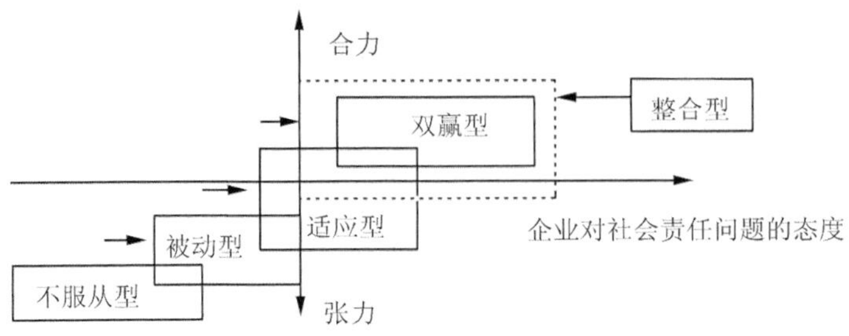

图3－3　企业社会责任战略分类

资料来源：姜启军，顾庆良．企业社会责任和企业战略选择［M］．上海：上海人民出版社，2008.

随着企业的发展壮大，企业进入到成长期，这时企业更多地关注其他利益相关者的利益，只是仍较多地把固有的价值取向和经济利益有关，对利益相关者利益的承担也更多的是股东（或者所有人）追求利益最大化的手段而不是目的，也就是说，处于成长期的企业，更多地仍是关注经济绩效的提升，即实施的社会责任战略多是经济绩效导向型战略。企业慢慢发展壮大，经济实力得到了进一步加强，其在市场中已获得相对稳定的市场份额和竞争地位，此时企业无论是出于回报社会的目的，还是提高企业声誉为目的，总之企业此时不仅仅追求自身利益，更是开始注重善举，也就是说，这时企业社会责任战略开始从单纯的经济绩效导向向经济绩效与社会绩效双重导向并重转移，甚至在某一时期，愿意为社会利益的实现而付出部分企业经济利益的代价。当然，企业最佳的同时也更符合实际的选择是，在企业经济绩效最大化和社会绩效最大化之间寻求最优的平衡点，即企业采用相互影响战略，实现企业和社会的双赢，这是一种在现实基础上追求可持续发展的战略类型。

综上所述，不同企业高管团队社会责任战略选择不仅受到团队成员价值取向的影响，也会受到企业发展阶段影响，处于不同发展阶段的企业，其面临的内在经营环境及承受的外部压力不同，可能会采取不同的企业社会责任战略模式，而不同社会责任战略模式，也反映企业高管成员不同强度的经济价值导向和社会价值导向，企业社会责任战略模式的演变，呈现企业阶段性变化的一般规律。

3.4　实证研究的总体构思

根据我们对以往有关高管团队特征、社会责任取向、企业社会责任战

略、企业社会责任表现等的研究回顾，得出本研究的主线：高管团队人员特征→高管团队社会责任取向→企业社会责任战略→企业社会责任行为表现→企业绩效。

高管团队人员特征，以往已有较多成果，本研究主要探讨的是高管团队个人特征（性别、年龄、学历、职务、分管职能及任职期限等）与其社会责任取向的相关分析；高管团队的社会责任取向维度，包括维度的内容确定与维度的甄别，具体而言，普遍意义上的社会责任取向四维度为经济责任、法律责任、伦理责任及慈善责任，本研究在此基础上，针对中国的国情进行了相应调整并加以验证。企业社会责任战略模式，从不同企业价值导向来分，可分为经济绩效导向战略和社会绩效导向战略两种，两种导向又可划分为四个象限，每一象限对应一种战略模式，四种战略模式分别为：消极应对战略、积极反应战略、超前行为战略及相互影响战略。企业社会责任表现包括对内部人责任、外部人责任和公共责任的强调；企业绩效包括利润绩效、成长绩效和管理绩效。

本研究在以往文献和访谈调研的基础上，以企业高管团队为研究对象，研究高管团队社会责任价值取向、企业社会责任战略选择、企业社会责任行为表现及企业绩效的关联机制及过程传导机制，并着重研究高绩效企业在不同的发展生命周期中社会责任战略模式演变的一般规律。这样就得到了基于过程和基于企业发展阶段的二维结构的总体研究思路。

图3－4是本研究的总体研究构思，体现本文构思的总体构想和主要任务，即以过程性理论思路和阶段性观点，验证下述关系：高管团队个人异质性特征影响团队社会责任取向，高管团队社会责任取向影响其对于企业社会责任战略的制定和选择，隐性的战略通过显性的企业社会责任行为表现出来，并通过对企业各利益相关方的责任表现影响企业的整体绩效。我们在研究中，重点关注四组变量（高管团队社会责任取向、企业社会责任战略、企业社会责任行为表现及企业绩效）的关系链，这也是本研究中重点验证的关系。基于上述主要关注的过程链，我们在研究中强调高管团队基于个人异质特征的社会责任取向维度甄别，企业社会责任战略模式的阶段特征，战略对于企业行为表现的关联影响，以及企业绩效的过程机制分析。

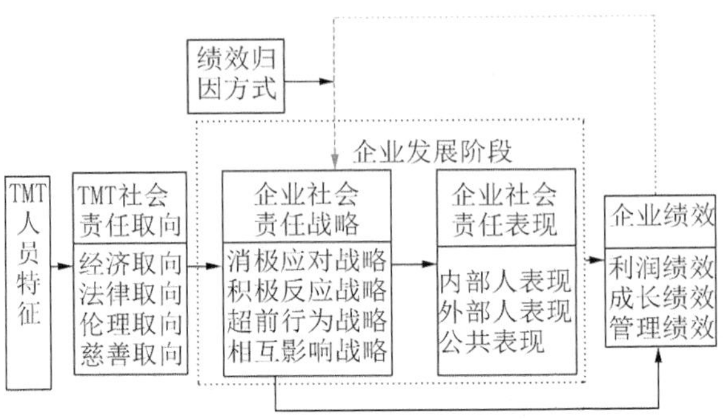

图 3-4　本研究总体构思

3.5　实证研究的主要内容和总体设计

研究一：高管团队社会责任取向、战略选择及行为表现多重案例比较研究。

本研究以 Hambrickde 的高阶理论及相关社会责任理论为基础，通过访谈及案例收集进行多重案例比较，以高管团队社会责任取向、企业社会责任战略选择及企业社会责任行为表现的过程关联为思路，探索高管团队社会责任取向的前置影响因素及其对企业社会责任战略选择的后置影响效果，高管团队基于企业发展生命周期的企业社会责任战略模式演变特征，战略选择与企业社会责任行为、企业绩效加以总结，归纳上述不同变量之间的相互关系，初步提出基于社会责任取向维度的高管团队社会责任战略选择、模式演变及绩效机制的总体研究构想，为后面的实证研究打下基础。

研究二：高管团队社会责任取向及其社会责任战略选择研究。

采用问卷调查法，甄别比较高管团队社会责任取向的三维度模型（经济维度、法律维度和伦理维度）和四维度模型（经济维度、法律维度、伦理维度和慈善维度），关注高管团队的经济责任取向、法律责任取向与伦理责任取向对于高管团队的经济绩效导向战略和社会绩效导向战略构建的影响，并探讨高管团队成员个人异质性与其所领导的企业的异质性在社会责任取向及企业社会责任战略选择中的相关关系。分析的方法主要采用因素分析、相关分析、结构方程建模等。

研究三：高绩效企业高管团队社会责任战略模式演变。

采用访谈内容分析及问卷调查等方法验证高管团队企业社会责任战略

选择的四种模式，即消极应对战略、积极反应战略、超前行为战略和相互影响战略。研究企业在发展生命周期的不同阶段所选用的不同模式的特征差异，研究对象限定为高绩效企业，原因是高绩效企业战略演变规律更加明显同时也更具有普遍指导意义。分析手段主要采用访谈内容分析技术及问卷数据方差分析佐证。

研究四：高管团队社会责任战略选择与企业绩效过程机制研究。

通过大规模企业问卷，验证企业社会责任战略选择对企业社会责任行为表现的影响，并进一步探寻企业如何通过对内部人责任、外部人责任及公共责任的表现来影响企业绩效。主要采用因素分析、相关分析及结构方程建模等研究分析手段。

4 高管团队社会责任多重案例比较研究

影响企业社会责任表现及社会责任战略选择的主要动因有：企业价值观、企业规模、企业经济发展状况及企业在不同发展阶段实施企业社会责任战略的驱动力和压力等。应该说，企业高层管理团队成员的社会责任取向与企业社会责任表现及社会责任战略选择密切相关。高层管理者追求的目标从最大利润到追求企业可持续发展的不同，反映出其社会责任表现的迥异并最终决定了企业社会责任战略的层次选择。高层管理者社会责任意识越强，并具有强有力的执行力，从领导到员工普遍接受承担社会责任的企业文化，企业的社会责任表现就越好，采用的社会责任战略的层次也就越高。目前，企业社会责任问题已经受到越来越多学者的关注，但企业高管团队的社会责任取向在以往的研究基础还比较缺乏，因此，本研究首先从多重案例入手，采用比较研究的方法探讨高管团队社会责任取向、企业社会责任表现、企业社会责任战略选择之间的关系。

4.1 研究目的

在本研究的总体设想中，企业高管团队的社会责任取向是作为自变量，影响了企业社会责任战略选择及社会责任表现。企业的社会责任表现作为主要的过程变量进行考察。本研究采用四个具有较强典型性的案例分析高管团队的人员组成特征，团队成员社会责任取向特征，企业社会责任战略选择的阶段特征，战略模式选择，企业的具体社会责任表现，以及其企业绩效。

4.2 研究方法

本研究基于以往大量文献和相关研究基础，提出企业高管团队社会责

任取向与企业社会责任表现及战略选择关联机制的构想，由此形成基于研究总体构想的访谈提纲，采用半结构化及案例研究方式，通过实地采访、电话访谈及网络访谈等方式，对10多家企业的创业者及高管成员进行了访谈，事后对访谈材料进行整理、分析，提炼相关关键事例，并根据具体的访谈案例收集相关的研究材料。经过材料的进一步归集及整理，厘清或修正原来的设想。因为案例不仅涉及高管人员的社会责任取向及企业社会责任战略选择，同时要对企业的社会责任表现作出客观评判，因此，本次访谈对企业相关利益者也进行了深入访谈。经过对访谈材料的整理分析及提炼，根据高管团队的典型性及企业特征的代表性，结合本研究的构想，最终选定了3个具有典型性和代表性的企业及其高管团队的案例作为具体分析对象。值得说明的是，最后一个以中国远洋运输（集团）总公司为例，主要是考虑到其在社会责任表现上的卓越贡献和突出代表性，中远在2010年中国100强企业社会发展指数排名以绝对优势排名第一，考虑到笔者对中远访谈的非现实性和局限性，笔者采用直接进入中远对外公开发布的企业社会责任网站的方式获取资料并进行相应整理。本章中涉及的四家企业主要包括：永盛制鞋有限公司，金盛物业服务有限公司，兆基置业有限公司，中国远洋运输（集团）总公司。

4.3 永盛制鞋有限公司

永盛制鞋有限公司（以下简称永盛）是广东省东莞市某镇一家自主开发生产和代理品牌加工真皮女鞋的中小型制鞋企业，公司成立于2007年1月，注册资本200万元，厂房面积为2600平方米，鼎盛时期有10条生产流水线，受2008年金融危机和2009年民工荒等的影响，目前仅开工3条流水线72名员工（2010年12月计，实际员工数量在不断变动），生产经营和市场销售都不是很景气。

永盛是一家私营企业，老板姓王，本地人。公司组织构架非常简单，仅下设办公室、生产部两个部门，两个部门的负责人均直接向王总负责。办公室主任是王总的姨妹，生产部经理是王总的弟弟，都是本镇人。整个公司的事务全部都是王总说了算，其他两位名义上的高管没有任何实质的权利（永盛公司高管名单及职责分工如表4-1所示）。

表 4-1　　永盛鞋业有限公司高管团队成员组成情况

TMT 人员任职	年龄	任期（年）	学历	任职前经历和资源	TMT 来源
总经理王总	36	4	高中	制造业工作经验	
办公室主任	30	4	高中	超市出纳	总经理姨妹
生产部经理	34	4	大专	制造业工作经验	总经理弟弟

永盛的企业构架过于简单，职能划分很不明确。比如没有单设采购部，生产部经理兼任采购部主管，负责原材料的采买。又比如没有专设销售部，只在办公室下设了销售主管，由于公司生产的自主品牌市场知名度很低，销路一直不是很好，公司曾经一度将生产重心转移到代理品牌真皮女鞋的加工上，结果由于生产事故的媒体曝光（见下文关键事例 2），使公司代理品牌女鞋的生产和销售遭受毁灭性打击，目前公司经营处于十分困顿的状态。

总经理学历层次不高，高中毕业后回乡务农，后来东莞成为承接“三来一补”（来料加工、来样加工、来件装配和补偿贸易）的加工重镇，王总洗脚上田，成为镇上一家制造企业的销售员，在近 5 年的工作中，积累了一些人脉，也积累了一些财富，于 2007 年自创永盛制鞋公司。公司成立之初，曾一度红火，但由于企业刚刚创办，还债压力较大，因此在企业运作上处处控制成本，压低一线员工的工资。2008 年金融危机爆发，我国沿海一带的制造企业大受影响，永盛也没有幸免。订单量剧减，公司只好通过关闭流水线、裁员等方式缩减开支。2009 年以后，金融危机的影响开始减弱，我国 4 万亿元投资初现成效，市场开始复苏，制造业订单大增，沿海一带却爆发了令世人瞩目的“用工荒”，永盛由于一直以来在福利待遇上与同行有一定的差距，另又受到中毒事件（见下文关键事例 2）的影响，开始出现较大程度的用工短缺，在岗员工的流失率也居高不下，严重阻碍了公司的进一步发展。

包括王总在内的三位公司高层社会责任意识都非常淡薄，王总多次在公司高层会议上提出，缩减成本，维持生产，保证利润，是公司工作的重中之重，各项工作要围绕这一重点展开。在公司的发展战略上，没有长期的规划，经济行为多呈现短期化的态势。笔者走访了一些在岗员工，发现员工的流动率高，且大多数员工并没有与企业签订劳动用工合同，甚至企业在录用他们时以种种借口扣押了他们的身份证及押金，导致他们在受到

企业不公平待遇时投诉无门，也无法找到相关凭证，甚至丧失离开企业的自由。在《劳动合同法》颁布之前，公司没有参与社保，《劳动合同法》正式布实施后，公司也以种种方式回避购买保险的问题，职工实际参保率不到 50%。另一个严重的问题就是违法延长工时的现象较为严重，特别是在赶制订单的季节，永盛有时一线员工的工作时间超过 12 小时，而加班工资却达不到劳动法规定的最低标准。为规避法律风险，他们采取计件工资的做法，而且把单价压得很低，这样工人不得不加班完成既定工作，企业从而逃避了加班工资的发放。当然这样做他们已经尝到了苦果，就是，当人力市场变得供不应求时，他们就丧失了竞争力，尽管公司后来提高了待遇，但在市场上的口碑不佳是无法在短时期内改变的。

永盛制鞋有限公司聘用的一线员工中大部分是年轻女性，但该公司在保护妇女权益方面做得很不好，对于国家法定的女性“三期”的保护政策，企业视其为一纸空文，而且一旦发现女性员工怀孕，就寻找各种借口让其离开。还有，明知某些工种有毒，却让未婚未育的年轻女孩去做，导致她们婚后生育畸形，贻害下一代。这虽属个案，但不仅危害了员工的身心健康，更可能以下一代的健康为代价，给社会带来沉重的负担。

在其他利益相关者利益的保护上，永盛做得也很不好。产品销路一直不是很好，影响及时回款，公司一直对外有欠债，总是处于欠新债还旧债的恶性循环中。而产品之所以销路不畅，与产品质量有很大的关系。公司基本没有自主研发的力量，所谓自主开发的品牌鞋子，其式样在很大程度上都是抄袭，质检部门也形同虚设，不合格的产品经常通过各种途径流入分销渠道。就目前来说，公司并没有环境保护的这笔预算，虽然媒体曝光了他们使用的二甲苯对环境会造成很大的危害，但王总曾在员工大会上直言，公司发展很困难，对于环保、公益捐助，公司是有心无力，况且这是政府的责任，与企业无关。

关键事例 1：公司为了所谓的“安全原因”，在员工出入公司时一般要进行相应的检查，并将员工集体宿舍的窗户全部用铁条封上，晚上职工休息后，保安会用一把大锁将宿舍的门从外面反锁，员工曾多次抗议，但公司出面澄清，因为公司员工绝大部分是女性，为了保护女员工的安全才刻意而为之。一天晚上，一名女工用热得快烧水，由于白天过度疲劳，水未烧开该女工就睡着了，由于热得快没有拔掉造成电路短路起火，当时宿舍内可燃物较多，火势蔓延迅速，同宿舍的八名女工及隔壁宿舍的员工赶紧逃往一楼的宿舍并大声呼救，幸亏灭火及时，没有造成人员伤亡，但此事故造成了数十万元的经济损失。

关键事例2：2009年当地媒体曝光，说一些制鞋厂仍然使用含有二甲苯的溶剂，中毒事件时有发生，曝光名单中就有永盛公司。恰巧永盛一名女工被查出患有白血病，看到报道后状告永盛公司由于使用二甲苯溶剂，危害了自身的生产安全和职业健康，并出具了医生出具的二甲苯与白血病在医学上可能存在关联的证明。但永盛辩称没有确凿的证明证实该女工的白血病源自接触了二甲苯，拒绝赔偿，并借口合同到期，将该女工解聘。此事后来在社会上造成了极大的负面影响，公司原来的承销商也担心鞋子质量存在较大问题，纷纷退货并不再承诺提供销售渠道，公司一度濒临倒闭。后来及时采取了各项整改措施，才使其起死回生，但经济业绩一直不佳。

受企业高管层社会责任取向的影响，客观地说，在社会责任的四个层面上，永盛制鞋有限公司连最基本的经济责任都没能做好。所谓基本经济责任，不仅仅是为社会提供就业和纳税，还应该包括健全和良好的公司治理，保证本公司员工的基本权利和待遇，为社会提供安全合格的产品，保证债权人的利益等，这些永盛还有很大的提升空间。对此，王总的解释是，公司所处的社会经济环境不好，导致公司的经济效益不佳，公司一直致力于生存和发展而无暇顾及其他。其实，这正是一个悖论。不履行基本的社会责任→企业失信→员工流失、资金链断裂、产品滞销等→企业经济效益下降→企业无力承担社会责任，陷入一个恶性循环。当今的社会是一个信息高度透明、市场高度竞争的社会，而且随着法制的逐步健全，市场的逐步规范，一个企业如果连最基本的社会责任都不愿意承担，经营活动连基本法律都不遵守，必将被市场所淘汰。永盛虽然在“用工荒”的现实背景下被迫调高了员工待遇，改善了员工的相关福利，并改进了工艺，提高了产品质量，但留给利益各方的原有印象将持续较长一段时间，企业要想摆脱困境，得到长足的发展，还有很长一段路要走，这也是留给相关企业的一个警示。

4.4 金盛物业服务有限公司

金盛物业服务有限公司是湖南省内较大的一家物业服务业的集团公司，成立于2005年，公司注册资金500万元，目前共有服务项目26个，管理总面积为220.29万平方米。其中多层住宅项目数13个，管理面积为

45.93 万平方米；高层住宅项目 5 个，管理面积 21.65 万平方米；别墅项目 2 个，管理面积 10.22 万平方米。办公楼及其他项目数 6 个，管理面积 142.49 万平方米。项目主要分布在长沙，常德、娄底、湘潭三市也已接管项目 7 个。公司 2010 年主营业务收入 2052.53 万元，兼营收入 120 万元，企业利润 116.38 万元，上缴税收 59.38 万元。公司的目标是在 5 年内将接管项目数量扩大到 40 个左右，服务项目覆盖湖南 10 个以上地市，争创湖南一流物业服务企业。

公司高管成员组成情况如下：董事长兼总经理夏总，也是公司的创办人，45 岁左右，大专学历，原来在市政府某局机关从事单位房产管理及相关后勤工作，20 世纪 90 年代我国住房制度改革，在全社会推行住房商品化和社会化的背景下，毅然辞去公职，投身到物业管理行业之中，并于 2005 年创办金盛物业服务有限公司，公司从三级资质一步一步发展成为现如今的一级资质，发展得较快。目前，整个公司直接向夏总汇报的高管人员有 4 位：一位是财务副总，姓向，夏总的夫人，40 岁出头，主管公司的财务和资金调配；一位综合副总，负责内部综合规范管理运作，招投标管理，以及兼做外部综合协调；一位项目副总，主要负责各项目处项目经理的工作协调以及项目拓展等工作；另一位是人事副总，人事这一块的工作原来是由综合副总监管，但随着公司接管项目的增多，而且公司员工流动频繁，招聘压力陡增，所以公司于 2009 年增设人事副总一职，专门负责公司员工的招聘及培训管理工作。以上提及的四位副总，除项目副总是外聘的，其余都是夏总的亲戚或好友，这种高层管理团队类似家族企业运作模式在物业公司中还是具有较大的普遍性的，可能与大多数物业企业还处在小规模、低成本运作层次上有关，物业公司属于劳动密集型企业，技术含量不大，人员成本占比较高，利润相对微薄，成本控制成为大多数公司工作的重中之重，启用信得过的家庭成员或好友参与公司的高层运作，对于控制企业运营风险，降低成本有一定的好处。

公司内部结构中，董事长及其夫人是公司的绝对核心，所有的财权和管理层员工的人事权其实都在他们手中，公司集权比较严重。综合副总严总是夏总的表弟，分管的具体事务比较多，公司的综合行政、法律事务处理、招投标的申报及关系协调、后期管理等，杂事繁多，但很多事务都要请示汇报，没有最终话语权；人事副总胡总是夏总原来在机关的一个同事兼好友，比夏总年长几岁，早两年申请内退过来，人脉较广，但显然企业工作的经验不足，做人力资源工作感觉有些吃力；项目副总是一个姓王的年轻力壮的小伙子，30 出头，是夏总从其他物业公司挖过来的，任职之前跟夏总本人并无任何业务及私生活上的关联，夏总是看中了他的业务拓展能力和项目协调能力，平时他的工作相对独立，但有什么重大问题也需要及时汇报和请示。

高管成员比较团结，公司有什么事一般夏总不在时请示向总，但大事还是最终要夏总定夺，胡总由于年龄、资历等，在公司也较有话语权。王总主管业务，平时公司非业务上的事情一般很少过问（金盛物业公司高管名单及职责分工如表 4－2 所示）。

表 4－2　　金盛物业服务有限公司高管团队成员组成情况

TMT 人员任职	年龄	任期（年）	学历	任职前经历和资源	TMT 来源
董事长兼总经理夏总	46	6	大专	机关，房产管理及相关后勤工作经验	
财务副总向总	42	6	中专	宾馆，财务工作经验	董事长夫人
人事副总胡总	51	2	中专	机关，房产管理及相关后勤工作经验	董事长朋友兼老同事
综合副总严总	38	4	本科	制造企业，办公室工作经验	董事长表弟
项目副总王总	31	3	本科	开发企业及物业企业，项目开发及拓展经验	外部招聘

对于社会责任这个概念，夏总表达得非常明确，他直言作为中国一个中小企业的民营企业家，作为民营企业的创业者，自己的价值观是建立在企业的发展之上的。中国的民营企业家都是资本人格化，所以绝大多数民营企业家，他的价值观、社会观直接体现在企业的各个侧面，也就是引导这个公司能够存活下来，只要公司能够存活、发展、壮大，他的价值观就是正确的。因此，夏总认为，经济责任是公司的唯一责任，当然他也承认，公司的任何活动必须在法律的范围框架内进行，至于慈善事业，夏总坦言，很少，非常少，不是不重视，而是在行业、企业发展的初期，公司的效益一直不是特别好，实在无暇顾及。而且，夏总反复强调这样一个观点，即企业的社会责任一定要有个边界，如果这个边界没有了，那企业的

社会责任就等同于政府责任了。比如社会救济这一块，夏总认为应该是政府责任，企业纳税的目的是什么？其一就是政府利用所收税款进行二次分配，如果企业在背负沉重税收负担的基础上还要不断进行慈善捐助，那就是政府的失职。因此，对于募捐一类的事情，夏总从来没有表现出多大的热情，即使是发生了5·12汶川大地震事件，夏总也只是在公司范围内以自愿的形式发起了捐款活动，并以个人的名义捐了1000元，公司层面没有作出任何承诺和捐助行动。

夏总的理念深深影响了其他高管成员，作为公司的财务一支笔，向总对每一分钱的去处都很谨慎，财务背景深厚的向总的成本控制意识很强，这对于公司来说有好的一面，也有不利的一面，低成本运作降低了公司对于高端人才的吸引力。公司总人数426人，大专及以上学历的仅45人，占比仅10.56%，其中研究生1名，本科人数为16人，大专学历为28人。职称分布上，中级及以上职称的22人，其中高级职称的仅有7人，中级及以上职称的占比不到6%。这虽然有其行业的局限性，但相比而言，公司高学历、高职称的绝对人数不多，比例更少。物业企业现在面临一个行业重新洗牌的市场状况，随着行业的发展和企业规模的不断扩大，传统意义上的劳动密集型物业企业将逐步提高其服务质量及技术含量，单纯靠低成本运作取得市场竞争力的传统模式越来越难以取得更大的发展空间。

笔者通过对该公司项目管理处员工的走访，发现大部分员工对于待遇并没有太多的怨言，虽然工资不是很高，但这是行业性质和市场因素所决定的，与同行相比，工资待遇处于中等水平，当然对于一级资质的企业来说，员工有理由期待高于平均水平的薪资待遇。公司对于正式员工也提供相应的基本福利，对于员工加班、病假等，都严格按照国家法律规定行事，这点员工是比较满意的。但员工的流失率一直居高不下，有的员工反映，经常有这种情况发生，就是还没有来得及完全熟悉的员工过不了多久就离开公司了，究其去向，有的是去了其他行业发展，但也有的却是去了其他物业服务企业，这些员工，大部分是基层客服管理员，他们跳槽后薪资待遇上并没有太多的变化，但对于管理基层的人来说，也许工资待遇并不是他们考虑的首要因素，一些留在公司的员工告诉笔者，他们似乎看不到太多的职业发展前景，因为这个企业中层以上的管理人员似乎都和董事长家族有着或深或浅的某种渊源，当然有些项目处经理也有从基层管理员甚至从保安做起，一步一步升上去的，但不是很多，对普通员工没起到足够的激励效应。而且公司提供给员工的职业培训很少，感觉从日复一日的工作中很难学到新的知识，对于一些员工参加职业证书考试方面，公司表示支持，但要求职工必须通过考试方可报销部分费用，这造成员工自费参与职业相关培训的积极性不是很高。以上这些都是他们对于自己职业发展担忧的主要原因。

公司的利益相关方相对比较单纯，公司的股份工商局注册为夏总夫妇所有，其余高管并没有在工商管理部门备案的股份，只是到了年底会根据业绩和工作量参与利润分红，为稳定高管队伍，分红的比例让大家都比较满意；对于接受服务的消费者，也就是各物业项目的业主而言，虽对物业公司提供的服务不是非常满意，但他们也承认，公司在一次服务及服务补救上还是花费了不少心思，只是有的住宅小区业主质疑，社区文化建设是否过于单调，是否与物业公司的低成本有一定的联系，这个有待考究，毕竟，一般的物业企业无法做到像万科物业一样，依托地产不遗余力地进行社区文化建设，成本控制对于收入渠道单一、利润率相对较低的物业企业来说还是非常重要的一件事情。

夏总对于社会责任的理解是，向政府纳税和为社会解决就业就是最大限度地承担了社会责任。他特别提到这样一个观点，在美国，如果你的企业能为当地政府解决就业问题，你就被视为很有社会责任感的企业家。如果你还能自觉聘用残障人士，你的社会责任感就相当值得肯定。假若你还能积极交税，为地方的财政做贡献，那毋庸置疑，你已经完全地百分百地尽到了一名企业家应有的本分。如果一个企业仅仅只是对社会做有限的捐赠而想方设法逃避纳税，也不为促进当地就业做出努力，那它应该说并没有尽到一个企业的最基本的社会责任。换句话说，一个企业如果连创造社会财富的能力都没有，却要从事慈善事业，那就等于拿了人民的财富去作秀，失去慈善本身的意义了。这个观点确实有一定的道理。夏总很自豪地告诉笔者，他们企业目前 2010 年共安置下岗职工 52 人以及农村劳动力 127 人，6 年来累计纳税 417.37 万元。夏总一再强调，作为企业的经营者和拥有者，追求企业和个人的经济利益最大化，无可厚非。

关键事例 1：2008 年我国《劳动合同法》的强制实施，使得民营中小企业特别是劳动密集型的中小企业较大幅度地提高了企业成本开支，因为此法规定企业要为员工缴纳劳动保险等“五金”、终止劳动合同时企业要为此支付补偿金以及企业必须为职工提供带薪休假费用等，而这些成本上的增加不能完全通过物业费的提高实现费用转移，因此很多物业公司千方百计逃避这种责任的承担，并通过弄虚作假等方式在各项检查中蒙混过

关。金盛严格按照《劳动合同法》的规定，及时调整了员工的福利及各项保障待遇，不仅稳定了职工队伍，还吸引了同行业其他公司的部分员工，在行业中创造了良好的口碑。

关键事例2：2008年，长沙某廉租房小区建成，长沙市物业管理协会找到夏总，要求他们接管该小区的物业管理工作，夏总虽然没有当面拒绝，但内心非常不情愿。因为廉租房小区业主的经济能力很弱，对政府过度依赖，而政府开支中并没有将廉租房物业费这一块纳入其中，可想而知，物业费的收缴将成为一个巨大的难题。夏总认为，像廉租房的物业管理本应该由政府相关部分想办法解决，而不是由他这样的市场化运作的企业来承担。后来，由于政府思路上的改变，物业协会没有再找到他，那个小区的管理也交由具有国资背景的长房集团接管，夏总长舒了一口气。

总体来说，金盛高管社会责任取向，以及企业本身所表现的社会责任行为，是与该公司本身的发展状况基本匹配的。现在中国企业家特别是中小民营企业家的最大的社会责任不是去解救穷人，而是让有能力的人充分就业，如果企业无视自身的现实条件，过度透支自己的资源，公益事业和企业社会责任的背后是对资源的过度利用、对环保的破坏以及对人力资源的过度使用，企业的可持续发展可能会受到很大影响，对整个社会也是极为不利的。当然，在追求经济利益和承担社会责任之间，怎样确定和把握一个合理的度，这是摆在企业家面前的一道急需破解的难题。

金盛物业公司履行了基本的经济责任和法律责任，但在更高层次的责任层面上，还可以在能力范围之内做得更好。如果公司能给予员工更多的发展空间，能更加注重培训，也许能留住更多的优秀员工，促进企业更好的发展，付出将会得到更多的回报；如果能更加积极主动地参与社区建设，对促进与业主的交流，对改善与政府的关系都大有裨益，而这些都将有利于企业的可持续发展。

4.5　兆基置业有限公司

兆基置业有限公司（简称兆基置业）是一家集房地产开发、物业经营服务为一体的现代房地产开发企业。

兆基置业2009年创建，注册资金3000万元。公司拥有一支高素质的员工队伍，主要管理人员和技术人员近200人，员工平均年龄27岁，干部平均年龄31.6岁；管理人员和技术人员大学本科及以上学历占96%以上。

目前，兆基置业在长沙市望城普瑞大道地段投资开发兆基世纪公园住宅小区，以先进的规划设计理念，打造“大气、人文、生态、健康”的大型高尚住宅小区。项目总占地面积近43万平方米，总规划建筑面积123万平方米，建筑密度仅18%，小区主入口大门宽73.8米，楼间距最宽达200米，定位为“市府北·首席生态湿地运动城”。坐拥百亩中央生态湿地公园，2万平方米人工湖，1.53万平方米的会馆及体育馆等配套设施。

通过访谈发现，兆基置业的董事长兼总经理华总是一个极具社会责任感的公司领袖式人物，他的很多观点极具超前意识，并在公司员工特别是高管团队中具有深远的影响力（兆基置业的高管人员名单及职责分工如表4-3所示）。

表4-3　　兆基置业有限公司高管团队成员组成情况

TMT人员任职	年龄	任期（年）	学历	主管项目或部门	TMT来源
董事长兼总经理华总	40	3	本科	公司的战略发展定位	
副总经理杨总	38	3	本科	负责公司全面行政工作，主持财务、工程及业务拓展等工作	董事长原工作搭档兼朋友
副总经理张总	36	3	研究生	主要管理部门有：采购部、财务部、开发部、投资部、监察室等	外部招聘
副总经理冯总	35	3	研究生	主要管理部门有：预决算、人力资源部、招投标部、工程管理部等	外部招聘
总经理助理朱总	32	3	研究生	主管部门有：计划管理部、物业公司、综合管理部、营销部等	外部招聘

华总在创办兆基以前，一直在国内某知名大型房地产企业任副总，2009年与另外两名投资人共同创办兆基置业有限公司，公司发展至今仅2年的时间，已取得不俗的业绩。兆基世纪公园获得了湖南“经典地产”“2010理想人居示范楼盘”和“湖湘地产理想人居典范楼盘”称号。该项

目全面提升了湖南地区的住宅品质，尤其是在配套设施、园林环境、物业服务三方面实现了升级换代，同时符合低碳、节能、环保的要求，树立了“第六代理想人居”标准，开创了住宅品质新标准。华总也当选为2011年湖南十大杰出经济人物18位候选人之一，当选理由之一就是表彰其在承担企业社会责任上的突出贡献。

以华总为代表的兆基置业有限公司高管团队具有一个非常显著的特点，就是以社会责任为己任。公司高层管理者认为，社会的尊重体现了企业价值，同时也是构成企业品牌的一个重要因素。因此，企业不应该将社会责任看做是一种压力，而应该视为一种投资。只有这样，企业才能得到应有的尊重和信赖。

近年来房地产业一直是诟病良多的行业，建筑质量低劣、房价高居不下、开发商缺乏诚信、物业管理质量低劣等，成为广大消费者关注及谴责的话题。为此，兆基置业华总明确表示：房价只有在理性、健康、稳定的轨道上运行，才能真正提高产品品质、人居标准和城市形象。他是这样说的，也是这样做的。兆基世纪公园以“高品质 + 低价格 + 全精装交楼标准”的营销模式积极响应新政，赢得了市场刚性需求，一期开盘当日即合约销售4万平方米，签约金额达到2.1亿元。通过实地走访及入户调查，笔者发现该楼盘确实具有较高的性价比，精装修均选用国际国内一线品牌，如洁具为科勒、瓷砖为斯米克等，保证了装修质量和装修效果。

公司非常注重各方利益相关者的利益，特别是员工的利益。企业不仅为员工提供具有市场竞争力的各项福利待遇，如较高的薪资待遇，如全免费的食宿，如系统的技能培训等，更注重人性化的管理，以事业留人，让员工更有归属感。分管人力资源部的冯总特别提到了这样一个例子，公司财务部的出纳小刘是一名来自江西的刚刚高校毕业的女大学生，从小丧父的她去年7月母亲突患肺癌，家中只剩下年过七旬的奶奶和尚在读书的弟弟。正在她为此犹豫要不要辞职回家尽孝时，部门领导找到她：“放心回家吧，虽然你刚来公司不久，但我们大家都会尽力帮你的。”母亲过世后，小刘从老家回到公司，部门主管帮她申请了扶助金，并在全公司范围了开展募捐，上至高管下至一线普通员工纷纷解囊相助。“以感情留人，以待遇留人，以事业留人”是兆基置业一直强调的用人理念。在公司近200名员工中，外地员工占了30%。员工春节不能回家，公司领导与他们欢聚一堂，还派发红包；子女要在长沙上学，人力资源部就帮忙牵线；工作久了想买房子，公司提供内部优惠价或企业鼓励政策。很多员工都表示，在这样的企业有归属感，时时能感受到公司如家庭般的温暖。

对待业主，公司也是尽心尽力。为更好地解决物业后期管理问题，公司下设清馨物业管理有限公司，由总经理助理朱总兼任物业公司老总，亲自过问物业的后期管理与服务。为改变以往社会对于物业管理只是清洁、绿化、保安的印象，公司首先从员工队伍建设入手。与高校物业管理专业建立合作办学，引进高素质的专业人才，提高员工的待遇（据了解，物业公司员工的待遇高于同行业30%以上，而且严格按照国家法律规定，给予员工相应的公休假及各项福利待遇，公司管理层每年享受一次公费旅游等），注重员工的各项培训。清馨物业公司自成立以来，在物业服务创新及社区文化建设上已走到了同行业的前列。

在公益慈善事业方面，兆基置业已经走在了同行业同规模企业中的前列，自2010年4月至2011年6月，兆基置业在短短的一年多的时间里，做的公益慈善事业就有10余件，主要有：

2010年4月，向望城县星城镇党内帮扶基金捐款11600元。

2010年5月，赞助在蓝宝石体育馆举行“长沙市中小学生游泳大赛暨2010年省运动会选拔赛”。

为群众免费提供运动健身场所。2010年6月15日，蓝宝石体育馆正式开馆，免费供群众体验。一年累计接待客户近4万人，直接减免客户消费总额达22.8万元。

免费为第二届望城购房节“房产杯”职工乒乓球大赛等赛事提供场地。

2011年2月，号召全年开展以“弘扬爱心、弘扬集体主义精神”为主题的活动，公司各部门全年组织不少于6次的以“弘扬爱心”为主题的活动。

积极响应政府构建和谐社会的倡议，出资兴建社区和谐讲堂，邀请社会名流来社区讲座，提高小区业主的公共道德修养和营造社区的高尚人文精神。

2010年8月，向雷锋慈善基金捐款200万元。

2011年4月，在长沙学院旅游管理系设置了面向物业管理专业的“兆基励志”奖学金。

2011年4月至6月，赞助举办“兆基杯”长沙市未成年任献礼建党90周年“红色童谣大舞台”活动10万元。

关键事例1：公司非常注重楼盘品质建设及生态环境建设，在访谈中

张总提到这样一件事，在他们项目小区原来花重金买了一批名贵树木，也存活得不错，后来聘请了意大利的一个园林规划师专门对小区的园林重新做了一个规划，结果是建议将这批树木移植到小区的北门。关于如何移植这批树木，公司上下众说纷纭，从成本计算，裸根法移植较带土球掘苗法移植要节约费用近千万元，但树木裸根法移植成活率不高，缓苗期长。不少员工私下说，公司目前经济状况并不是特别好，能节约近千万元的成本，还有什么可犹豫的，何况只是从南门移到北门，裸根移植未尝不可。结果开高层会议的时候，包括华总在内的几位高管一致选择采用带土球掘苗法移植，唯一的理由就是保护业主的利益。几位高管明确表示，虽然项目开发完成后，公司将撤出进行其他项目的开发，树木一旦没有成活，业主们因为不是这方面的专家，不会怪罪到公司，即使问责公司，公司也完全可以找到多种说辞来推卸责任，但是，公司还是不允许这种损害业主利益的事情发生，公司的发展必须建立在维护业主正当权益的基础上，哪怕牺牲自身暂时的经济利益。

关键事例2：2011年5月，兆基置业注资800万元，投资成立兆基基金会，基金会借鉴国外企业基金会如美国福特基金会的运作模式，并在此基础上，进行大胆创新，制定了公司基本运营的五项准则：①股东不分红，股东会依照《公司法》、公司章程行使决策权；②净利润的50%用于捐赠社会公益事业，盈余用于自身发展；③持续“造血”，持续公益。通过市场化的运作创造效益，使其具有持续“造血”功能，能够持续开展公益；④健全相应治理机制，主动申请政府对公司的利润用途进行审计、监督，实现健康发展；⑤基金会充分发挥员工的主人翁作用，发挥党组织和工会组织的作用，依法加强民主管理和民主监督。基金会员工享受与公司员工同等的待遇，相协调的不断增长的工资福利待遇和社会保障，最终实现人的全面发展。

通过与兆基置业高层管理人员、员工及小区业主的访谈，笔者有一种感受，就是公司从高层管理人员到普通一线员工，从上至下都普遍具有强烈的社会责任感，积极承担社会责任已深深融入到公司的企业文化之中。其实，与国内一些大中型房地产开发企业相比，兆基置业作为新成立不久的地产商，其经济实力并不强大，甚至它在社会责任履践方面，已超出了它本应承担或有能力承担的范围，公司为此付出了相当的经济代价，但几位高管们认为这样做是值得的，因为他们一直有这样一种信念：只有做负责任的企业，才能赢得未来。

4.6 中国远洋运输（集团）总公司

中国远洋运输（集团）公司（以下简称中远集团）成立于1961年4月，隶属国资委管理，属中央直管的特大型中央企业，是中国大陆最大的航运企业，全球最大的海洋运输公司之一。

近几年，中远集团一直走在社会责任履践的最前端，据中国社科院经济学部企业社会责任研究中心的调查研究表明，在以中国100强系列企业为研究对象（即国企100强、民企100强及外企100强），以企业社会责任管理现状和责任信息披露水平为依据构建的中国企业社会责任综合评价体系评比中，中远社会责任发展指数高居榜首，并且是唯一一家处于卓越者地位的企业（社会责任指数得分在80分以上）。

中远集团高层非常关注企业社会责任建设，前瞻性地将社会责任纳入企业战略之中。包括集团总裁在内的高层中有7人赋有明确的社会责任分工，对企业的各项社会责任相关事务各司其职（具体高层社会责任分工如表4－4所示）。

表4－4　　中远集团高管团队主要成员组成情况

TMT相关成员	职务	年龄	职务任期（年）	性别	学历	分管职能	社会责任分工
魏家福	法定代表人、首席执行官、总裁	60	12	男	博士	负责集团总公司全面行政工作，主持财务、金融工作	全面实施全球契约和可持续发展工作
张富生	副总裁	50^{+}	8	男	硕士	主管人力资源部／组织部、劳动保险统筹中心	主管人力资源和劳动保险以及中远慈善基金会工作，负责劳工、人权和可持续发展文化建设

续 表

TMT 相关成员	职务	年龄	职务任期（年）	性别	学历	分管职能	社会责任分工
李建红	副总裁、首席风险官、管理者代表	50⁺	10	男	硕士	主管战略发展部	主管全球契约和可持续发展实施工作
许立荣	副总裁兼工会主席	50⁺	4	男	硕士	主管运输部、集团工会	负责工会工作，主管人权和劳工标准执行情况的监督
张良	副总裁	50⁺	4	男	博士	主管总裁办公室、安全技术监督部、研发中心、投资关系等部门	主管安全和环境保护以及科研工作，反恐保卫工作；主管中国远洋上市公司工作
孙月英	总会计师，党组成员	40⁺	10	女	本科	协助总裁负责财务、金融和资产管理工作，主管财务部、财务公司工作	主管财务风险管理工作
刘国元	总法律顾问	59	1	男	硕士	协助总裁全面负责企业法律事务工作，统一协调处理企业决策中的法律事务，主管总法律顾问室	主管法律工作

资料来源：作者根据中远集团 2009 年可持续发展报告及相关资料整理。

在组织构架上，中远集团不仅安排高层管理人员分管全球契约及社会责任履践及监督工作，而且专设与可持续发展管理体系相关的七大委员会（如表4－5所示）。

表4－5　中远集团可持续发展体系相关委员会及分管职责一览表

序号	名称	职责
1	中远集团经营管理委员会	负责对集团生产经营中出现的重大问题进行深入研究，审议集团年度财务预算和决算并承担中远集团风险管理委员会职能
2	可持续发展暨全面风险管理委员会	领导、推动和部署建设节约型企业、实施全球契约工作；审批建设节约型社会、实施全球契约工作的实施方案；监督、指导、协调建设节约型企业、实施全球契约的重大项目；审批技术服务供应商、经费预算和培训计划；审批可持续发展报告的发布和应用
3	管理创新小组	负责审定管理创新的战略和规划；负责管理创新流程的建立和完善，搭建管理体系；监督管理创新决策的执行情况和管理体系改进情况；对创新项目的技术组织论证和评审验收；批准创新成果总结、申报和发布推广
4	贯彻落实《建立健全教育、制度、监督并重的惩治和预防腐败体系实施纲要》领导小组及办公室	贯彻落实中央关于《建立健全教育、制度、监督并重的惩治和预防腐败体系实施纲要》要求，做出整体工作部署及安排，并结合工作进度情况，研究提出推进工作的意见和要求，保障工作的落实
5	治理商业贿赂领导小组	贯彻落实党中央、国务院及国资委关于开展治理商业贿赂专项工作的各项方针、政策；研究部署、指导协调治理商业贿赂专业工作；研究处理与治理商业贿赂有关的其他重要问题
6	安全生产委员会	负责安全管理工作

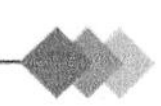

续 表

序号	名称	职责
7	中远（集团）总公司安全保卫、维护稳定及突发事件应急处置工作领导小组和工作小组	积极开展维护稳定。社会治安综合治理、员工安全突发事件等应急处置工作；研究解决中远集团的信访和群体性事件问题；组织指导临沂市社会治安综合治理措施；同意指挥协调境内外中远各单位涉及维护稳定、社会治安综合治理、员工安全的突发事件的应急处置工作；健全重大突发事件预警机制和应变机制，确保指令和信息渠道畅通等

资料来源：中远集团 2009 年可持续发展报告。

作为一家大型跨国公司，中远广泛关注并积极承担“企业公民”责任。中远集团不仅关注自身企业的发展，还努力维护各方利益相关者的利益。早在 2001 年，中远集团就建立起了包括国际环境管理体系、职业安全卫生管理体系在内的综合管理体系，成为中国国内首家获得三大管理体系认证的企业。2004 年，中远集团正式加入联合国“全球契约”计划，更加致力于可持续发展。

在经济责任层面，中远集团自 2004 年以来累计取得利润 1001. 5 亿元，2009 年度航运市场在受到金融危机持续影响和全球航运市场的周期性变化的情况下，中远集团利润达到 13. 97 亿元，为股东创造了价值，并在保证集团整体盈利的同时，向政府缴纳税收总额 317252 万元。

中远集团积极创造就业机会，在全球金融危机蔓延和船舶市场持续低迷的形势下，中远船务 2008 年集中招聘了 600 多名大学生，2009 年又集中招聘了 1126 名大学生就业，并通过开通亚洲到美国波士顿港的直航周班服务，为当地 9000 名码头工人提供就业机会，并创造了超过 16000 个新的工作岗位。

中远集团严格执行国家、地方有关工资的制度，中远集团各公司岸基员工最低工资均高于当地政府规定的最低工资标准，即使在 2009 年航运市场受金融危机影响而严重下挫的情况下，中远集团各航运公司也确保了船员的工资待遇不受影响。在员工福利措施上，公司制定有固定的福利计划，对职工的医疗、养老、生育等做了周密的安排。中远的员工流动率一

直控制在一个合理的范围，2009 年中远集团离职员工总数为 4414 人，员工流失率仅为 6.17%。

中远集团在 50 多个国家和地区拥有千余家企业和经营机构，其采取的当地供应商和采购政策，为当地经济繁荣带来了积极的影响。中远集团通过支持供应链中的当地商务活动，在带动本企业相关业务的供应链健康发展的同时，为当地经济的发展引来更多投资，促进了经济的共同发展。

在法律责任层面，中远集团大力推进企业法制建设，建立法律信息系统平台来有效规避公司产品和服务周期中各个过程的法律风险，并通过各项普法培训，提高公司员工特别是管理层的法律意识。

中远集团严格遵守国家的各项法律法规，体现在：严格遵守《中华人民共和国劳动法》，依法保障企业和职工的合法权益，集体合同签订工作覆盖面达到 100%；中远集团各级工会组织依照法律规定通过职工代表大会和其他形式组织员工参与本单位的民主决策、民主管理和民主监督；认真贯穿落实《安全生产法》，建立健全员工的安全与职业健康管理机制及各项实施措施，2009 年中远集团劳动安全仅发生工伤事故 2 起，死亡 3 人，重伤事故 1 起，重伤 1 人；严格执行《国有资产管理法》，防范国有资产的流失；严格按照《合同管理办法》及《商标管理办法》等法律法规，规范本企业的各项经济行为，确保企业的一切经济活动都处在法律框架范围内。2009 年，中远集团在产品和服务责任方面，未发生因违反相关法律法规而遭受重大罚款事项。

在伦理层面，中远将人权理念贯穿在企业文化之中，公司建立统一的可持续发展信息管理平台，使每一个职工有机会参政议政，充分体现个人价值，为提高船员的职业素养，中远集团于 1976 年创办了青岛远洋船员学院，并先后多次注资用于学校的各项建设，目前该学院已成为中远在职船员的培训基地及行业高端人才的培养基地。另外，中远还通过导入职业健康安全管理标准和 ISM 规则、责任采购、非歧视、结社自由及集体谈判等多种方式，将尊重人权和保护人权落到实处。

中远集团在追求经济效益和遵守基本法律的同时，自觉履行全球契约中对于保护环境的要求。集团积极采用各项技术革新，保护有限资源，并采取多种措施尽力减少对环境产生的负面影响。由中远集团发起，CKYH 联盟（海运联盟）发布共同减速航行，节能减排，消化过剩运力，降本增收的“青岛宣言”。通过船舶减速，进一步减少燃油消耗，降低二氧化碳排放量，用实际行动来履行企业社会责任。

此外，中远集团各公司还积极采用第三方审核认证的方式，推动企业的持续改进。目前中远通过采用 ISO 9000 质量管理体系标准对自身的产品和服务质量以及伦理决策和公司运行质量实施管理；按照 OHSAS 18000 职业健康安全管理体系标准，建立安全管理体系，确保生产安全和职业健康安全；按照《国际安全管理规则》（ISM）和《国际船舶和港口设施保安规则》（SPS），建立的管理体系保证了船舶和人员财产安全，防止海洋的污染。并据行业及客户的要求，建立了专项管理体系，如大连远洋建立 HSE（健康、安全、环境）管理并接受相关方审核等。

另外，中远集团还通过积极参与各类社区活动、反腐败反商业贿赂及积极参与各类公共政策的制定等方式，体现企业作为一名社会公民的应尽的责任和义务。中远关注客户健康与安全，致力于客户满意度的提高，并采取诚信的市场推广和营销宣传，2009 年，中远集团没有一起因产品和服务影响健康与安全而引起的投诉和处罚，也未因违反相关法律法规及自愿性守则而受到任何处罚。

在慈善责任层面，中远集团十分关注民生，通过社会项目投资等形式回馈社会。中远集团自 2003 年以来，累计捐助社会项目投资为 22827.09 万元（具体如表 4－6 所示）。

表 4－6　　中远集团 2003—2009 年社会项目投资一览表

年份 指标名称	2003	2004	2005	2006	2007	2008	2009
提供的社会项目投资基金（万元）	866.1	584.37	3794.63	3355.68	5875.96	6142.35	2208

2005 年由中远集团发起成立的中远慈善基金会，这是中国第一家由国有企业发起的非公募、非营利性慈善基金会，基金会通过企业化的运作，积极开展各项社会救助活动。中远集团慈善基金会的成立，意味着中远集团将履行社会责任正式纳入到企业的发展战略之中，同时标志着中远已经构筑起以履行经济责任、环境责任、社会责任为主要内容的企业责任体系。

关键事例 1：作为一家中国的大型跨国公司，中远集团很早就关注并积极承担广泛的“企业公民”责任。中远集团明确提出自身的使命为“逐步发展和确立在航运、物流和修造船领域的领先地位，保持与客户、员工和合作伙伴诚实互信的关系，最大限度地回报股东、社会和环境”。2001年，中远集团就建立起了包括国际环境管理体系、职业安全卫生管理体系在内的综合管理体系，成为中国国内第一家获得三大管理体系认证的企业。2004年，中远集团正式加入联合国“全球契约”计划，更加努力实现可持续发展。中远集团可持续发展报告曾在2005—2008年连续四年被联合国全球契约评为典范报告，这是亚洲唯一一家连续四年登上全球契约典范报告榜的企业。魏家福总裁荣获由亚太华商领袖联合会颁发的“2009亚太最具社会责任感华商领袖奖”及履行企业社会责任“杰出人物奖”。

关键事例2：中远航运获得“2008年度中国上市公司价值百强”，是2009年度“投资者关系全球评级”（Investor Relations Global Rankings）大中华地区最佳财务披露企业五强，并荣获2009年度“中国上市公司市值管理百佳榜”奖。2009年，中国远洋以148.554亿美元的市值位列英国《金融时报》全球500强排行榜第337位。

应该说，中远集团在社会责任实践和管理模式上已取得了相当的成就，受到了社会各界的高度评价。其实，无论是从国际经验，还是从国内实践来看，大型国有企业往往是社会责任履行的引领者，他们的责任管理状况往往代表的是本国企业责任管理的最新状况。这可能是受企业规模、企业性质及责任意识、责任行为具有较高相关性等因素的影响，因为一般来说，大型国有企业更容易引起社会的关注，而且，国有大型企业也更加具有担负更多社会责任的经济压力、经济动力及更强的经济承受力。

4.7 案例小结

通过以上案例分析，我们初步认识到，企业社会责任表现在很大程度上受到其高层管理团队价值取向特别是社会责任取向的影响，而高管团队社会责任取向及企业社会责任表现同时会体现在其发展战略之中。据2007中国企业家成长与发展报告显示，企业经营者高度认同企业在履行经济、法律、伦理及慈善四个方面社会责任的重要意义，但仍有不少企业经营者认为“履行社会责任会增加企业的成本”（69.7%）、“企业社会责任是企业发展到一定程度才能顾及的”（40.8%）、“企业社会责任主要是大企业的事情，是企业基本责任之外的责任”（8.3%）[160]。

通过本次访谈及案例分析，进一步印证了一个事实，即在四个层面的社会责任中，企业高管对于经济责任认同度是最高的，而在对待不同利益

相关者问题上，相对来说，企业高管对于股东和员工等内部利益相关者的责任意识要高于客户和社区等外部及公共利益相关者的责任意识。

企业高管社会责任价值取向似乎与其所在企业性质、企业发展阶段及个人特征有一定的关系。在证交所、国资委等部门的监督管理及积极引导下，大型国有企业领导人立足国情和企业实际，自觉将社会责任理念融入企业的使命、愿景和价值观，引领中国企业社会责任管理的提升，民营企业高管人员也有不少具有强烈的社会责任使命感，特别是那些具有良好教育背景、学历层次较高的管理者，相比大型国企高管层而言，他们关注的事例更加具体和易操作，如“救助社会弱势群体”“维护员工权益”“参与社区公益活动”等。不同发展阶段、不同经营状况企业的高管对企业社会责任的认同程度也存在一定的差异，亏损或微利企业以及处于起步或衰退阶段企业的经营者对于履行社会责任可能带来的企业成本增加顾虑比较多。

表4－7列出了由访谈（或资料整理）案例中所总结的企业高管团队社会责任取向在经济绩效导向（偏重经济责任和基本法律责任）和社会绩效导向（偏重伦理责任、慈善责任）两大导向（四个层面）及内部、外部、公共责任三个责任方面的具体关键事例，将企业高管团队社会责任取向分为消极型、反应型、积极型和主动型四大类。表4－8是案例中所体现的企业社会责任表现的对比关键事件，对比表明，企业高管团队不同社会责任取向清晰地体现在企业四个层面的社会责任表现中。企业社会责任表现会影响企业社会责任战略的制定和发展，尽管在访谈过程中感觉大部分企业是战略不清，或虽然公司最高领导如董事长有明确的社会责任战略目标，但该目标没有转化为全体高管成员的共同目标，或目标还仅仅停留在意识形态之中，没能很好地转化成具体行为或战略。但是也存在像兆基、中远这一类少数企业，企业全体高管都具有强烈的社会责任感，并且十分清楚如何将意识形态转化为具体的实施步骤，应该说，这样的企业，必将成为中国企业社会责任的领航者。

表4－7　　高管团队社会责任取向对比关键事件

高管团队社会责任取向	高管团队社会责任取向的对比关键事件	
	经济绩效导向	社会绩效导向
消极型	缩减成本，维持生产，是企业存在的唯一目标	公司发展自顾不暇，对于环保、公益捐助，公司有心无力，况且这是政府的责任，与企业无关

续 表

高管团队社会责任取向	高管团队社会责任取向的对比关键事件	
	经济绩效导向	社会绩效导向
反应型	经济责任是公司的唯一责任，保持良好的经营业绩，保持企业在市场的竞争力，是企业工作的重中之重，当然，前提是公司的任何活动必须在法律的范围框架内进行	向政府纳税和为社会解决就业就是最大限度地承担社会责任。如果企业在背负沉重税收负担的基础上还要不断进行慈善捐助，那就是政府的失职
积极型	企业要盈利，这是人之常情，但如果赚钱时间里在对资源的过度浪费、对环保的破坏和对员工以及人力资源的过度使用上，那么，从长远来看，是难以实现企业的可持续发展的。有时，牺牲经济利益来保护其他利益相关者的利益是有必要的	社会的尊重是企业价值的一个重要组成部分，也是企业品牌的一个重要因素。不能把社会责任看做是一种压力，而应视为一种投资。如果每个企业都能主动像看待投资那样去建立社会责任感，就会得到社会的尊重和信赖
主动型	纳税和就业，就像一个人喝水吃饭，是正常行为，谈不上是社会责任。企业社会责任的核心是可持续发展，要通过有效管理和合理运营来实现经济效益最大化。当然，值得强调的是，经济、法律责任只是企业须践行的社会责任的基础	企业应广泛关注并积极承担“企业公民”责任，并将其纳入企业战略之中，最终通过对利益相关方和自然环境的影响，实现经济、社会和环境的综合价值最大化

表 4－8　　　　企业社会责任表现对比关键事件

企业社会责任	企业社会责任对比关键事件	
经济责任	各种问题层出不穷，公司经营状况日益恶化	获得“2008 年度中国上市公司价值百强”、2009 年度“中国上市公司市值管理百佳榜”奖，2009 年以 148.554 亿美元的市值位列英国《金融时报》全球 500 强排行榜第 337 位

续 表

企业社会责任	企业社会责任对比关键事件	
法律责任	企业没有按照法律《劳动合同法》的规定与所有员工签订劳动用工合同，并且企业随意延长工时，有时一线员工的工作时间超过12小时，而加班工资却达不到劳动法规定的最低标准	保持与客户、员工和合作伙伴诚实互信的关系，并早在2001年，就建立起了包括国际环境管理体系、职业安全卫生管理体系在内的综合管理体系，成为中国国内首家获得三大管理体系认证的企业
伦理责任	漠视员工的安全和身心健康，将因公患病的员工踢出公司。有些工种明明有毒，却让年轻的女孩子在毫无防护的情况下去做，结果使她们出现中毒、染上职业病，或导致婚后生育畸形，但公司却将责任推得干干净净	某普通员工因家庭原因要离开企业较长一段时间，公司不仅没有辞退她，反而主动带她办理带薪请假手续，待员工返岗后部门主管帮她申请了扶助金，并在全公司范围了开展募捐，上至高管下至一线普通员工纷纷解囊相助
慈善责任	即使是发生了5·12汶川大地震事件，企业也只是以自愿的形式发起了捐款活动，公司层面没有任何作出任何承诺和捐助行动	成立慈善基金会，通过企业化的运作，积极开展济困、扶贫、救难、助残、助孤、助医、助学、助教等社会救助活动

表4－9主要是针对四个典型案例反映企业高管团队社会责任取向、社会责任表现、社会责任战略及企业绩效几个方面的汇总，从表中我们主要可以发现以下规律：高管团队社会责任取向为消极型的，其企业社会责任表现无论是从经济绩效导向型的经济责任和法律责任，还是社会绩效导向型的伦理责任和慈善责任层面上做得都非常糟糕，高管人员对待社会责任的消极应付心态直接通过企业对于所有利益相关者的低责任意识及行为表现出来，体现出的战略选择也是消极应对；反应型的高管成员比较看重企

业的经济责任，并注重将企业经营活动限定在法律框架范围内，但他们对待更高层次的社会责任的态度是否定的，应该说，他们更加注重公司员工利益的保障，并具有一定的客户意识和市场导向，但之所以这样做，更多的是为企业的经济利益服务的，对于公共责任的承担，他们认为照章纳税和解决就业已体现了他们对公众的贡献，慈善是政府层面应尽的义务。积极型的社会责任导向意识更加超前，他们甚至更优先考虑社会绩效导向型的社会责任，因此往往他们采用超前行为战略，对所有利益相关者的利益都看得至高无上，这样的企业其实还是存在一定的经营风险，毕竟，社会责任的践行是需要花费成本的。相互影响战略无疑是企业战略的最好境界，即企业积极主动承担各项社会责任，而社会责任的承担能给企业带来丰厚的回报，要做到这种境界，不仅需要高层管理者的超前意识形态，更需要经济、社会及企业自身的相互配合，应该说，这也是大多数企业所期待看到和努力奋斗的方向。

表 4－9　　　　多重案例比较研究小结

企业名称	企业性质	行业类别	高管团队社会责任取向	企业社会责任战略	企业社会责任表现	企业绩效
永盛制鞋	家族民营	服装鞋帽制造业	消极型	消极应付战略	低内部人责任 低外部人责任 低公共责任	管理混乱 绩效较差 增长缓慢
金盛物业	家族民营	一般服务业	反应型	反应型战略	中内部人责任 中外部人责任 低公共责任	管理一般 绩效较好 增长缓慢
兆基置业	合伙民营	房地产开发业	积极型	超前行为战略	高内部人责任 高外部人责任 高公共责任	管理较好 绩效一般 增长较快
中国远洋	中央企业	混业	主动型	相互影响战略	高内部人责任 高外部人责任 高公共责任	管理较好 绩效较好 快速发展

高管团队社会责任取向与企业社会责任表现及战略选择关系小结。

根据以往文献、访谈及案例研究结果，我们对高管团队社会责任取向与企业社会责任表现及战略选择关系进行以下小结。

第一，高管团队的战略选择模式受到企业高管团队社会责任取向的显著影响。高管团队成员的社会责任感越强，越有可能选择更为积极主动的企业社会责任战略，在企业社会责任行为上表现得越出色，体现在对内部责任人（股东、员工、管理者等）、外部责任人（消费者、债权人、供应商等）及公共责任（政府、社区等）等全方位的关注。如果我们将较为基本层次的社会责任，如经济责任、法律责任视为经济绩效导向的社会责任，而将较高层次的社会责任如伦理责任、公益慈善责任视为社会绩效导向的社会责任的话，那么通过案例分析，我们可以大胆假设，企业高管社会责任取向若为低经济绩效导向和低社会绩效导向，那么企业很可能采取消极应付的社会责任战略。高管层若重视经济绩效导向的社会责任而忽视社会绩效导向的社会责任，那么其选择反应型战略的可能性极大。选择超前行动战略的企业非常关注社会绩效导向的社会责任，甚至不惜牺牲部分经济利益。相互影响战略是企业社会责任战略的最高层次，企业通过全面承担各项社会责任，能够提升企业的经济效益和社会效益，促进企业的可持续发展。图4－1说明了企业高管社会责任取向与企业可能采取的社会战略之间的关系。

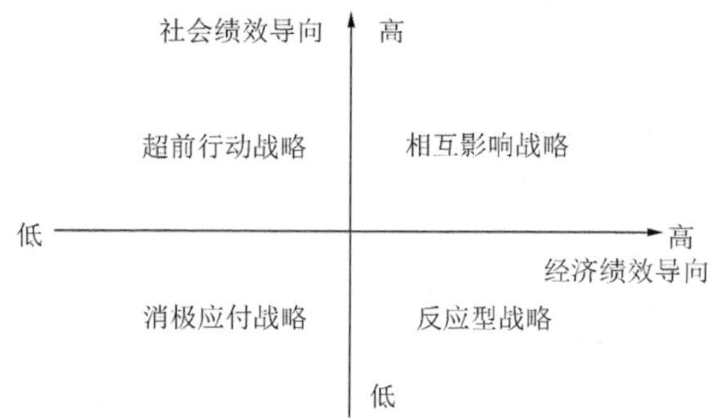

图4－1　企业高管社会责任取向、战略导向与企业战略选择之间的关系

第二，企业选择不同的社会责任战略，会体现在其社会责任表现上。选择消极应付战略的企业，可能处于企业起步或衰退阶段，经济效益较差，甚至连生存都很难保证，因此对于各方利益相关者的利益表现出极度的冷漠。采用反应型战略的企业更加关注企业的经营业绩和市场竞争力，它们对于经济的层面的关注远远超出其他，为了企业的短期利益及可持续发展，它们会全面履行基本的经济责任和法律责任，以维持在同业竞争中的相对优势。超前行动战略的选择具有一定的风险性，因为企业可能要为履行更高层次的社会责任付出更多的经济代价，甚至超出其经济承受能力而对各方利益主体全面负责，此时企业要维持市场的持续竞争力就有可能受到同行的威胁，当然，一旦企业此种战略成功过渡到相互影响战略，那将会赢得“双赢”的局面。相互影响战略的选择也会体现出企业对各利益相关者的全面关注，但企业的全面付出不仅能促使其经济效益的提高，更能提高其社会地位，并以此促进经济的良性循环及企业的持续、稳定发展。

第三，企业高管社会责任取向通过企业战略选择、企业社会责任表现影响公司绩效。普遍认为，优秀企业家一定具有强烈的社会责任感，其高度社会责任感会通过战略选择、责任表现表达给企业各方利益相关者，最终影响企业绩效的形成和变化。一般来说，对于一个处于发展稳定期的企业的高层管理者，如果连最基本的经济责任、法律责任都无暇顾及或者不愿关注，其经营的企业势必管理混乱，表现出低绩效；而全面关注企业各个层面，以社会责任为己任的企业高管，因为企业各方利益相关者的利益都受到保护，企业与各方利益主体已形成一个和谐共生的经济社会圈，在这个经济社会圈中，各方相互影响、相互促进，企业表现出高绩效。

第四，企业若想在全球竞争环境下实现可持续发展，应该逐步达到并且维持相互影响、和谐共生的境界。所谓“共生”，是指企业建立并维持同客户、消费者、供应商、分销商、竞争对手、政府、社区、股东、员工以及社区及自然环境的和谐关系。实现“共生”一般要经历几个发展阶段。第一阶段，经济生存阶段，企业的主要工作是获取稳定的利润并逐步建立稳固的市场地位。这一阶段企业对于社会的主要贡献在于提供符合社会需求的产品，通过购买原材料、能源等增加社会有效供给，雇用当地员工以促进社会就业等。第二阶段，随着企业的发展壮大，其在当地社区扮演越来越重要的角色，进入到与雇用员工“共生”的阶段。在这一阶段，企业开始积极致力于协调与员工的关系，企业上下，从高层管理者到普通管理人员再到普通一线员工，都在努力树立同舟共济、和谐共赢的理念。这时企业的工作重点在于自觉履行对于员工工资、福利、培训和职业发展的承诺，努力维护员工对于企业的归属感和荣耀感。第三阶段，企业开始迈入外部“共生”阶段，企业开始有能力将目光转移到企业外部利益相关

者中，致力于同消费者、供应商甚至竞争对手建立和谐关系，甚至主动与当地所在社区谋求建立伙伴关系，以实现“水涨船高”，促进共同发展。第四阶段，也就是企业发展的最高境界，即参与全球合作，帮助解决全球问题，比如说，在进口国设厂进行生产经营活动，解决当地就业，减少贸易赤字；到国外建立研发中心，训练并聘用当地科学家参与各项科研技改，提高当地的科技水平；雇用并培训当地工人，通过就业帮助他们改善生活条件，提高生活质量，并在工作中掌握新的工作技能；帮助发展中国家节能减排，保护自然环境，等等。

5 高管团队社会责任取向及其企业社会责任战略选择实证研究

5.1 引言

目前，不少企业纷纷开展企业社会责任运动，以期通过改善相关利益方利益，增强其社会影响力，但他们的努力并没有得到预期的成果，这其中有两个重要的原因：一是企业将商业经济目的与社会贡献割裂开来，其实两者之间存在着一定的关联；二是大多数企业仅仅是按照一般 CSR 的分散行为方式履行各项社会责任，各项社会责任行为之间是孤立的，并没有与企业的总体战略选择与构建联系起来，没有做出与企业各项资源相匹配的企业社会责任战略选择，因此企业失去了通过服务社会、通过使相关利益方共同受益来促进企业发展的重要机会。相反，如果企业将企业社会责任纳入到企业战略之中，使之成为企业总体战略的重要组成部分，也许会发现，CSR 对于企业来说不仅仅是成本、施舍甚至障碍，更多的是机会、利润，是创新和市场竞争力的源泉。

关于企业社会责任战略，Clarkson 借鉴了 Wartick 和 Cochran（1985）曾经描述企业社会责任战略的四个术语，建立了评价企业社会责任的 RDAP 模式[9]，如表 5-1 所示。

表 5-1　　企业社会责任的 RDAP 模式及其战略

企业社会责任态度	企业社会责任行为表现	企业社会责任模式及战略
否认企业社会责任	尽量逃避社会责任	消极反应战略（Reactive）
承认责任但消极对抗	尽量少承担社会责任	抵御型战略（Defensive）
承认并积极承担责任	承担所有被要求承担的责任但也仅限于此	适应型战略（Accommodative）

续 表

企业社会责任态度	企业社会责任行为表现	企业社会责任模式及战略
预见将要承担的责任	承担责任超过社会对其的要求	预见型战略（Proactive）

资料来源：Wartick，Steven L，Philip L，et al. The Evolution of the Corporation Social Performance Model［J］. Academy of Management Review，1985，10（4）：758－769. 笔者有改动。

消极反应战略（Reactive Strategy）认为企业社会责任根本就是不必要的，企业为了经济利益可以不择手段，这种战略行为往往鼓励企业的追求短期行为而不顾企业的长期发展，是一种既不合法也不合理的危险型战略，结果只能是被市场所抛弃，如20世纪初生产石棉的美国Manvill公司，为了节约成本而以员工的健康和生产安全为代价，最终被迫支付2.6亿美元的代价而殃及股东利益，公司一度陷入瘫痪。采用抵御型战略（Defensive Strategy）的企业强调对于法律范围内各项规章制度的遵守及愿意满足法定义务范围内的强制性要求，但也仅限于此，是一种合法未必合理的成本导向型战略选择，这种战略选择反映的是企业的一种短视行为导向，典型的案例是美国与日本的汽车市场份额大战，美国由于长期无视汽车尾气排放对于空气污染的影响，当日本汽车制造厂商提前解决了这一问题并大举进攻美国市场时，美国通用等主要汽车生产厂家才意识到问题的严重性，但为时已晚，只好拱手让出本国的大量市场份额。适应型战略（Accommodative Strategy）是一种既合法又合理的战略，企业能自觉将社会责任纳入其整体战略之中，对于战略责任的履践有一定的自觉性，但不会承担超过社会预期的相关责任，而且一旦在不利于或有损于本企业利益的情况下，企业很可能放弃对服务社会的义务，现在我国不少企业采用这一战略；选择预见型战略的企业将企业社会责任看作是增加企业社会资本的投入和促进企业可持续发展的客观途径，而不仅仅是一种谋略和手段。他们往往以增进社会福利为己任而不是片面追求利润，像美国的GE（通用电气）公司在教育领域的行为就很具有代表性，GE在几个分公司的当地社区建立了校企之间的紧密合作，意在为国家教育和社会目标的实现做出贡献，此举也为GE赢得了良好的社会信誉，为企业的持续健康发展奠定了坚实的社会基础。

姜启军、顾卫（2005）[161]在以往有关CSR战略研究成果的基础上进一步发展了该理论，他们认为，受价值取向、组织特性及拥有资源等差异因素的影响，不同企业在不同发展阶段实施企业战略的驱动力和压力各

异，大致经历五个 CSR 战略发展阶段，分别为危险型、被动服从型、适应型、预反应型及持续发展型。具体如图 5 - 1 所示。

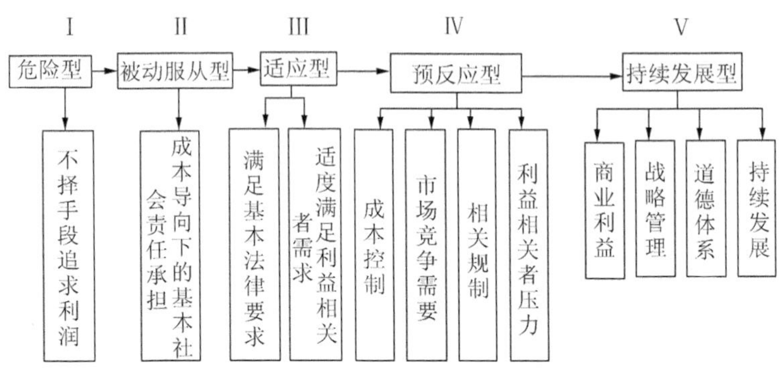

图 5 - 1　企业社会责任战略发展

Berman 和 Wicks（1999）[162]在研究企业战略管理中的利益相关者与企业绩效关系中，构建了两个体现两者之间不同关系的竞争性模型，这两个模型分别代表了两种较为典型的观点：一是手段论；二是目的论。手段论的观点，又称为策略性利益相关者管理模型（Strategic Stakeholder Management Model，SSMM），其核心思想是企业决策的最终目的是市场上的成功，利益相关者是只是企业实现利润最大化的一种策略和手段，而不是企业的目的，企业的最终目的仅仅是利润最大化，这种管理模型是在经济绩效战略导向下产生的，我们将其定义为经济绩效导向的社会责任战略；目的论的观点，又称为利益相关者内在承诺模型（Intrinsic Stakeholder Commitment Model，ISCM），其核心思想是，企业与利益相关者之间的关系是建立在规范性的道德承诺基础上，不能把利益相关者看成实现企业利润最大化的工具。也就是说，企业在没有考虑利润最大化的前提下，首先制定了一系列的基本道德规范，并自觉遵守这些规范，利益相关者的管理优先于经济绩效而事先进入企业决策过程，企业对他们具有原始的社会契约和伦理承诺，即利益相关者关系对企业关系是企业行为的道德规范，这一规范在企业实践中会客观地体现在企业战略中，这种管理模型是在社会绩效战略导向下产生的，我们将其定义为社会绩效导向的社会责任战略。

企业社会责任战略的制定和选择主要是由企业决策者完成的，或者说，受到企业决策者的重大影响。企业决策者的社会责任取向（CSRO）会在很大程度影响企业社会责任战略的形成和发展，因为 CSRO 属于社会价值观的一种表现形式，而社会价值观影响着一个人的行为。作为企业高

层管理者，他们的社会价值观不仅影响到其自身的行为发展，更会通过对企业文化影响到企业决策的部署执行进而直接影响到企业战略的选择。Schein（1983）[163]认为，企业领导者的价值观会通过影响企业的道德环境而对企业战略选择产生重大影响，Ibrahim（2003）[164]等发现董事会成员的CSRO对董事会监督类型将产生影响，Husted（2007）[165]通过实证研究发现，CSRO对企业战略的选择和构建确实能产生直接的影响。

基于以往研究不难推测，企业高管CSRO将会对企业战略选择产生一定影响，但这一推断多建立在对于外文文献的收集与整理分析上，中国企业高管团队社会责任取向有几个维度？各维度的分布状况如何？中国企业高管团队社会责任取向是如何影响企业社会责任战略选择的？这将是本章的主要研究内容。

5.2 研究目的

本研究旨在揭示中国企业社会责任战略选择的高管团队社会责任取向特征及其维度分布；高管团队成员个人异质性、组织异质性对于团队社会责任取向的影响；高管团队社会责任取向对于企业战略选择的影响机制。不同企业在不同发展阶段对企业社会责任战略选择与构建的差异。

由于企业内外环境的急剧变化，企业社会责任（CSR）日益受到理论界和企业界的关注。有研究表明，企业社会责任的履行程度，与企业高管团队的价值取向有着很大的关系。德国学者霍尔斯特等（2001）[166]认为，企业高层管理人员所享有的行为空间越大，其对于调动资源（调动潜能）就越重要，责任也就越大。波斯特等（2005）[167]认为，作为企业主要的决策者即企业的高层管理者有更多的机会确定本企业伦理的基调。由于企业高层管理者拥有较大的管理权力且承担的责任更大，其意识与态度将会影响到企业的战略选择、社会表现及其组织绩效上。本章研究主要关注其中两类特征——高管团队成员特征和高管团队社会责任取向维度，对一个选择过程——企业社会责任战略的影响。因此，本研究的主要目的是考察高管团队在选择企业社会责任战略过程中，其成员异质性及组织异质性是如何影响社会责任取向进而影响企业社会责任战略选择的，其中重点关注高管团队社会责任取向对战略选择的影响。

本研究采用了文献归纳法和问卷法。基于对以往相关文献的归纳和总结，提出高管团队战略构建导向的社会责任取向四维度假设。并通过对

100 多家企业的高管团队进行数据采集、分析、验证，检验本研究提出的企业社会责任战略选择机制假设。

5.3 研究假设

5.3.1 高管团队社会责任取向的维度假设

对于 CSR 的定义及维度，学术界存在一定的争议。目前，有关部门企业社会责任的定义存在三种不同的学派。

第一种观点：Mollot（1998）认为，CSR 由一系列特殊的行为或维度构成，包括慈善捐助、回报社区，在工作场所提高性别、种族和宗教信仰的多元化、安全、人权和环境等。

第二种观点：这种观点有几种不同的分类和结构。一是把企业伦理作为企业社会责任的一个关键维度，把企业伦理的相关条款等同于 CSR，其研究集中在避免非伦理企业行为的实证研究上；二是把 CSR 看作是对较少、较弱的利益相关者的关注集中在传统的和遵守法律有关的这些领域，如反托拉斯/反欺诈和公平交易等。

第三种观点：综合了上述两种观点，认为企业的行为活动包含 CSR。Carroll 精确地回答了 CSR 的内容，他认为 CSR 是指某一特定时期社会对组织所寄托的经济、法律、伦理和自由决定（慈善）的期望，这种期望构成了 CSR 金字塔模型（如图 5 - 2 所示）。

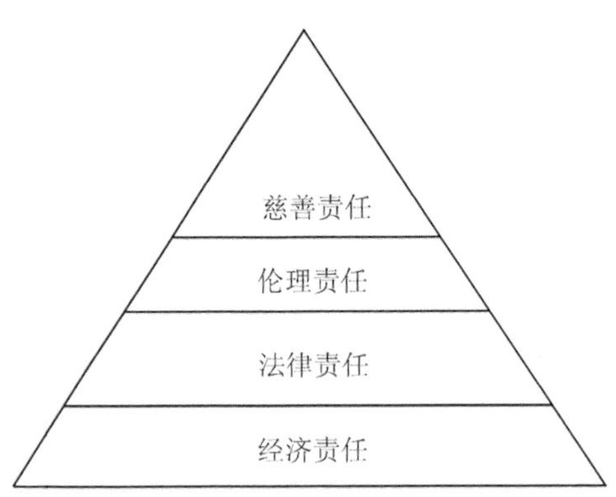

图 5 - 2　Carroll 企业社会责任金字塔模型

资料来源：Archie B Carroll，“The Pyramid of Corporate Scial Responsibility”.

在各种 CSR 定义及维度设定中，Carroll（1979）[8] 的定义普遍受到认

同并产生了较为广泛的影响，Carroll 的 CSR 理论框架内，基本的 CSR 包括经济责任（企业通过正常经营运作而获取利润）、法律责任（企业所有生产及经营过程均符合法律规定）、伦理责任（企业行为超越法律的基本要求，自觉符合社会伦理规范）和慈善责任（企业的自愿行为而不仅仅是捐赠）。

作为 Carroll 理论的追随者，Wood 将其理论引入到 CSRO 中，Wood 认为，CSR 四种类型都是企业领导者可以操作的领域，他们在管理企业、作出决策过程中都有选择运作的判断能力，也就是说，在他们的管理企业过程中其实是对这四大责任带有基本倾向的，这种倾向就是个人的 CSRO。Brain（2004）[3]进一步提出，CSRO 可以被认为是个人对企业经济、法律、伦理和慈善层面的总体取向。受以上理论启发，结合本文研究内容，笔者将高管团队社会责任取向定义如下：在 CSR 四个领域中，企业必须以经济、法律、伦理和慈善四种行为来满足社会的需求，不同的企业高管对于不同领域的责任态度或行为取向上会有所偏差，有所倚重，有的更看重经济责任，有的甚至将伦理及慈善责任看得更重要，企业高管团队对于 CSR 几个领域的不同态度及倚重，即称之为高管团队 CSRO。

不同企业对于 CSR 中经济、法律、伦理、慈善四个领域的重视程度不同，体现在其对 CSR 战略选择和构建的影响也有所差异。因此，我们提出企业高管团队 CSRO 的四因素假设。如图 5－3 所示。

假设 1a：高管团队企业 CSR 战略选择导向的 CSRO 主要有四个维度，分别是经济责任、法律责任、伦理责任和慈善责任。

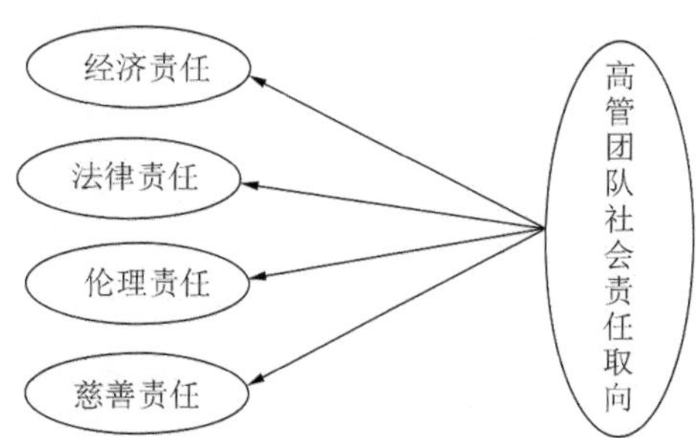

图 5－3　高管团队社会责任取向的四维度模型

以上模型主要是根据西方文献推导出来的，而且更多的是一种理论上的探讨，实际状况与理论或许会有出入，一些学者研究发现，目前企业高层管理团队的伦理道德水平在总体上呈现一些下降的趋势，Kaufmann

(1986)[166]等研究表明，特别在某些年轻高管中出现了一种较为明显的“基本投机倾向”，而这一结论也得到了 Wood 的调查印证[2]。中国企业家的社会责任理念与西方相比还有很大的差距，从中国背景中的访谈结果的材料来看，中国企业特别是民营中小型企业高管团队 CSRO 的四维度中，经济责任、法律责任表现得较为明显，伦理责任也越来越受到企业管理者的重视，但慈善责任也表现得不是很明显。企业界、舆论界甚至包括部分学术界对我国社会责任的维度界定仍有很大的不确定性，不少人认为，中国企业还处于财富的原始积累阶段，在法律框架内需求经济利益最大化才是企业的主要任务，甚至有企业家坦言，解决就业和依法纳税是企业唯一的社会责任，也有不少企业高管表示，企业的社会责任还应包括健全和良好的公司治理，保证企业员工的权利和待遇并给予他们应有的人文关怀，对本地社区活动的关注和参与、为社会提供优质安全的产品和服务等，这些企业愿意积极承担伦理相关责任，对于慈善，有些企业表示无力承担也不应承担，这是政府的事，有些企业承认向社会捐款捐物或者帮助弱势群体是企业回报社会的应尽义务，但害怕一旦被称为社会责任好的公司，就会面临无止境的社会各界要求赞助的压力，因此普遍来说，中国企业在承担慈善层面的社会责任中显然还很薄弱，鉴于此，本研究尝试提出一个竞争性的高管团队 CSRO 三维度模型。如图 5－4 所示。

假设 1b：高管团队企业 CSR 战略选择导向的 CSRO 主要有三个维度，分别是经济责任、法律责任和伦理责任。

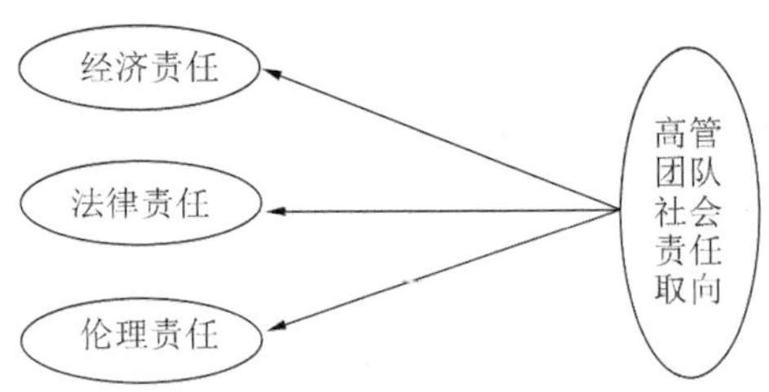

图 5－4　高管团队社会责任取向的三维度模型

5.3.2　高管团队社会责任取向的个体差异性假设

研究组织理论和企业社会责任的学者共同关心的问题是：不同企业的社会责任行为有时相距甚远，尽管它们所面临的外部环境几乎相同。这究竟是为什么？目前，对此问题的解释几乎集中在企业伦理和战略管理领域，很少有人从企业高管的视角去加以探讨。因此，Wood （1991）[140]建

议，建立一个清晰的理论框架来详细说明关于高层管理者在制定企业相关政策，承担社会责任行为方面的作用。响应其号召，一些学者进行了少量的探索性研究。Thomas 和 Simerly（1995）[141]最早提出可以从高阶理论的视角来研究企业社会责任问题。Browne 等（2003）[142]进一步进行了探索性的研究。

将企业社会责任导入高阶理论的分析框架，需要满足几个前提条件，这个我们在第 3 章已经专门论证，可以肯定地说，高管团队个人特质与企业社会责任之间的确存在一定的联系。

高管团队个人特质包括很多层面，一般来说，性别、年龄、教育背景、职业背景包括任期是区别人与人之间特质的重要因素。

不同性别的高层管理者对于 Caroll 框架中的四大 CSR 维度取向似乎有些不同，Brain（1999）[168]和 Smith（2001）[169]通过实证发现女性领导者更倾向于法律及慈善责任的承担，而简瑞锦（2006）[170]通过对台湾企业领导人的考察，得出结论为以基督教伦理为基础的企业高层特别是女性高层的个人价值观，更具备减轻社会问题的意向和更愿意采取相关行动。

高层管理者的年龄与企业社会责任的关系尚未成为目前高阶理论研究的主题，但却在已有的伦理学规范性研究中取得了较为一致的结果。早在 20 世纪末 Trevino（1986）[171]就提出，随着年龄的增大，人们越来越愿意遵守普遍的伦理原则，并且这一趋势具有不可逆转性。Daboub 和 Rasheed[172]（1995）同意以上说法，他认为年龄较长的企业高管，在其决策过程中更愿意采取正式化和常规化的过程，更难以接受新项目，同时对新体制的容忍度也会随着年龄的增长而逐步降低，企业的日常运作更加常态化，从事非法企业行为的可能性也随之降低。同时，在大多数企业建立的惯例和正式规则也支持伦理行为：违规对于年长高管的成本更高。

教育背景作为人口统计学一个重要指标，反映了高管的认知基础。教育程度、专业背景，乃至毕业学校都会或多或少影响一个人价值观的形成，并无形中左右其对社会责任问题的态度。Wiersema（1992）[15]认为，学历高的人更愿意接受改革和承担风险，更有可能承担企业社会责任。Tihanyi（2000）[48]等研究表明，TMT 平均受教育水平越高，团队获得的有效信息也会越多，同时他们也会有更广阔的视野，这也将有助于他们对于企业社会责任的认识和实施。

管理者的认知、情感和偏好，会影响管理者乃至整个管理团队的工作取向和价值取向。这种取向也许不会直接左右企业的社会责任选择，但会施加某种程度的影响，或潜在影响。Daboub 和 Rasheed 研究发现，高层管理者的职业经验影响了他们对环境的感知和从事不道德行为的意愿。Thomas 和 Simerly 对石油化工和电子计算机两个行业 101 家公司的 574 个高管进行了实证研究，结果表明，具有产量取向职业经验的高管团队与企业的社会责任表现显著负相关。而有财务背景的高管更关注企业价值的提升，所有有利于企业价值包括长期价值提升的行为都是他们倡导的，因此，他们更有可能做出更好的企业社会责任表现。

高层管理者的任期对社会责任的影响体现在两个方面。一方面，从股东的观点来看，任期越长，管理者越能接受企业的价值观，效忠组织的意愿也更加强烈，做出的决策也更能符合企业的长远利益。企业社会责任短期对企业而言可能有成本上涨的可能，但从长远而言，有利于增强企业的持续竞争优势，对企业长期绩效的增长有正向影响作用，工作任期较长的高管，更能克服短视，更加关注企业的长期绩效。另一方面，从利益相关者的角度而言，一个高管任期的长短可看作其对组织和利益相关者知识的有用度量。一是因为管理者在一个组织工作的时间越长，经验越丰富，这些有助于他对各方利益相关者的理解和关注；二是因为任期越长，其铺设的关系网络越密，与企业内外各利益相关者的关系处理得越得心应手。如 Preffer 和 Salancik[173] 发现，医院管理者的任期与当地商业社团等组织的关系正相关。总之，任期越长的高管及其团队，越能了解组织特定利益相关者的需求范围，越能清楚地认识到如何满足他们的要求，并能自觉不自觉地从组织的长期利益视角来看待社会责任问题。

基于以上理论，本研究做出以下假设：

假设 2：高管团队社会责任取向受到包括性别、年龄、教育背景、职业背景以及任期等个人异质性的影响。

5.3.3 企业社会责任发展阶段性特征假设

企业的发展需要一个明确的方向和目标，任何一个企业都不能没有战略，没有正确战略定位的企业至少难以得到持续稳定的发展。随着全球经济一体化进程的加快及企业面临内外环境更新的日新月异，企业面临双重挑战，要尽力平衡与满足各方利益相关者的期望，因此，企业社会责任对企业战略决策或将产生深远的影响。

企业采取何种社会责任战略，与其发展阶段特性相关，其中包括企业

规模、成立时间、所有制形式、所处发展阶段、行业类别等，当然，企业的社会责任战略选择与企业绩效的关系，更是一个值得探讨的问题，我们将在第7章重点加以论述，这里暂且不表。

Lepoutre 和 Heene（2006）[174]通过实证研究说明，一般情况下，企业的规模与其社会责任水平呈正相关。Johnson（1999）[175]认为，这是因为大企业有更多的资源实施社会责任行为；而 Donalson（2001）[176]通过研究发现，大企业较之小企业而言，其更完善、更成熟的对外应变机制使得其理解与处理各项社会责任问题能力更强。而 Brammer 和 Pavelin（2004）[177]实证研究表明，企业社会责任表现与企业规模及企业成立时间正相关。

中国社会科学院经济学部企业社会责任研究中心对中国 100 强企业社会责任研究结果发现，在中国企业社会责任发展指数普遍偏低的现实背景下，不同行业、不同所有制企业的社会责任意识及履行程度略有不同。研究表明，国有企业的社会责任指数领先于民营企业和外资企业，而仅对外资企业进行平行比较，台资及日韩企业表现较之欧美在华企业而言，社会责任指数普遍偏低。就行业特征而言，研究指出，以电力供应业为代表的制造业处于领先地位，其次是电力生产业及通信、银行等服务性行业，而且责任实践普遍领先于责任管理，市场责任好于环境及其他社会责任[178]。

Steven P. Robins[179]等学者认为，企业所处不同发展阶段，其社会责任履行范围及程度将有所不同，企业在刚刚创立初期，由于其资源相对匮乏，生存成为它们的首要目标，其关注的焦点更多地集中于成本、利润及企业短期发展上，企业普遍关注所有者及管理者利益，其他利益各方暂时没有完全进入企业关注的视野。经过数年艰苦创业后，随着企业组织规模和生产规模的逐步发展，企业开始进入成长期。成长期的企业开始重视员工、消费者等内外利益相关者的利益诉求，将满足各利益相关者利益诉求作为企业履行社会责任的重要内容之一。随着企业的进一步发展，企业规模的逐步扩大，企业进入成熟期阶段，在这一阶段，企业开始自觉承担对各利益相关者的责任，并更加广泛地承担包括慈善在内的社会责任。处于企业生命周期中的衰退期的企业，由于已经经过了发展的高峰期，企业发展难以适应社会的需求，甚至面临被市场淘汰的尴尬局面，受能力所限，全方位承担各项社会责任可能难以为继。

基于以上分析，我们做出以下假设。

假设 3：企业社会责任战略选择受到包括企业规模、成立时间、所有制形式、所处发展阶段以及所属行业类别等企业异质性的影响。

5.3.4 高管团队社会责任取向与企业社会责任战略导向及战略选择的关系假设

高管团队对于企业社会责任战略选择及构建起着关键的作用。这一假设的提出建立在对历史文献的总结与归纳，以及对企业高管的访谈、问卷调研及案例研究等事实依据之上。

是否承担及怎样承担社会责任，来自企业的高管成员特别是高管团队的集体决策，这一结果很大程度上取决于其社会责任取向，而社会责任取向又在很大程度上由团队领导力所决定。领导力（Leadership）是指某种程度上在管理层的控制和个人影响某个团体实现既定目标的能力之间进行权衡，不同类型高管团队领导力的社会责任取向各异。高管团队 CSRO 包括经济责任、法律责任、伦理责任及慈善责任四个维度，根据企业高管对于这四种责任的重要度认知差异，我们试图将企业高层管理者 CSRO 分为经济绩效导向认知和社会绩效导向认知两种，其中以满足企业特别是企业所有主（如股东等）的经济利益为主的称为经济绩效导向认知，此种 CSRO 是企业对社会的消极或适应性认知，是在社会准则和法律准则要求下企业对于必须承担的责任内容的认知反应，它对企业利益相关者主要承担经济责任和法律责任，当然它有时也会承担少量伦理甚至慈善责任，但其前提是这样做能促进企业经济绩效的（直接）提高，因此可以非常明显地看出，它看重的是企业经济利益的满足，此种认知可能促进企业经济绩效导向战略的选择；同时我们推测，企业经济绩效导向越明显，出于对于企业经济绩效提升的客观要求，它对企业经济及法律责任承担的要求相对也就越高。社会绩效导向型认知是对社会责任的主动、积极的认知，此种认知是建立在企业的长远发展基础之上的，它更加关注企业的伦理建设，它对于企业各方利益相关者的责任承担是建立在企业社会绩效的提高上，至于经济绩效的提高，更多的是手段而不是目的。因此，此种社会责任取向及由此产生的企业社会绩效导向，更突出的是企业的社会责任意识，同时企业也更强调自身发展与社会进步的紧密相连。如图 5 -5 所示。

基于以上分析，我们做出以下假设：

假设 4a：高管团队社会责任维度中的经济责任、法律责任与高管团队经济绩效导向社会责任战略选择正相关，而伦理责任和慈善责任与高管团队经济绩效导向社会责任战略选择负相关。

假设 4b：高管团队社会责任维度中所有维度与高管团队社会绩效导向社会责任战略选择正相关。

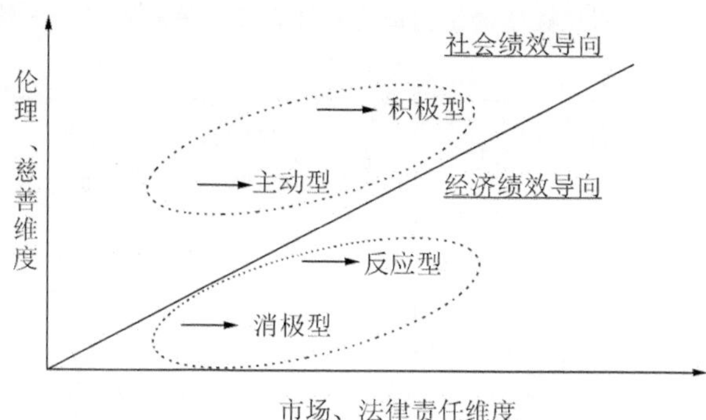

图 5－5 企业高管 CSRO 导向与维度关系

5.4 研究方法

5.4.1 样本描述

本研究包括试测样本和正式测试样本两部分。试测样本为 50 家企业的 150 份问卷，数据主要用来进行高管团队社会责任取向维度的探索性因素分析。正式测试样本来自湖南的长株潭及北京、深圳的 156 家企业的高管团队，其中发放对象为 201 家企业高管团队，共计 600 份问卷，回收 516 份，剔除项目错填、漏填及明显乱填等无效问卷后，有效问卷为 156 家企业高管团队的 478 份问卷，有效回收率为 79.7%。绝大部分参与问卷填写的人都是副总以上职务，少部分为主管财务、营销等关键部门的部门经理或总监。大部分高管团队由 3～4 人参与问卷填写，少数企业参与问卷调研的为 2 人，在参与问卷填写的个体特质分布上，样本以男性为主（男性为 63.6%），年龄以 36～45 岁为主（占比为 55.9%），教育程度以本科为主（占比 56.1%），负责综合管理的高管人员为主（占比 37.2%），任职年限以 3～5 年及 5 年以上为主（占比分别为 26.4% 和 22.6%），其中有 105 份是董事长或总经理本人填写。从企业特性来看，企业规模以大中型企业为主，员工人数以 1000～2999 及 3000～10000 的居多（占比分别为 19.9% 及 21.8%），企业成立年限一般在 10 年左右，企业所有制民营较多（占比 22.4%），大多数企业处于成长期和成熟期（分别占比为 42.3% 和 30.8%），从属的行业包括制造业、服务业、IT 产业、其他高科技产业等多个行业，其中服务业占比较大（46.2%）。具体的样本情况如表 5－2、表 5－3、表 5－4 和表 5－5 所示。

表 5-2　企业高管团队社会责任调查问卷样本基本信息表（个人信息部分）（*N*=478）

性别	频率	百分比（%）	年龄	频率	百分比（%）	受教育程度	频率	百分比（%）
男	304	63.6	20~35 岁	81	16.9	大专以下	11	2.3
			36~45 岁	267	55.9	大专	62	13
女	174	36.4	46~55 岁	122	25.5	本科	268	56.1
			>56 岁	8	1.7	硕士	131	27.4
						博士	6	1.2
合计	478	100		478	100		478	100

表 5-3　企业高管团队社会责任调查问卷样本基本信息表（续）（个人信息部分）（*N*=478）

分管	频率	百分比（%）	任期	频率	百分比（%）	职务	频率	百分比（%）
营销	72	15.1	<1 年	29	6.1	董事长	30	6.3
财务	95	19.9	1~2 年	62	12.9	总经理	75	15.7
人力资源	81	16.9	2~3 年	108	22.6	副总经理	297	62.1
技术	52	10.9	3~5 年	126	26.4	部门经理	76	15.9
综合	178	37.2	>5 年	153	32			
合计	478	100		478	100	100		478

表 5-4　企业高管团队社会责任调查问卷样本基本信息表（企业信息部分）（*N*=156）

企业规模（员工人数）	频率	百分比（%）	成立时间	人数	百分比（%）	所有制形式	频率	百分比（%）
50 人以下	24	15.4	1 年以内	9	5.8	国有（含国有控股）	19	12.2
50~199 人	26	16.6	1~3 年	31	19.9	集体	7	4.5
200~499 人	19	12.2	3~5 年	26	16.7	股份制	32	20.5

续 表

企业规模（员工人数）	频率	百分比（%）	成立时间	人数	百分比（%）	所有制形式	频率	百分比（%）
500～999 人	20	12.8	5～10 年	37	23.7	外资或合资	31	19.9
1000～2999 人	31	19.9	10～20 年	47	30.1	民营	35	22.4
3000～9999 人	28	18.0	20 年以上	6	3.8	其他	32	20.5
10000 以上	8	5.1						
合计	156	100	合计	156	100	合计	156	100

表 5－5　　企业高管团队社会责任调查问卷样本基本信息表（续）
（企业信息部分）（$N=156$）

企业所属周期	频率	百分比（%）	所属行业	频率	百分比（%）
创建期	24	15.4	制造业	19	12.2
成长期	66	42.3	服务业	72	46.2
成熟期	48	30.8	IT 产业	26	16.7
衰退期	18	11.5	其他高科技产业	28	17.9
			其他产业	11	7.0
合计	156	100	合计	156	100

5.4.2　测量

本研究中的问卷包括两个部分，企业高管团队成员 CSRO 及 CSR 战略量表。企业高管团队成员 CSRO 量表是在对 APPERLE 量表的修正基础上完成的，Aupperle（1982）[180] 根据 Carroll 的框架提出了测量 CSRO 的量表，为 CSRO 在实践中的运用提供了思路借鉴。在最初的测量中，80 个问题分为 20 组，每一组中的每一条陈述分别代表经济责任、法律责任、伦理责任及慈善责任中的一项。为避免答题者的摇摆不定，最大限度消除被试者在测量中的偏见度，受试者必须根据陈述的相对重要性将 10 分分配至每组的 4 个问题之中。本书根据中国实情并结合文章实证需要使用了其中 8 组问题，问题大部分来自 MARZ（1999）[181]的博士论文。本量表中的每一组有四个陈述性问题，共 32 个，涉及经济、法律、伦理、慈善四个维度层面，经具有管理学教育背景的精通英文的教师翻译，并保证翻译内容符合中国文字表述习惯。问卷的答题形式为选择，选择结果基于答题者对于每组四个 CSR 维度重要性认知及评判，给予分数越高表明答题者对于该项责任的重要度认知越高，为着重比较答题者对于四个维度重要度认知的区别，要求每组得分不超过 10 分（0 ~ 10 分），如果被测试者认为每个维度同样重要，可以赋予每一项同样的分值。之所以引用此量表作为参考，原因是该量表的可靠性和可操作性已在欧美国家的多次实证中得到验证，证明该量表在内容上基本涵盖 CSR 的四个维度，内容较为全面，并且是针对个人（企业高管人员同样适用）而且企业的行为取向测试，在结构设计和分数赋值上，通过每组陈述得分总分控制的方法，有助于消除或降低应答化偏差出现的可能。另外，本书采用的量表是在原量表上的一种修订和改良，一是更加符合中国的实际；二是对于相对雷同的表述进行整合和提炼，以更加符合中国人的思维和表述习惯。

试测问卷企业 CSR 战略导向部分选用辛杰（2009）[182]的企业社会责任问卷基于企业行为认识及企业战略角度开发出来的问卷改编而成，包括经济绩效导向战略和社会绩效导向战略两个方面，试测问卷部分通过聚类、相关及因素分析，形成正式问卷，回答尺度为 1 ~ 7 分，“1”表示这种现象或事件与公司的行为非常不符合，“7”表示非常符合。问卷参见附录二。

5.4.3 程序

在问卷设计完成后，我们首先对 50 家企业的 150 个高管成员进行了试测，所得的样本用于高管团队 CSRO 维度的探索性分析及战略的聚类及相关分析，剔除问卷中载荷较小的项目，并且对问卷中由于翻译造成的信息传递错误或失真等做了相应修改，最后形成正式问卷。

同时，本研究在发放正式问卷时，主要是委托长沙、北京、深圳某国有银行相关机构发放，受委托人通过二级行客户经理直接发送到企业高管手中，我们要求客户经理尽量敦促测试者现场填写，实在不方便即时填写的，请求他们按照既定日期上交问卷，并留下测试者的联络方式，对于部

分遗漏的信息，以方便日后通过电话或邮件的方式补充或校核相关信息。

5.4.4 统计分析

采用统计分析软件 SPSS19.0 和结构方程建模软件 AMOS7.0，数据分析方法手段主要包括聚类分析、相关分析、因子分析、方差分析及结构方程建模等。

5.5 研究结果

5.5.1 高管团队社会责任取向维度探索性因素分析

为了测试量表的有效性，我们首先运用 50 家高管团队的 150 份问卷的数据进行探索性因素分析。样本充分性和球形度检验显示 KMO 系数为 0.79，根据 Kaiser 的观点，如果 KMO 值大于 0.7，则说明比较适合做因子分析，因此，本样本适合做用于因子分析，另 Bartlett 球形检验 0.000 水平显著。结果显示，本研究的数据和测试项目适宜进行因素分析，具体结果如表 5－6 所示。

表 5－6 高管团队社会责任去向的 KMO 和 Bartlett 的球形检验（*N*＝50）

取样足够度的 Kaiser－Meyer－Olkin 度量		0.736
Bartlett 的球形度检验	*Approx. Chi－Square*	2062.263
	Df	496
	Sig.	0.000

根据重要性得分数据，采用具有 Kaiser 标准化的正交旋转法，根据 Kaiser 检验标准（王重鸣，1998），抽取主成分因素，对原始问卷中高管团队社会责任取向测试项目中的 32 个测试变量析取主成分，再通过逐个剔除因素载荷较低项目，同时，如果两个或多个因素载荷非常接近的情况，为避免重复，仅保留其一，其余删除，这样，最后得出如表 5－7 所示的因素分析结果。

因素分析的结果清晰地显示，企业高管团队社会责任取向可以提取四个因素：因素一是经济责任，因素二是法律责任，因素三是伦理责任，因素四是慈善责任。四个因素的 Alpha 值分别是 0.87、0.75、0.87、0.74，说明各因素的项目内部一致性良好。四因素的累计贡献率达到 71.3%。所得到的项目和因素都将在以后的分析中用到。

表 5-7　高管团队社会责任取向维度的探索性因素分析（$N=50$）

测试项目	因素 1	因素 2	因素 3	因素 4
因素 1：经济责任				
A11 企业要争取一直保持盈利	**0.744**	0.238	0.121	0.016
A31 我们的目标是使企业的长期回报最大化	**0.838**	0.055	0.184	-0.187
A61 企业存在的目的是尽可能的盈利	**0.616**	0.213	0.108	-0.212
A81 良好的企业财务状况使我们追求的目标	**0.806**	0.154	-0.014	-0.053
因素 2：法律责任				
A12 我们要遵守各项规则	0.244	**0.708**	-0.082	-0.278
A22 我们要做一个遵守法律的企业公民	0.193	**0.740**	-0.118	-0.030
A72 企业应及时地遵守新的法律和法庭的裁决	0.165	**0.711**	0.190	-0.245
因素 3：伦理责任				
A13 我们应从伦理角度以公正负责的方式为其商品或服务做广告	0.015	-0.296	**0.699**	0.235
A33 企业应做道德和伦理所期待的事情	-0.044	0.095	**0.736**	0.177
A53 我们应倡导道德和伦理行为	-0.139	-0.096	**0.623**	0.237
因素 4：慈善责任				
A34 我们应该主动进行慈善事业	-0.266	-0.201	0.167	**0.506**
A44 我们要积极为公益事业捐赠	0.087	-0.190	0.073	**0.815**
A54 我们应为慈善和社区组织提供自觉地协助	-0.104	-0.081	0.282	**0.758**
A84 我们把慈善行为作为测量企业绩效的重要方法	-0.183	0.162	0.306	**0.721**

5.5.2 高管团队社会责任取向维度验证性因素分析

我们用正式测试中得到的 156 家企业高管团队的 478 份问卷进行验证性因素分析，得出结果如图 5-6 和表 5-8 所示。

表 5-8　高管团队社会责任取向维度四因素验证性因素分析拟合指标（$N=156$）

X^2/df	*GFI*	*IFI*	*TLI*	*CFI*	*RESEA*
2.328	0.800	0.875	0.807	0.869	0.070

注：*GFI*——拟合优度；*IFI*——差别拟合指数；*TLI*——非标准拟合指数；*CFI*——比较拟合指数；*RESEA*——根均方差误。

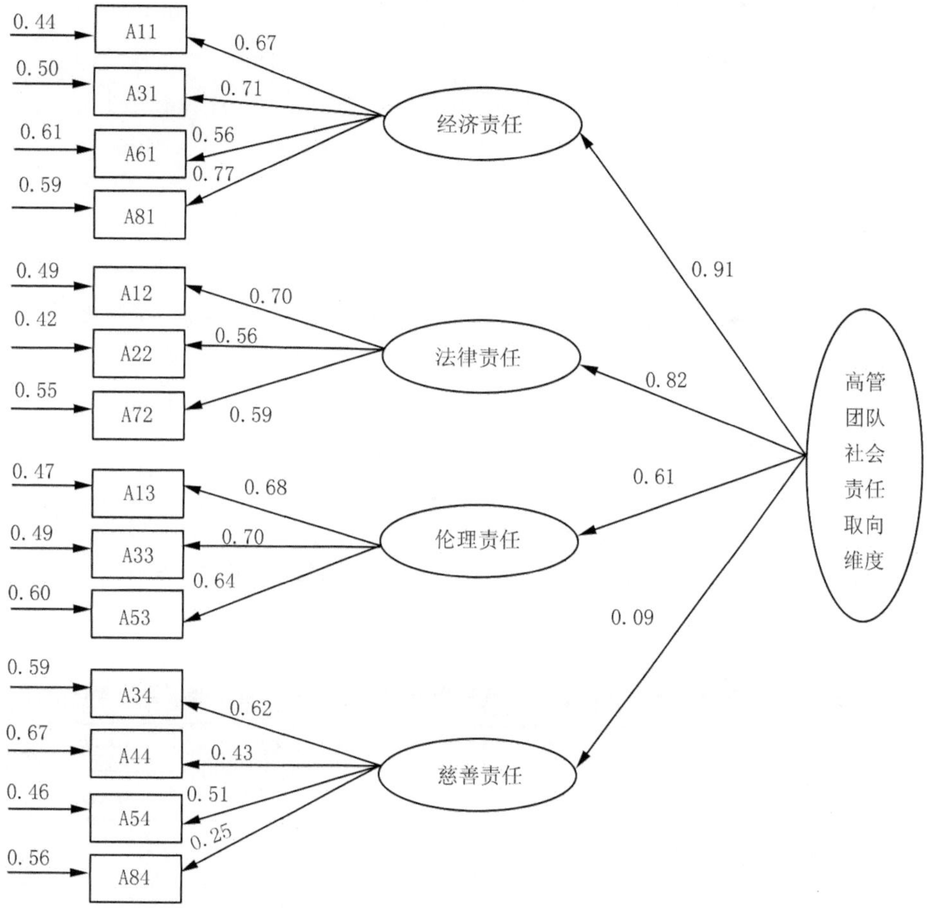

图 5-6 高管团队社会责任取向维度四因素验证性因素分析（$N=156$）

在高管团队社会责任取向维度四因素验证性因素分析模型检验中，X^2/df 值等于2.328，大于2，P 值为0.000，达到显著水平。各项拟合指标 *GFI*、*IFI*、*TLI* 及 *CFI* 的值均未超过0.90，*RESEA* 等于0.070，小于0.08，以上指标说明模型适配度一般，需要进一步修正。各观察变量与潜变量之间的所有路径系数统计检验显著，显著性水平为0.05，同时高管团队社会责任取向维度对经济责任、法律责任及伦理责任的路径系数均在0.00水平上统计显著，但是团队社会责任取向维度对慈善责任的路径系数不显著。这说明团队社会责任取向四维度的验证性因素分析中慈善责任进入结构方程模型的解释力度很小。因此，我们尝试删除慈善维度，构建一个三因素的结构方程模型。如图 5－7 和表 5－9 所示。

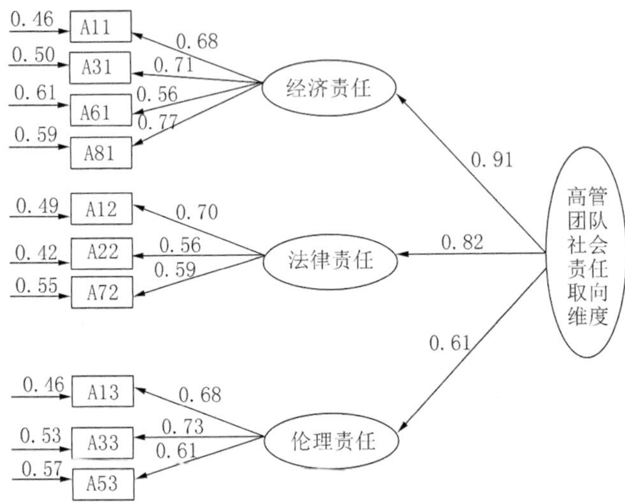

图 5－7　高管团队社会责任取向维度三因素验证性因素分析（$N=156$）

表 5－9　高管团队社会责任取向维度三因素验证性因素分析拟合指标（$N=156$）

X^2/df	*GFI*	*IFI*	*TLI*	*CFI*	*RESEA*
1.660	0.907	0.961	0.929	0.959	0.050

注：*GFI*——拟合优度；*IFI*——差别拟合指数；*TLI*——非标准拟合指数；*CFI*——比较拟合指数；*RESEA*——根均方差误。

高管团队社会责任取向维度三因素分析模型中，X^2/df 值为 1.660，小于2.0，*P* 值为 0.110，未达到显著水平。*GFI*、*IFI*、*TLI* 及 *CFI* 的值均超过0.90，尤其是 *IFI* 及 *CFI* 的值大于 0.95，*RESEA* 为 0.050，小于 0.08，说明模型适配度较好。以上各项拟合指标显示模型的拟合程度比较高，且各路径系数的统计检验在 0.05 的水平上显著。（如表 5－10 所示）

表 5－10　企业高管团队社会责任取向维度对社会责任取向的标准化路径系数

	非标准化系数	标准化系数	*S.E*	*C.R*	*P*
经济责任←社会责任取向	1.000	0.911***			***
法律责任←社会责任取向	0.866	0.817***	0.099	8.757	***
伦理责任←社会责任取向	0.623	0.608***	0.084	7.412	***

续 表

	非标准化系数	标准化系数	S. E	C. R	P
A53←伦理责任	1. 000	0. 612 * * *			* * *
A33←伦理责任	1. 309	0. 730 * * *	0. 198	6. 619	* * *
A13←伦理责任	1. 258	0. 675 * * *	0. 187	6. 710	* * *
A81←经济责任	1. 000	0. 765 * * *			* * *
A61←经济责任	0. 641	0. 560 * * *	0. 085	7. 576	* * *
A31←经济责任	0. 876	0. 706 * * *	0. 095	9. 203	* * *
A11←经济责任	0. 903	0. 676 * * *	0. 101	8. 924	* * *
A72←法律责任	1. 000	0. 591 * * *			* * *
A22←法律责任	0. 859	0. 564 * * *	0. 149	5. 781	* * *
A12←法律责任	1. 267	0. 698 * * *	0. 209	6. 061	* * *

注：* * * 表示 $P<0.001$。

本研究通过两种模型的对比，得出结论：三因素模型优于四因素模型，这三个因素就是经济责任、法律责任和伦理责任，这可能与中国的国情比较相符，中国企业及其企业高管成员，受制于经济发展水平及思想意识等因素的影响，大家对于慈善维度的社会责任认识尚不是非常清晰。因此，本研究的假设1b 高管团队社会责任取向维度三因素模型成立，而假设1a 不成立。

5. 5. 3 高管团队企业社会责任战略的探索性因素分析

高管团队社会责任战略量表，我们同样先采用试测样本进行探索性因素分析，首先也是进行样本充分性和球形度检验，检验结果如表 5 - 11 所示。

表 5 - 11 高管团队企业社会责任战略的 KMO 和 Bartlett 的检验（$N=50$）

取样足够度的 Kaiser - Meyer - Olkin 度量		0. 798
Bartlett 的球形度检验	*Approx. Chi - Square*	1659. 689
	Df	120
	Sig.	0. 000

上表显示 KMO 系数为 0. 798，Bartlett 球形检验在 0. 000 水平上显著，说明高管团队企业社会责任战略的样本数据和项目可以进行因素分析。采

用具有 Kaiser 标准化的正交旋转法，根据 Kaiser 检验标准（王重鸣，1998），抽取 2 个主成分因素，在经济绩效导向战略和社会绩效导向战略中删除载荷较低的几个项目，得到因素分析结果如表 5－12 所示。

表 5－12　高管团队企业社会责任战略的探索性因素分析（$N=50$）

测试项目	因素 1	因素 2
因素 1：经济绩效导向战略		
C1 利润最大化是企业的根本目标	0.652	－0.359
C5 成本和利润是考察是否履行社会责任的最重要标准，所以我们承担社会责任首先考虑成本这一要素	0.779	0.089
C7 履行社会责任是为了赚钱，少赚钱我们绝对不干	0.881	－0.047
因素 2：社会绩效导向战略		
C11 我们企业一直是企业社会责任的先导者，在没有被要求之前就采取企业社会责任行动	－0.071	0.805
C13 我们愿意多花些精力来关注整个社会的发展	－0.167	0.830
C16 我们把履行社会责任作为提升企业核心竞争力的一种手段	－0.145	0.855

高管团队企业社会责任战略分析中我们抽取了二因素，因素 1 是经济绩效导向战略，因素 2 是社会绩效导向战略，Alpha 值分别为 0.82 和 0.92，两因素的总体 Alpha 值为 0.88，说明项目具有较高的内部一致性。两因素累计解释的变异量为 71.28%。

5.5.4　高管团队企业社会责任战略的验证性因素分析

我们用正式测试中得到的 156 家企业高管团队的 478 份问卷进行高管团队社会责任战略的验证性因素分析，得出如下结果如图 5－8、表 5－13 所示。

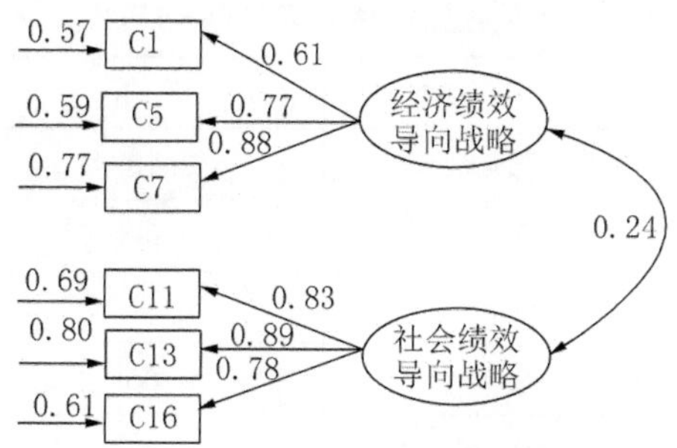

图 5－8　高管团队企业社会责任战略验证性因素分析（$N=156$）

表 5－13　高管团队企业社会责任战略因素分析拟合指数比较（$N=156$）

X^2/df	*GFI*	*NFI*	*IFI*	*TLI*	*CFI*	*RESEA*
1.336	0.929	0.973	0.984	0.958	0.984	0.071

注：*GFI*——拟合优度；*NFI*——标准拟合指数；*IFI*——差别拟合指数；*TLI*——非标准拟合指数；*CFI*——比较拟合指数；*RESEA*——根均方差误。

高管团队企业社会责任战略因素分析结果中，X^2/df 的值为 1.336，小于 2，各项拟合指标值如 *GFI*、*NFI*、*IFI*、*TLI* 及 *CFI* 均大于 0.9，*RESEA* 小于 0.08，说明模型适配度较高，另外高管团队企业社会责任战略对经济导向战略及社会导向战略的路径系数均在 0.00 水平显著，说明模型拟合程度良好。

5.5.5　多水平数据加总验证

本研究做的问卷测试是以高管团队的单个成员作为测试变量的问询主体，问卷结果是否能用于团队整体结果研究用途，还需进一步考证。Peterson 和 Behfar（2003）[183] 的研究中将个体水平数据整个为团队水平数据中检验了每组的组内变异小于组间变异。Bliese（2000）[184] 同时也认为必须对项目反应的组间变异进行 F 检验，另外还需对各变量在团队水平层面上的 Eta^2 值进行检验，Kozlowski 和 Hattrup（1992）认为，Eta^2 在 0.20 以上即为可接受水平。本研究我们对 478 个被试高管成员组成的 156 个高管团队的数据进行 Eta^2 分析及检验，结果显示，高管团队社会责任取向维度三因素和高管团队企业社会责任战略两因素的 Eta^2 值都在 0.20 以上，方差检验显示 F 值均在 0.000 水平显著，如表 5－14 数据结果表明，所有变量的组间变异显著强于总体变异，因此全部变量可在团队水平加总平均。表 5－14 是本研究高管团队水平的数据根据来自团队内部个体数据加总平均的结果。

表 5-14　　多水平数据加总验证（$N=478$）

变量	Eta^2	F 值	显著性
经济责任	0.45	2.107	0.000
法律责任	0.57	3.900	0.000
伦理责任	0.37	2.842	0.000
经济绩效导向战略	0.74	5.668	0.000
社会绩效导向战略	0.69	4.417	0.000

5.5.6 高管团队社会责任取向的个人异质性影响及其相关分析

为检验两个以上母体平均数是否具有显著差异，我们分别针对6个反映高管团队成员异质性的属性因子（性别、年龄、学历、职务、分管职能及任职期限）与高管团队社会责任取向四维度（经济责任、法律责任、伦理责任、慈善责任）分别进行单因素方差分析，并将分析结果整理如表5-15所示。

表 5-15　　高管团队成员个人特质与其社会责任取向单因素 F 检验值汇总

责任维度 \ 个人特质		性别	年龄	学历	职务	分管职能	任职期限
经济责任	均方	0.349	0.119	1.238	1.095	0.411	0.670
	F	0.918	0.311	**3.386** *	**2.952** *	1.082	1.784
	显著性	0.339	0.817	0.010	0.033	0.366	0.133
法律责任	均方	0.301	0.208	1.517	0.516	0.152	0.491
	F	1.035	0.711	**5.616** ***	1.789	0.517	1.708
	显著性	0.310	0.546	0.000	0.150	0.724	0.149
伦理责任	均方	0.260	0.919	4.405	0.245	0.277	0.544
	F	1.348	**4.994** **	**8.142** ***	1.273	1.446	**2.906** *
	显著性	0.247	0.002	0.000	0.284	0.220	0.023
慈善责任	均方	0.222	1.189	1.581	0.915	0.362	2.217
	F	0.784	**4.379** **	**6.057** ***	**3.328** *	1.286	**8.865** ***
	显著性	0.377	0.005	0.000	0.020	0.276	0.000

注：*表示 $P<0.05$；**表示 $P<0.01$；***表示 $P<0.001$（双尾检验）。

结果显示，男性高管与女性高管其社会责任取向没有显著性差异，组间差异不显著的还有分管职能一项，本次问卷数据结果显示，分管不同领域的高管成员，其对于经济、法律、伦理及慈善的认知与态度倾向似乎并没有明显区别。不同年龄的高管对于企业社会责任中的经济维度和法律维度认知差异不显著，但其对于伦理及慈善责任有着各自不同的认知取向，问卷数据显示，年龄在20～35岁及36～45岁这两组之间的伦理取向值存在明显的差异，后者与前者相比较，其伦理取向值显著增加，其余年龄组伦理取向差异并不明显，对于慈善维度，20～35岁与36～45岁及46～55岁两组之间均存在显著性差异，其中36～45岁组的慈善取向值最高，20～35岁其值最低，大于56岁组的得分值较之36～45岁组更高，但分值与之没有显著性差异，这进一步验证了前面文献中提及的Kohlberg（1986）及Daboub和Rasheed（1995）的结论，即随着高管成员年龄的增加，他们更加趋向与采取更加符合道德伦理的社会行为，也对企业存在的意义有了更加全面深刻的认识。表5－15显示，教育程度对于社会责任四维度同时存在显著性差异，对于经济责任重视度最高的为教育背景为硕士这一组的成员，其次是本科学历背景的高管成员，大专以下学历背景的高管成员对于法律维度的重视显著超过其他各组，可能是因为他们自认为受学识及阅历所限，行事更加谨慎，更愿意将企业行为纳入法律规范的框架内，伦理责任和慈善责任均呈现十分明显的正向特征，即学历越高，伦理及慈善取向值得分越高，其中大专以下学历组成员与其他四组成员相比，其伦理及慈善责任取向显著偏低。有趣的是，副总经理的经济责任取向显著高于董事长和总经理，而慈善责任取向正好相反，显著低于董事长，也低于总经理但不显著，这与企业高管的内部分工有一定的关系，董事长更加关注企业的社会形象，而总经理及副总经理对企业的具体经营运作全权负责，特别是副总经理，处于对于企业发展及自身发展的双重考虑，其对于企业各项经济指标怎么强调都不过分。另外，问卷结果显示，任职期限越长，其伦理及慈善取向得分越高，原因可能是，任职期限越长，越有可能与企业各方利益相关者建立了良好的关系，因此其企业行为能更好地惠及各方利益相关者，也可能更加符合社会伦理及更加实现社会利益的满足，当然，任期越长，对企业的忠诚度一般也会更高，所作出的企业决策将会更加符合企业的长远发展，而企业的长远发展离不开企业对于伦理及慈善责任的关注。

综上所述，我们不难得出如下结论：本研究的假设2——高管团队社

会责任取向受到包括性别、年龄、教育背景、职业背景以及任期等个人异质性的影响部分成立。

5.5.7 高管团队企业社会责任取向的企业发展阶段差异化分析

以下我们以企业生命周期为例，进行企业社会责任战略选择发展阶段差异性分析。

企业生命周期理论认为，企业创立后，一般会经历起步期、成长期、成熟稳定期及衰退期的生命周期循环过程，虽然不同行业、不同企业所面临的外部环境和自身经营条件各异，有可能止步于或超越某个发展阶段，但这个生命发展周期对于任何行业中的任何企业来说是大体存在的。对于处于不同生命周期的企业，其高管成员的社会责任取向会产生怎样的变化为清晰它们之间的关系，我们做了企业不同发展阶段高管团队社会责任取向变化趋势分析，如表5－16所示。

表5－16　企业不同发展阶段高管团队社会责任取向变化趋势分析

发展阶段（相关数据）		经济责任	法律责任	伦理责任
创建期（N=24）	均值	2.582	2.191	1.668
	N	24	24	24
	标准差	0.421	0.511	0.422
成长期（N=66）	均值	2.599	2.486	2.005
	N	66	66	66
	标准差	0.629	0.541	0.435
成熟期（N=48）	均值	2.684	2.575	2.153
	N	48	48	48
	标准差	0.636	0.483	0.396
衰退期（N=18）	均值	2.115	1.892	1.71
	N	18	18	18
	标准差	0.505	0.714	0.344
总计	均值	2.612	2.479	2.015
	N	156	156	156
	标准差	0.617	0.539	0.44

高管团队社会责任取向企业发展阶段方差分析，如表5－17所示。

表 5－17　　高管团队社会责任取向企业发展阶段方差分析

CSRO 维度	平方和	*Df*	均方	*F*	*Sig.*	组间比较
经济责任	1.923	3	0.641	1.701	0.168	3＞2＞1＞4
法律责任	4.553	3	1.518	5.511**	0.001	3＞2＞1＞4
伦理责任	4.576	3	1.525	8.655***	0.000	3＞2＞4＞1

注：**表示 $P<0.01$；***表示 $P<0.001$（双尾检验）。

表 5－18 更进一步反映了高管团队社会责任取向的企业阶段平均差值，经济责任取向值的企业发展阶段差异仅表现在成熟期与衰退期之间，成熟期与衰退期的差异显著 *F* 值为 0.683，差异显著性水平均为 0.05。衰退期与创建期、成长期之间平均值差异不显著。法律责任取向值的企业发展阶段差异表现在创建期与成长期、成长期与衰退期以及创建期与成熟期和成熟期与衰退期之间，其中创建期与成长期的差异显著 *F* 值为－0.304，创建期与成熟期的差异显著 *F* 值为－0.384，成长期与衰退期的差异显著 *F* 值为 0.604，成熟期与衰退期的差异显著 *F* 值为 0.683，显著性水平均为 0.05。伦理责任取向值的企业发展阶段差异表现在创建期与成长期、创建期与成熟期以及成长期与成熟期、成熟期与衰退期之间，其中创建期与成长期的差异显著 *F* 值为－0.337，创建期与成熟期的差异显著 *F* 值为－0.486，成长期与成熟期的差异显著 *F* 值为－0.149，成熟期与衰退期的差异显著 *F* 值为 0.443，显著性水平均为 0.05。

表 5－18　企业不同发展阶段高管团队社会责任取向描述性检验（*N*＝156）

发展（*I*）阶段	发展（*J*）阶段	经济责任			法律责任			伦理责任		
		均值差（*I*－*J*）	标准误	显著性	均值差（*I*－*J*）	标准误	显著性	均值差（*I*－*J*）	标准误	显著性
创建期（*N*＝24）	成长期	－0.164	0.144	0.909	－0.304*	0.123	0.014	－0.337*	0.098	0.001
	成熟期	－0.102	0.151	0.501	－0.384*	0.129	0.003	－0.486*	0.103	0.000
	衰退期	0.467	0.284	0.102	0.300	0.242	0.218	－0.042	0.194	0.828
成长期（*N*＝66）	创建期	0.016	0.144	0.909	0.304*	0.123	0.014	0.337*	0.985	0.001
	成熟期	－0.085	0.088	0.331	－0.079	0.075	0.291	－0.149*	0.060	0.014
	衰退期	0.483	0.256	0.060	0.604*	0.219	0.006	0.295	0.175	0.094

续 表

发展(I)阶段	发展(J)阶段	经济责任			法律责任			伦理责任		
		均值差(I-J)	标准误	显著性	均值差(I-J)	标准误	显著性	均值差(I-J)	标准误	显著性
成熟期(N=48)	创建期	0.102	0.151	0.501	0.384*	0.129	0.003	0.486*	0.103	0.000
	成长期	0.085	0.088	0.331	0.079	0.075	0.291	0.149*	0.060	0.014
	衰退期	0.569*	0.260	0.030	0.683*	0.222	0.002	0.443*	0.178	0.013
衰退期(N=18)	创建期	-0.467	0.284	0.102	-0.300	0.243	0.218	0.042	0.194	0.828
	成长期	-0.483	0.256	0.06	-0.604*	0.219	0.006	-0.295	0.175	0.094
	成熟期	-0.569*	0.26	0.03	-0.683	0.222	0.002	-0.443*	0.178	0.013

注：* 表示均值差的显著性水平为 0.05（双尾检验）。

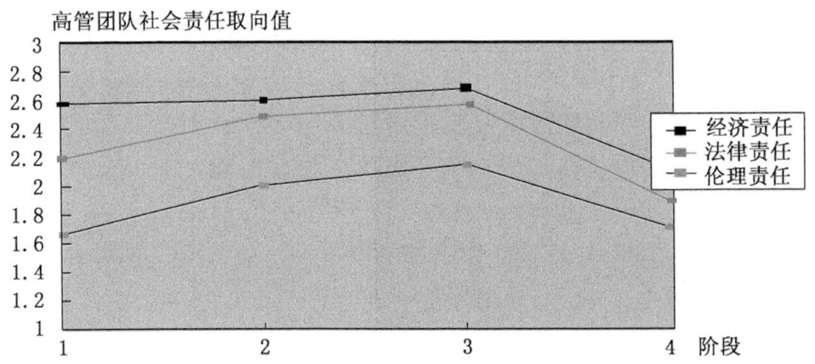

图 5－9　高管团队社会责任取向的企业阶段性差异图（$N=156$）

5.5.8　高管团队社会责任战略导向选择的企业异质性影响及其相关性分析

为检验两个以上母体平均数是否具有显著差异，我们分别针对 5 个反映企业异质性的属性因子（企业规模、成立时间、所有制形式、发展阶段及产业类别）与企业社会责任战略选择两维度（经济绩效导向战略、社会绩效导向战略）分别进行单因素方差分析，并将分析结果整理如表 5－19 所示。

从表 5－19 不难看出，企业异质性的确与其社会责任战略选择存在显著相关性，数据结果显示：

表 5－19　高管团队企业社会责任战略单因素 F 检验值汇总表

企业社会责任战略 \ 企业特质		企业规模（员工人数）	成立时间	所有制形式	发展阶段	产业类别
经济绩效导向战略	均方	4.597	4.325	5.654	7.989	0.360
	F	**3.848****	**3.559****	**4.765*****	**6.852*****	0.278
	显著性	0.001	0.004	0.000	0.000	0.892
社会绩效导向战略	均方	16.480	18.303	14.521	23.392	4.492
	F	**11.125*****	**12.148*****	**9.146*****	**15.684*****	2.475*
	显著性	0.000	0.000	0.000	0.000	0.045

注：*表示 $P<0.05$；**表示 $P<0.01$；***表示 $P<0.001$。

（1）小型企业（员工人数为 50～199 人）的经济绩效导向分值最高，而大型企业（员工人数为 3000～9999 人）的社会绩效导向得分最高，有趣的是，我们发现，小微企业（50 人以下）更加偏向于采用社会绩效导向的社会责任战略，其得分值仅次于人数在 3000～9999 人的这一大型企业组别，是因为员工人数较少，企业更能有效地制定并实施有利于其长远发展的战略决策，还是其他原因，也许需要更深入地加以研究解释。

（2）企业成立时间，其经济绩效导向社会责任分值的基本变化趋势是降低而社会绩效导向分值是增加，当然也有例外，即我们发现企业存续期在 20 年以上的，其社会绩效导向战略选择倾向明显降低，分析原因，可能是企业认为自己已经在社会上树立并巩固了形象，没有必要再投入更多的资源进行社会责任投资，当然还有一种可能，本次问卷中企业成立超过 20 年的企业只有 6 家，由于本组企业数量偏少，研究结果有可能出现系统性偏差。

（3）国有（含国有控股）企业的社会绩效导向责任分值明显高于其他组别，而经济绩效导向责任分值却是所有组别中最低的，经济绩效导向得分值最高的为民营企业，可能与其明确的企业目标及相对激烈的竞争环境有关。

（4）高科技产业企业的更加倾向于采用社会绩效导向的社会责任战略，而其经济绩效导向战略意图不是非常明显，原因可能存在于其对于核心技术的垄断，导致它们面临的市场环境和竞争环境相对良好，关注社会利益、提升企业形象可能比单纯压缩成本、一味追求利润更有助于企业自身的发展。各组的经济绩效导向战略选择从数据上显示并没有显著差异性。

以上数据显示，企业社会责任战略选择与企业异质性（包括企业规模、成立时间、所有制形式、所处发展阶段及所属行业类别）之间确实显著相关，因此，可以得出结论：企业社会责任战略选择受到包括企业规模、成立时间、所有制形式、所处发展阶段以及所属行业类别等企业异质性的影响，即假设3成立。

5.5.9 高管团队社会责任取向与企业社会责任战略选择关系验证

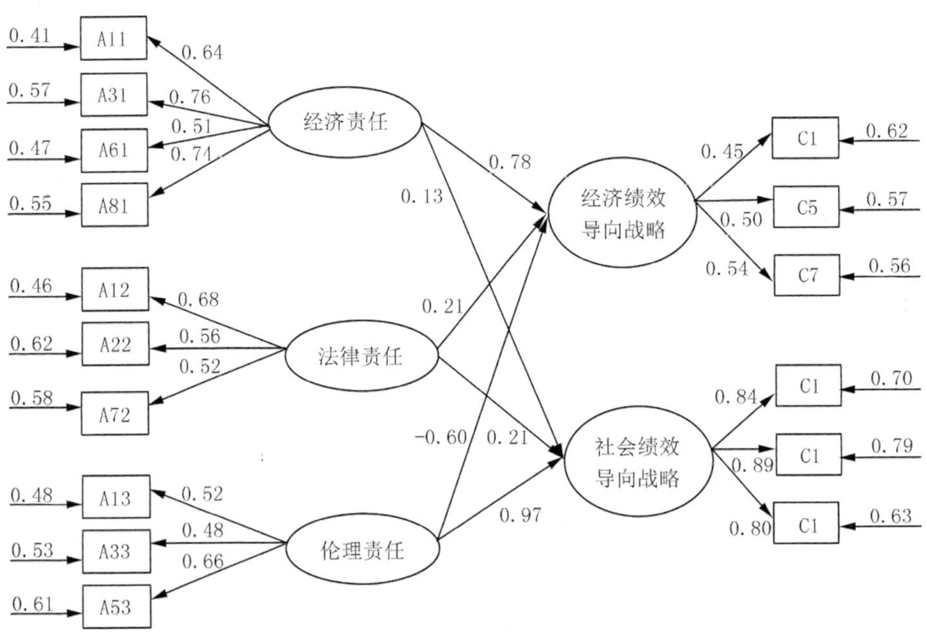

图5－10 高管团队社会责任取向维度与企业社会责任战略选择关系模型（*N*＝156）

表5－20 高管团队社会责任取向与企业社会责任战略导向选择关系模型拟合指数表（*N*＝156）

X^2/df	*RFI*	*NFI*	*IFI*	*TLI*	*CFI*	*RESEA*
1.971	0.833	0.883	0.939	0.910	0.937	0.064

注：*RFI*——增值拟合指数；*NFI*——标准拟合指数；*IFI*——差别拟合指数；*TLI*——非标准拟合指数；*CFI*——比较拟合指数；*RESEA*——根均方差误。

在高管团队社会责任取向维度与企业社会责任战略选择关系模型中，

X^2 与自由度的比值为 1.971，小于 2，*IFI*、*TLI*、*CFI* 等拟合指标均大于 0.90，*RFI*、*NFI* 稍小于 0.90，*RESEA* 值为 0.064，小于 0.08，因此从各项拟合指标值来看，基本达到可接受水平，高管团队社会责任取向维度三因素与战略二因素的关系模型成立。经过拟合，以上各潜变量和显变量之间所有的路径系数均通过显著性检验，潜变量之间的标准路径系数如表5－21 所示。

从表 5－21 不难看出，除了法律责任对经济绩效导向战略之间的关系不显著外，经济责任对社会绩效导向责任路径系数在 0.05 水平显著，经济责任对经济绩效导向战略、法律责任及伦理责任对社会绩效导向战略路径系数在 0.01 水平显著，伦理责任与经济绩效导向战略在 0.001 水平显著负相关，这从实证层面验证了企业高管团队社会责任取向与企业社会责任战略导向选择的相关关系。企业的经济、法律、伦理责任取向能有效引导社会绩效导向战略的选择，但伦理取向与经济绩效责任导向呈负相关，说明企业高管伦理取向越低，越不可能选择经济绩效导向的企业社会责任。

此结论部分验证了假设 3a 和假设 3b 得到了全部验证。

表 5－21　高管团队社会责任取向对企业战略选择的标准路径系数（$N=156$）

路　径	路径系数	*S. E.*	*C. R.*	*P*
经济绩效导向战略←经济责任	0.772**	0.318	3.262	0.001
经济绩效导向战略←法律责任	0.213	0.149	1.161	0.246
经济绩效导向战略←伦理责任	－0.599***	0.603	6.907	***
社会绩效导向战略←经济责任	0.134*	0.138	2.053	0.040
社会绩效导向战略←法律责任	0.214**	0.272	2.766	0.006
社会绩效导向战略←伦理责任	0.968**	0.326	－3.026	0.002

注：* 表示 $P<0.05$；** 表示 $P<0.01$；*** 表示 $P<0.001$（双尾检验）。

5.6　结果分析与讨论

5.6.1　高管团队社会责任取向的维度甄别

对于高管团队社会责任取向维度，本研究提出了两个竞争性的假设，假设 1a 是高管团队 CSRO 四维度模型，其中四维度主要包括经济责任、法律责任、伦理责任和慈善责任，这一假设的提出主要源于西方经典文献的研究；假设1b是高管团队CSRO三维度模型，是根据中国背景的理论研究及笔者企业访谈过程中感知的具体情况提出的，剔除了原有四模型中的慈善维度，统计分析的结果证实了三因素模型的成立。

提出两个假设模型的想法，源于笔者在与相关高管人员的访谈及问卷发放、回收及数据分析中，强烈感受到现阶段中国企业，特别是一些中小民营企业的高管普遍对慈善维度的社会责任比较茫然甚至排斥。虽然近些年来，我国企业在慈善责任的投入在不断加大，甚至很多包括民营企业家在内的企业高管积极参与国际援助，体现了他们社会责任理念的逐步成长和成熟，但不可否认，很多企业从事慈善公益活动多存在被动、盲从、功利的特征，捐赠的驱动力主要来自企业外部，或是为了取悦政府以换取政策支持，或是出于从众心理，或仅仅为了公关宣传甚至商业促销的需要进行捐赠，而非出自企业家的价值取向或源于企业文化的社会表现，较少把企业慈善计划整合到组织发展战略，结合商业行为精心设计并长期坚持，甚至对于慈善责任的理解都非常的片面，似乎慈善就是捐款，其实在这方面，一些优秀的跨国公司提供了良好的思路。比如微软公司投入最多的两个公益项目——“潜力无限”和“携手助学”，旨在帮助边远地区普及“数字化”程度，消除“数字鸿沟”，这与微软公司的整体战略完全一致。而摩托罗拉的旨在回收废弃手机以及配件的“绿箱子环保计划”，与公司一贯支持保护环境、消除污染的良好形象相呼应。

近些年，中国企业社会责任表现也越来越突出，2006年中国企业社会责任调查评选出9家企业获得社会责任专项奖，如上海中凯企业集团的社区和谐奖、民生银行的公益奖、联想控股的教育贡献奖、三一重工的自主创新等，这些企业在社会责任的履践及创新上走在了中国企业的前列，但是在中国目前的现实背景下，企业高管社会责任取向还是会与其企业所处的宏观环境及微观条件所匹配，甚至高管成员的意识形态的提高远跟不上企业物质条件的改善，但是一般而言，企业对于经济、法律责任的高度重视，以及随着社会主义精神文明建设中伦理道德水平的逐步提高，经济责任、法律责任、伦理责任这三个方面的社会责任维度表现明显，这三个维度也包含在Carroll（1979）的四维度社会责任模型之中，因此，就这三个方面而言，中西方企业高管团队社会责任取向存在一定程度的类似。

5.6.2 高管团队社会责任取向的个人异质性差异分析

研究分析结果显示，高管团队社会责任取向部分受到包括性别、年

龄、教育背景、职业背景以及任期等个人异质性的影响。

总体来说，不同年龄层的高管对于经济责任及法律责任的认知并没有明显差异，这与他们的职业目标是一致的，高管成员最基本的职责就是保证企业的生存和发展，即在法律框架范围内追求各项经济目标的实现，这也是高管团队存续的基础。但随着年龄的增长，高管成员开始更加关注企业伦理道德层面的内容，而且他们也越来越意识到，给予员工足够的人文关怀，提高企业诚信与伦理道德水准、自觉遵守社会规范、习俗，也许比单纯追求成本的控制、产量的提高更有利于企业的长远发展，特别是以35岁为界的两个年龄组之间伦理差异明显，人到中年，关注的焦点开始发生变化，从利至义的价值观取向表现愈加明显。教育程度不仅反映了一个人的认知能力与专业技巧，更奠定了一个人价值观形成和发展的基石，特别是伦理维度和慈善维度的社会责任，研究结果显示，高管成员的教育程度与这两个责任维度的得分均值呈现明显的正向相关，但经济责任和法律责任呈现两极分化，教育程度最高的经济责任得分值最高，而教育程度相对最低的一组其法律责任得分值最高，这是否反映了真实的现实，抑或只是样本的巧合，这有待今后的研究加以验证或辩驳。研究还显示，任职期限与高管成员的伦理及慈善维度也呈正相关的关系，Jackie Coyle 和 Shapiro（1993）曾指出，成员任期的延长对于建立团队良好的心灵契约、构建团队成员集体归属感有很大的促进作用，而良好的归属感又能促使他们有更多的精力和更加强烈的主观意愿去自觉地关注社会的和谐。

近10年来，我们国家倡导领导干部年轻化、知识化、专业化，企业高管团队建设也逐步以“三化”为目标并取得实质性的突破，这种趋势将有益于企业社会责任的进一步推动与发展。

5.6.3 高管团队社会责任取向的企业异质性差异分析

研究结果显示，企业社会责任战略选择受到包括企业规模、成立时间、所有制形式、所处发展阶段以及所属行业类别等企业异质性的影响，假设3成立。

国有企业特别是大中型国有企业往往是行业的支柱企业，国有企业的一言一行带来的社会影响通常大于一般企业，如果国有企业的高管层能够积极主动地在保障员工利益、维护消费者权益、保护环境、关注社会弱势群体等方面做出表率，那么其他企业会以国有企业的行为为标杆，模仿和学习，在整个行业形成良好的氛围，带动企业积极主动承担各项社会责任。民营企业特别是中小型民营企业家，他们的价值观与企业的发展有着直接的因果关系。中国的民营企业都是资本人格化，所以在民营企业，尤其作为第一代创业者与守业者，他们的价值观直接体现在企业的各个方面，而且体现得非常清楚，那就是首先要引导企业能够生存下来，因此，对于他们来说，经济绩效导向的社会责任战略意图往往体现得比较明确，依法纳税和提供就业，是最能体现他们社会责任的两大领域，当然也有不少民营企业开始成为社会责任的先驱，这些企业一般经历了企业的创建期及成长期，开始处于企业生命周期中的成熟期，有能力也有意愿承担更多且更高层次的社会责任。这个对于其他性质的企业同样适用，即研究表明，处于成熟期的企业在社会责任践行上普遍好于成长期企业，当然也更甚于创建期及衰退期企业，这其实也与不同生命周期的企业具有不同历史使命这一观点相符。

5.6.4 高管团队社会责任取向与企业社会责任战略选择的关系

企业高管团队成员由于其在企业中特殊的地位以及所享有的绝对权威，其价值取向对于企业文化的构建、企业战略的选择具有相当的决定作用。德国学者霍尔斯特（2001）[166]认为，企业领导者所享有在企业决策中所享有的行为空间越大，权力越大，能调动资源的能力越强，其责任也就越大。波斯特（2005）[167]认为，企业决策者有更多的机会确定包括企业伦理在内的企业文化基调。企业高层所持有的价值观，包括社会责任取向，能为企业其他管理者包括普通员工树立榜样，并潜移默化地影响他们的价值取向形成及改变。

本章实证验证了以上学者的说法，进入我们研究视野的企业高管社会责任取向的三个维度，包括经济责任取向维度和伦理责任取向维度与企业的社会责任战略导向选择存在较为明显的相关关系，法律取向维度与企业的经济绩效取向不相关，说明以经济绩效为导向的企业领导者的法律意识相对薄弱，当然也可能是由我国企业经营的法律环境相对宽松，执法力度不严，对于企业单纯逐利性经营的法律惩戒不严所致。有的企业甚至为了追逐短期经济利益而游走在法律规制的边缘。但高层管理团队的法律取向与企业的社会绩效导向战略具有较强的正相关，这说明一般法律意识较强的企业领导者，自觉追求企业的社会价值的倾向也比较高。经济责任取向较强的领导者，其经济绩效导向战略和社会绩效导向战略的意图同样明确，也就是说，他们有可能明显地采取企业经济绩效导向的社会责任战略，也有可能明显地采取企业社会绩效导向的社会责任战略，这取决于他们是更加关注短期经济利益还是中长期经济利益。伦理责任与企业社会绩

效导向战略之间的关系为正相关而与企业经济绩效导向战略负相关，这似乎很好理解，高管团队的伦理取向越明显，其倡导企业重视社会价值实现的可能性就越大，而对于经济利益，特别是仅限于股东（或企业所有者）短期利益实现的关注就越低。

因此，可以说，由于企业高层管理团队及其成员在企业的特殊地位及影响力，其价值取向，包括社会责任取向会明显地影响到企业社会责任战略的制定和选择，并以此影响到企业的经济发展及社会定位，意义深远。

5.7 本章小结

通过本章的研究结果分析与探讨，我们在高管团队社会责任取向及企业责任战略选择方面取得了一些进展，这些进展具体表现在以下几个方面。

首先，我们在中国这个大背景下提出了企业社会责任战略选择导向的高管团队社会责任取向维度及其影响因素。通过文献的查阅与分析，我们发现，在各种 CSR 定义及维度设定中，Carroll（1979）对于社会责任的金字塔模型受到学术界的普遍认同，Wood（1991）进一步提出，CSR 四种类型都是企业领导者可以操作的领域，而他们对这四大类型社会责任的认知倾向即个人的 CSRO。Aupperle（1982）曾在 Carroll 社会责任四要素的框架内提出了测量 CSRO 的量表，为 CSRO 在实践中的运用提供了思路借鉴，但这些理论及实证测量维度更多地来源于西方企业界的实践及验证，对于是否适合中国的国情及中国企业、企业高管的实际，还是一个值得探讨的问题。本研究结合了 Carroll、Wood 及 Aupperle 等相关领域研究结果，依托访谈、案例及问卷数据分析，结合中国国情有针对性地提出了当前我国企业社会责任战略选择导向下的高管团队社会责任取向的三维度模型，即经济责任维度、法律责任维度和伦理责任维度，这对于企业明确其社会责任战略的内涵有明确的指导意义。

其次，我们从企业高管团队视角出发，系统地提出了企业社会责任战略选择与构建的策略。影响企业社会责任战略选择的因素众多，姜启军（2007）[185]指出，在中国情境下，影响企业社会责任战略选择的主要因素有：①企业家的价值观；②企业规模、经营目标与现实状况；③企业所处发展阶段等。但在企业既定的情况下，企业家的价值观，或者说，企业高管团队成员的社会责任认知取向如何影响企业社会责任的战略制定及选

择，目前来说缺乏相应的实证支撑。本研究中克服以往缺乏高管团队情境下企业社会责任战略选择与构建的研究局限。高管团队在公司的战略决策中起着至关重要的决定性因素，高管团队价值观将在很大程度上决定企业的目标和愿景，并体现在企业社会责任战略选择定位中。企业追求目标从股东利益最大化到企业可持续发展，甚至有的企业以成为“社会公民”为企业终极目标，这反映了企业社会战略选择的不同层次。反之，在企业社会责任战略的实施过程中，高管团队成员不仅是被动服从，更是从企业战略层面上进一步理解社会责任的内涵，自觉将社会责任真正融入到其价值理念之中。甚至可以这么说，只有将社会责任深入深植于高管成员心中，并通过高层管理者的努力纳入到企业文化之中，才有可能真正实施好企业社会责任战略。因此，正确引导高管团队社会责任取向，是构建企业社会责任战略的关键。

最后，明确了将社会责任战略选择作为企业社会责任表现的主要过程的研究思路。晁罡等（2008）[96]在研究企业领导者与组织绩效之间关系时，将企业社会表现作为中介变量进行分析，但企业高管成员的社会责任取向如何影响企业社会责任表现，通过什么途径来影响和决定企业社会责任表现，文中没有提及。21世纪高管团队运作的重要任务是创建愿景和制定战略，如果仍像以往研究一样，单纯以企业社会表现作为高管团队社会责任取向与企业绩效之间的过程变量而不考虑企业社会责任战略在其中可能起到的重要作用，那么研究又会陷入以往“如何提高高管成员社会责任价值认知”的狭隘思路中，无法打破旧有思想禁锢并拓展提高企业社会责任表现水平的新路径。本研究从高管团队社会责任取向视角出发，引入企业社会责任战略这一过程变量，明确了将战略选择过程思路作为上层梯队理论的补充，进而提出企业社会责任战略优化的新思路。

本研究也存在一定局限。

第一个局限是，我们研究的目标是高管团队，因此实证分析建立在团队水平上，尽管个体水平做了478份有效问卷，但最终要将个体水平的数据加总会合团队水平进行研究，本次采样每个高管团队平均有3个团队成员参与，也就是说，478份针对个体的有效问卷实际上只是反映了156个团队的水平，因此，总的团队水平的样本只有156家，数量上的欠缺可能会给研究结论带来一些不确定性，而且本次采样仅来自于湖南、北京和深圳，企业分布区域相对局限，因此，后续的研究有待于采用更加广泛、更具代表性的样本量。

第二个局限是，在企业社会责任战略构建因素中，仅仅从团队水平的角度考虑高管团队社会责任取向，没有将不同价值取向偏好等个体因素纳入研究范畴，今后的研究需要将个体水平和团队水平的因素纳入统一研究体系中，尝试进行跨水平研究的问卷设计和学术研究。

6 高绩效企业高管团队社会责任战略模式演变实证分析

6.1 引言

在明确了企业社会责任战略选择与构建机制后，本书尝试进一步探讨企业在不同生命周期中社会责任战略模式的演变特征。

以往的相关研究更多地集中于企业价值观是如何影响企业社会责任战略选择的，如世界可持续发展工商理事会（WBCSD，2000）认为，以一定的伦理和核心价值观为基础的社会责任战略能给企业更广阔的视野，有助于企业在有意识跟踪社会期望变迁过程中将企业价值与社会价值保持一致。但学者普遍认为，影响企业社会责任战略选择的因素很多，姜启军、贺卫（2005）[161]认为主要取决于以下三个方面：①企业价值观；②企业规模、经营目标和现实状况；③企业所处发展阶段。其中企业的价值观起到了相当的作用，而企业价值观的形成与推广取决于高层管理者的态度与行为发展，企业价值观在很大程度上影响甚至决定了企业追求的目标及方向，企业在整体企业发展战略中选择上对于社会责任定位的不同，会带来企业社会责任战略选择的差异。关于企业社会责任与企业战略之间的关系，Kay（1993）[186]曾指出，谁能从企业成功创造价值中受益取决于三个方面：企业的决策、企业面临的市场结构及企业创造价值的资源，而企业社会责任通过三种方式与企业战略以及战略管理相联系。首先，企业社会责任作为一种战略“投入”，是企业战略选择和实施战略行动的源泉；其次，企业社会责任作为其支持利益相关者的一项活动，能有效改善市场结构；最后，企业社会责任作为一项主要管理职责参与决策，并以社会责任战略形式成为企业发展战略的重要组成部分。

De Wit 和 Meyer 从战略张力的视角提出战略管理相关理论，即企业在战略决策过程中，要选择一种有效的适合企业自身的当前战略来平衡各利

益相关集团的矛盾。对于社会责任战略的选择，可以从企业 CSRO 方面加以考虑，企业 CSRO 可以分为不服从、被动服从、主动承担及积极承担四种方式，前两种方式企业主要以其经济利益为导向，较少考虑社会进步与环境的改善。积极主动承担社会责任是企业社会绩效导向型的表示，它反映了企业对于长远发展的期待及对社会、环境利益的关注。

根据以上文献的分析整理，我们将四种企业 CSRO 与 CSR 战略进行比较分析，如表 6 – 1 所示。

表 6 – 1　　　　四种企业 CSRO 与 CSR 战略的比较分析

CSRO	消极型	反应型	积极型	主动型
企业目标	经济利益最大化	建立了一些环境和社会目标	经济、社会和环境目标作为企业绩效的一部分	经济、社会和环境目标作为企业总体绩效的一部分，并以此推动企业的长远发展
利益趋向	自利行为	自利为主的混合动机	他利为主的混合动机	利他、利己的完美统一
互惠性	单赢	单赢	单赢	双赢
时间趋向	短期利益	中短期利益	中长期利益	长期利益
伦理标准	最低	较低	较高	最高
战略导向	经济绩效导向	经济绩效导向	社会绩效导向	社会绩效导向
战略类型	消极应付战略	反应型战略	超前行为战略	相互影响战略

资料来源：笔者根据相关资料整理改编。

De Wit 和 Meyer 同时指出，企业社会责任和企业经济绩效之间可能存在两种力量：张力或合力，这将直接影响企业社会责任战略的选择与实施，张力作用下将促进企业社会绩效导向 CSRO 及相关战略的产生与发展。企业在不同发展生命周期所感知的外力（张力或合力）是有所不同的。在企业创建期，企业利润最大化成为企业最大甚至唯一目标，企业往往将固有的价值取向和企业利润相关，企业利润和社会绩效导向的社会责任之间存在张力，企业履行社会绩效导向型社会责任可能损害其经济利润，因此企业需要在这两者之间做出选择，而为了生存，企业通常选择消极社会责任战略的结果是显而易见的，但这一阶段企业的经济绩效导向社会责任处

于逐步升高值域，因为这关乎企业的存续。处于成长期的企业可能做出两种选择，一种观点认为，在考虑到企业经济绩效和社会绩效之间的负相关（至少从短期来看，这点似乎成为企业界的共识）的关系下，如何让企业效益最大化。持零和博弈观点的企业认为社会责任对企业成本的增加，是完全不必要的，因此该类多企业采取不服从即消极战略。另一种观点认为，企业经济绩效与社会绩效之间存在某种程度的合力，两种绩效可以同时获得甚至相互促进，这时企业将会自觉承担较高层次的社会责任内容，选择服从或适应型战略，甚至为了长远的发展，暂时牺牲当前部分经济利益，采取超前行为战略。随着企业进入成熟期，企业的规模和实力已达到相当的程度，有更多的能力及更强烈的愿望承担更广泛及更高层次的社会责任，而且处于这一生命周期的企业，将履行各项社会责任看做提高企业核心竞争力的重要手段，企业相互影响战略选择意图日渐明显。

6.2 研究目的

本章重点关注的是企业战略模式的企业发展阶段特征。具体分析在企业高管不同的社会责任取向及企业生命周期中的不同发展阶段，是否存在相对特定的战略模式特征，如果答案是肯定的，那么我们将进一步探究这些模式的典型特征。

本研究从内容上主要包括两个部分：一是运用访谈法研究高绩效企业社会责任战略模式演变的阶段特征，主要是通过面谈、电话及邮件形式获取相关一手资料并进行书面整理，然后采用内容分析技术对书面资料进行整理、分析。由于人脉资源相对有限，访谈企业数量不多，因此采用案例补充的方法，案例大多来自于《企业家看社会责任——2007 中国企业家成长与发展报告》；二是运用问卷研究方法佐证访谈结果。总体而言，本研究主要是运用以上两种方法来揭示和验证高绩效企业社会责任战略模式演变的阶段特征。

6.3 访谈及案例研究

6.3.1 访谈设计

由于企业社会责任模式演变体现在企业不同生命周期的不同表现过程中，对于成立一定年限的企业而言企业所经历的发展过程是一个相对较长

的动态过程，因此简单地通过问卷法截取静态数据及文字内容的方法所得资料难免片面和单薄。而半结构化的访谈法可以在充分发挥受访者的主观能动性，且能通过访问互动及时补充相关材料，这将在一定程度上克服问卷法所带来的静态、片面的弊端，使所获资料更加翔实、丰富和动态。因此我们采用半结构化深度访谈方式收集有关企业社会责任战略模式阶段演变特征原始资料和数据。围绕本次研究的目的，并结合参考案例，本研究设计了两大类问题。

第一类问题设计是围绕了解“企业相关背景情况”而展开的。

（1）公司成立的年限、目前的经营状况和管理业绩（静态）？

（2）公司近几年发展状况（动态）？

（3）公司高管人员的初始组成情况及变动情况？

第二类问题是关于“企业社会责任战略”问题，由于企业社会责任战略涉及一些企业的机密，而且本身由于是高管团队成员的主观判断，这在访谈中较为敏感，为避免访谈中容易发生的称许性，本研究的访谈尽量设计的是一些能客观反映企业社会责任现状的问题（如答案是或否？具体数据？）：如果实在避不开主观判断，也请受访者尽量用一些具体的行为指标或客观事例来表达，具体包括：

（1）社会上有一种观点，认为只要企业能够为社会创造价值，为股东创造价值，同时不损害别人的利益，只要这三点做得好，就是一个合格的企业，请问你们企业是否赞同这种观点？或者是否有不同的价值观或企业文化，请简要谈谈。

（2）企业在不同发展阶段是否关注的重点有所不同？请回顾一下你们企业在不同阶段都承担了哪些社会责任？有何变化？

（3）企业每年的捐助和慈善数额大约占到企业利润的多大比例？有为突发性的公益事业做出常规性的预算吗？

（4）在社会责任方面，你们公司有些什么实践？有什么体会？

（5）你们企业在行业发展中有什么令您感到自豪的贡献吗？能举例说明吗？

6.3.2 访谈实施

本研究访谈部分主要在长沙、北京、深圳三地取样。由于高管成员公务繁忙，加之本研究议题具有相对的敏感性，因此访谈企业数量有限。在长沙的访谈是通过某国有银行信贷客户经理引荐，主要以面谈的形式，在湖南富基置业、长沙睿哲造价咨询有限公司等 6 家企业展开，北京是通过朋友介绍，重点访谈了北京闻达敏斯物业服务有限公司等 4 家企业，深圳是通过笔者学生实习单位联系，访谈了深圳招商集团公司等 2 家企业，北京、深圳公司的访谈以电话及邮件方式展开。为补充访谈数量的不足，本研究以《企业家看社会责任——2007 中国企业家成长与发展报告》书中的相关案例进行了适当补充。

6.3.3 访谈及案例材料分析

6.3.3.1 访谈及案例材料分析方法

本研究采用内容分析方法对从访谈及相关案例中所获取的资料进行分析。Bos 和 Tarnai（1999）[187] 阐述，内容分析（Content Analysis）是一种分析定性文本内容的工具。文本是特定内容分析的特定对象，它包括来源于报纸杂志上刊登的相关文章、案例等。Kromrey（1998）[188] 进一步说明，内容分析是针对这些内容，根据信息加工过程中的内在主观的综合规则进行系统化的过程。

内容分析的基本程序包括两种，一是解读式内容分析（Hermeneutic - interpretative Content Analysis）；二是实证式内容分析（Empirical - explanatory Content Analysis）。解读式内容分析必须建立在对文本内容的充分理解之上（Bos 和 Tarnai，1999），Dilthey（1979）[189] 提出，这种理解不仅局限于对一般要素和基本事实的理解和解释，更要上升到在更高层面综合解释事务反映的背景和意义，但其本质是一种质化分析。实证式内容分析的典型分析技术是频次分析，包括对“单个词语或符号”“关键词”及至“某个项目”的分析，Bos 和 Tarnai（1999）、Berelson（1959）在此基础上又增加了“空间和时间的测量”，构筑了三维立体分析法。

不少研究学者们对于传统的内容分析方法表示质疑，首先他们认为解读式的内容分析方法是建立在对主观内容的分析之上，由于个体主观感受的差异，其传递的是主观独裁的印象，其可信度值得怀疑（Berelson，1952）。Fuhlau（1982）[190] 认为对于实证式的内容分析，似乎也存在某些先天不足，因为实证式的内容分析局限于某些特定部分的内容，过于片面及显化。

为缓和学者们的质疑，最近一些年来，普遍采用的是混合内容分析法，即把内容分析在内的定性分析方法（Qualitative Methods of Analysis）（对所得信息进行质化的描述性的分析与描述）和定量分析（Quantifying Content Analysis）（对所得信息进行频次、趋势分析）方法融合在一起，以计算机运用的多样性解决解读说明内容分析和实证解释内容分析的边界。[191]

在管理领域的研究中，内容分析法是一种对访谈材料进行有效分析的研究工具。以往学者在此领域有过成功的范例，如 Marrino、Castaldi 和 Dollinger（1989）[192]运用内容分析法将对创业企业的“初始公共支出”访谈内容运用于创业研究，Chan、Lau 和 Man（1997）[193]对访谈材料中的关键事件加以归纳分析，并通过内容分析法推测香港小企业的个性特征等。

由于以往研究中缺乏针对企业不同发展阶段的社会责任战略变化模式的分析，因此本研究试图通过内容分析技术从访谈及案例中离析出有关不同企业发展过程中社会责任战略变化的特征。由于本书研究的主要目的旨在了解企业社会责任战略的跨阶段特点，由于以往文献没有相关支撑的研究证据，因此内容分析程序可以作为提出最初假设前的试测[194]，从而有助于获得企业社会责任战略演变的阶段特征假设。

本研究中首先根据具体的研究构想，开发了易于量化的分析编码表，在收集了 12 家访谈企业及 10 家来源于中国企业家调查系统编著的案例背景资料后，从整理出的书面资料中离析出有关企业社会责任战略的关键事件，并以句子作为最小分析单元进行定量编码归类，最后按照企业社会不同发展阶段进行分类，分别计算并记录下与之匹配的社会责任战略模式特征及企业绩效的分类数据。

例如，以下是长沙睿哲造价咨询有限公司的简要版的访谈资料。

公司成立快 5 年了，其实在正式注册成立之前就一直有接业务，但因为当时业务量很小，有一单没一单的，所以就是张总和我召集两三个人在做，后来因为我们跟政府相关部门建立了比较好的合作关系，业务量有所扩大，单打独斗已经适应不了形势的变化，因此，张总和我就干脆成立了睿哲造价咨询有限公司，最近几年业务一直呈良好发展势头。

我们公司规模不大，固定员工不到 20 人，有时接到比较急的大项目，就到其他事务所抽调几名技术人员来我公司，这种现象在我们这个行业非常普遍，因为造价人工成本普遍上涨，而业务量并不一定非常稳定，为节约成本，我们很多事务所都采用这种方式，相互关照，资源共享。公司高层就我和张总，我们很早就认识了，现在我们配合得非常默契，他管外联，我管内务和技术。公司成立之初，我们均分股份，后来为了激励技术骨干，我们退出了部分股份，现在拥有公司股份的共有 5 人（包括我们在内），其余 3 名是公司技术骨干。

公司成立几年来，无论从业务量还是经营收入、税后利润来说，一直呈现增长势头，特别是去年（2010 年），税后利润增长超过 50%，当然随着公司收入利润的增长，我们员工的待遇增长今年普遍高于公司利润增长率，去年公司个别技术骨干的年收入将近30万元，一般工程技术人员也在10万元以上，当然这跟公司的业绩以及个人的业绩是紧密挂钩的，如果哪一天公司的业绩不行了，那就只好缩减开支，遣散员工，但愿永远不会有这一天吧（笑）。而且去年我们也搬到新办公楼了，新办公楼是我和张总买的一层写字楼，然后花了100多万元装修，中央空调啊茶室啊厨房应有尽有，中餐是请了一个阿姨，所有员工免费中餐。可以说，员工充分享受到了公司利润增长的成果，因为本身公司业绩也要靠他们来实现，光是拉到业务还不够，只有做好每一个项目，公司才有可能持续发展，我们都是辞去公职出来的，为的是做一番事业而不是赚点钱就撤，何况公司近一半的员工，特别是老员工都是我们的同学、朋友，为了他们，我们也要想办法将公司经营好。

公司成立以来，我们的主要精力是放在寻找市场机会和扩大业务方面，其他社会责任？纳税还是捐款？纳税我们是定税制，税没少交一分（笑），捐款？总有些政府部门找到我们，强行摊派，就我个人而言，我有点反感这些事情，企业交税是干吗用的？我们国家的税收年年攀升，都用在哪里了？我们希望财政支出能有一定的透明度，毕竟我们企业赚钱很不容易，别看我们现在业务做得还不错，但我们感到压力非常大，特别是房地产调控会对我们的业务产生一些后滞负效应，所以，如履薄冰这四个字用在我们企业身上一点不为过，居安思危，所以我总觉得，社会责任应该有个边界，像你刚才说到的慈善责任，企业可以做，但要自愿，要有度，我认为这部分责任应该主要由政府承担，救济穷人、发展公益事业本来就应该在政府身上，毕竟纳税的意义之一就是赋予政府承担这些责任，如果将企业社会责任无限扩大，那就是故意混淆边界，那么企业的社会责任就和政府的社会责任混为一谈了，我认为这是政府的无为，也会分散企业的精力和资源，对企业不公。

以下文字析取自中国企业家调查系统秘书长李兰对北京金源化学集团总裁张和平的访谈案例。

金源化学是成立于1993年的民营高科技企业，拥有自营进出口权资质，致力于精细化学品的研发、生产和国内外贸易及医药研发的专业性发展的企业。我们的战略目标是：将逐步形成集研发、生产、销售为一体的，经营国际化，立足国内，拓展国际，在精细化工和医药领域专业化发展的集团公司。

就业和纳税应该还谈不上是社会责任吧，这是企业的正常行为，就像一个人要喝水吃饭一样，企业的社会责任应该不限于此吧。我觉得，企业承担社会责任与企业的规模及其阶段性有关。从企业规模来说，企业刚刚起步时，大多数自顾不暇，顾不上企业以外的事情，当它发展到一定规模或一定程度的时候，才有时间、精力和能力去承担更多的社会责任，当然，有能力并不意味着有意愿，这个还跟企业的文化有关，中国企业不太愿意承担社会责任与中国文化有关，中国文化中固有的自私特点，再加上企业面临着激烈的竞争环境，使得企业生存艰难，愿意奉献的就更少了。

“IN AND FOR GOOD CHEMISTRY”是我们公司的核心理念，其中含有强烈的社会责任感。我们将这一理念制成镜框，挂在每一个会议室、每一份宣传资料及每一张员工名片上，以激励公司员工，同时也向社会证明我们的决心和意愿。

我们公司注重人才的引进和培养，公司 200 名员工中，硕士及以上学历的就超过 60 名，人才是企业发展的根本战略，我们企业不但重视员工职业技能及职业素养提升，更注重他们社会责任感的培养……

化学行业污染比较严重，工艺方法的改进不仅能减少生产过程中污染物的产生与排放，同时也能降低企业成本，另外产品的创新不仅能节能减排，也能促进企业的发展。比如我们研发的煤燃烧催化剂，既能节约煤炭的使用，同时也可以使二氧化硫的排放量大大降低，既节省了能源，降低了环境污染，也节约了成本，我们企业的效益在同行业中一直相当不错。所以我认为承担社会责任和企业发展是不矛盾的，是可以兼顾和平衡好两者之间的关系的。

我认为企业发展到一定程度或一定规模时，就应该有能力且有义务承担一些社会责任，这不但不会影响企业的利益，处理得当的话，反而能推动企业的跨越式发展，因为企业在生产经营过程中，不仅是生产产品（或服务），更是在创造企业品牌，创造企业价值，有了品牌效应，企业的信用就会得到提升，企业价值更会得到快速扩张。我们公司在行业内是有名的高价公司，我们从不依靠降价来争夺市场份额，因为我们是按照价值法来做事，考虑的是怎样为客户创造价值而不仅仅是节约成本，通过帮助他们实现企业创新、产品及技术创新，推动他们的下游产业链的延伸来为客户提升价值。现在我们公司具有较高知名度，比如在化工行业里面，一听是金源的产品大家就很放心，不会纠结微小的价格差异，而面对我们的上游企业，当我们需要采购原材料时，对方也会给予我们更长的账期。这就是我们勇于承担社会责任，友善各方利益相关方的回报。

针对上述访谈及案例资料，我们以句子作为分析单元，根据先前预设的分析内容如企业所处发展阶段、企业社会责任战略特征及公司业绩等编码表，加以详细分类具体编码，全面捕捉企业社会责任战略模式的发展阶段特征信息。以往运用内容分析技术的研究大多采用 2 人或 2 人以上的编码方案（Kolbe 和 Burnett，1991），本研究由于人手所限，仅采用 2 人编码，但为了保障编码的准确性，在编码人员选择上注重其管理学学历背景，并在编码之前对他们进行了培训，为使编码方案能更加清晰与全面，我们首先进行了预编码，在预编码的基础上进行修订完善，最后形成正式编码。

6.3.3.2 编码表构建

本研究中的编码内容涉及企业所处发展阶段、企业社会责任战略特征及企业绩效三部分内容。

企业发展阶段编码表，如表 6－2 所示。

表 6－2　　企业发展阶段编码表

<table>
<tr><td colspan="2">1. 企业成立年限　（　）（1）1 年左右（2）2～5 年（3）5 年以上</td></tr>
<tr><td colspan="2">2. 企业近几年发展状况（　）（1）没有变化（2）增长缓慢（3）增长急速（4）有所下降</td></tr>
<tr><td rowspan="4">3. 企业所处发展阶段</td><td>创建期：1（1）+2（1）　1（1）+2（2）　1（1）+2（4）　1（2）+2（1）</td></tr>
<tr><td>成长期：1（1）+2（3）　1（2）+2（2）　1（2）+2（4）</td></tr>
<tr><td>成熟期：1（2）+2（3）　1（3）+2（2）　1（3）+2（3）</td></tr>
<tr><td>衰退期：1（3）+2（1）　1（3）+2（4）</td></tr>
</table>

关于企业生命周期发展阶段的确定，主要是根据企业的成立年限、规模及企业近几年的发展状况三个方面来确定的。本研究的操作定义是企业成立 1 年左右的，基本划归为创建期，成立 2～5 年以内，业绩处于持平或增长缓慢的，以及虽然成立时间较短（1 年左右），但业绩增长较快的，划

归为成长期。企业成立时间虽不是很长，但业绩增长急剧，或成立时间在5年以上且有所增长的，我们界定此时企业处于成熟期，但如果企业业绩长期没有变化甚至有所下降，那么企业开始进入到衰退期。

企业高管团队社会责任战略选择编码表，如表6－3所示。

表6－3　企业高管团队社会责任战略选择编码表

1. 经济绩效导向型战略	（ ）（1）高（2）低
2. 社会绩效导向型战略	（ ）（1）高（2）低
3. 企业社会责任战略	消极应对战略：1（2）+2（2）
	积极反应战略：1（1）+2（2）
	超前行为战略：1（2）+2（1）
	相互影响战略：1（1）+2（1）

企业社会责任战略编码表的设计，基于以往的研究，将企业社会责任战略分为经济绩效导向和社会绩效导向两个基本类别，两者高低水平的组合就会构成低社会绩效导向、低经济绩效导向战略；低社会绩效导向、高经济绩效导向战略；高社会绩效导向、低经济绩效导向战略；高社会绩效导向战略、高经济绩效导向战略四种类别。分别是消极应付战略、积极反应战略、超前行为战略和相互影响战略。

企业绩效编码表，如表6－4所示。

表6－4　企业绩效编码表

1. 2010年企业利润绩效（同行业横向比较）	（ ）（1）较差（2）一般（3）较好
2. 近三年企业成长绩效（企业自身纵向比较）	（ ）（1）较差（2）一般（3）较好
3. 企业管理绩效	（ ）（1）较差（2）一般（3）较好
企业绩效	较差：1、2、3题中有2题或2题以上的较差
	一般：1、2、3题中有2题或2题以上的一般，或3题中同时有较差、一般及较好
	较好：1、2、3题中有2题或2题以上的较好

关于企业绩效，我们根据访谈研究所涉及的当前利润绩效（同行业静态横向比较）、近几年企业成长绩效（企业自身动态纵向比较）及企业管理绩效三个方面评价企业业绩的高低。如果上述三个方面的评价有两个或两个以上较差的，就划归为低绩效公司，如果有两个甚至两个以上评价为较好，就属于高绩效公司，其余情况属于绩效一般。

6.3.3.3 内容分析结果

1. 内容分析结果信度和效度检验

研究中可以采用编码者间的一致性来反映内容分析的信度（王重鸣，1998）。企业所处发展阶段、企业社会责任战略特征及企业绩效编码者一致性系数具体如表6－5所示。从表6－5中可以看出，各项目编码者一致性系数都在0.9以上，这说明本研究的内容分析可信度较高。在内容分析的效度上，本研究中各编码表的设计源于对以往的文献的理解及调研访谈的启示等。类别形成是内容分析的核心问题（Pool，1959；[195] Rust，1980），类别形成首先产生于相关理论，理论导向的内容分析构建了内容分析的假设形成，而Bos和Tarnai（1999）[187]提出，正是这些组成了类别分析的核心，这样从源头上保证了内容分析是建立在可靠的理论基础之上。其次，编码人员是曾有企业管理经验的管理学博士生，且在编码过程前受到相关培训，因此本研究的内容分析效度较高。

表6－5　企业所处发展阶段、企业社会责任战略特征及企业绩效编码者一致性系数

要素		编码者一致性系数
企业所处发展阶段界定要素	1. 企业成立年限	1.00
	2. 企业发展状况	0.91
企业社会责任战略要素	1. 市场责任导向战略	0.90
	2. 社会责任导向战略	0.92
企业绩效要素	1. 利润绩效	0.98
	2. 成长绩效	0.94
	3. 管理绩效	0.92

2. 内容分析描述性统计分析结果

表6－6显示，在所调研的19家企业中（包括直接调研即访谈的12家企业和间接调研即案例分析的7家企业），企业处于发展生命周期中的成

长期和成熟期占了绝大多数，分别为31.58%和42.10%，也有少数企业处于创建期和衰退期，占比分别为15.79%和10.53%。在企业绩效上，较好占绝大多数，为63.16%，较差和一般分别占比为21.05%和15.79%。

表6－6　企业所处发展阶段和企业绩效的编码频次分析（*N*＝19）

项目要素	类别	频次	百分比（%）	项目要素	类别	频次	百分比（%）
企业所处发展阶段	创建期	3	15.79	企业绩效	较差	4	21.05
	成长期	6	31.58		一般	3	15.79
	成熟期	8	42.10		较好	12	63.16
	衰退期	2	10.53				

从表6－7可以看出，受访企业中采取积极反应型战略的频次最高，占总数的42.10%，相互影响型紧随其后，占比为31.58%，超前行为战略和消极应对战略出现的频次最低，分别为15.79%和10.53%。

表6－7　企业现阶段社会责任战略编码频次分析（*N*＝19）

企业社会责任战略模式	频次	百分比（%）
消极应对战略	2	10.53
积极反应战略	8	42.10
超前行为战略	3	15.79
相互影响战略	6	31.58

从表6－8可以看出，在现阶段，处于创建期的高绩效企业有1家，采用的是积极反应战略，而创建期的低绩效企业采用的是消极应对战略；成长期的企业大多绩效较好，分别采用积极反应战略（2家），超前反应战略和相互影响战略（各1家），处于成长期的低绩效企业共有2家，1家虽举步维艰，但仍能积极对待社会责任特别是经济绩效导向型的社会责任，另一家恐怕萌生退意，对所有社会责任都采取消极应对的态度和策略；来自案例中的企业大多处于成熟高绩效企业，从文书分析不难看出，绝大多数采用超前行为战略和相互影响战略，采用积极反应战略的1家源自访谈企业，该企业表示企业虽已进入成熟期，近几年经营业绩也不错，但市场竞争激烈，面临的市场压力越来越大，保持业绩的稳定，防止企业步入衰退是企业工作的重点，因此企业对于经济绩效导向的社会责任远重于社会绩效责任导向的社会责任，经过分析，我们认为该企业采用的是积极反应战

略。处于成熟期的低绩效企业仍采用积极反应战略，希望捕捉市场机会，获得企业重新发展的良机。处于衰退期共有 2 家企业，一家绩效较好，另一家绩效较差，绩效较好的企业由于受行业及市场发展的影响，企业面临结构调整及产品升级换代的巨大压力，但企业仍然采用相互影响战略，试图通过积极承担社会责任事务给企业带来战略性收益，逆转企业发展的颓势，而绩效较差的企业则采取的是消极应对战略。

表 6－8　企业现阶段社会责任战略模式特征归类频次表

项　目		创建期	成长期	成熟期	衰退期
高绩效企业	消极应对战略				
	积极反应战略	1	2	1	
	超前行为战略		1	2	
	相互影响战略		1	3	
低绩效企业	消极应对战略	1	1		1
	积极反应战略		1	1	
	超前行为战略				
	相互影响战略				

同时，我们在访谈及案例分析中，特别针对已经发展到一定阶段，如成熟期或衰退期的企业，我们追溯企业在整个生命周期中的高管团队社会责任取向以及企业责任战略的变化趋势，这样针对单个企业，就有了一个纵向的直观的了解，同时对这些信息采用频次统计，统计结果如表 6－9 所示。

表 6－9　企业多阶段社会责任战略模式特征归类频次表

项　目		创建期	成长期	成熟期	衰退期
高绩效企业	消极应对战略	2			
	积极反应战略	5	4	2	
	超前行为战略	1	2	2	
	相互影响战略		1	4	1
低绩效企业	消极应对战略	3			1
	积极反应战略		3	1	
	超前行为战略				
	相互影响战略				

表6－9是根据每一家受访企业曾经历的各个阶段的情况进行编码，举例来说，如果目前该企业处于成熟期，那么我们针对它目前所处的成熟期的情况进行编码，同时根据访谈内容或从案例中析取相关内容对其经历的创建期、成长期的责任战略进行编码。同样，对于处于衰退期的企业也是针对追溯的信息对其整个生命周期过程中社会责任战略变化的再编码。频次分析的结果如表6－9所示，从中不难看出，处于创建期的高绩效企业多采用积极反应战略，成长期也是如此，进入到成熟期，更多的高绩效企业更为重视企业的长远发展，并更加深刻体会到企业发展与社会发展的内在辩证关系，转而采用相互影响战略或超前行为战略，衰退期的高绩效企业积极采用相互影响的社会责任战略，试图借社会各方力量逆转困境，开创新的发展空间。

6.3.4　访谈研究小结

1. 企业在不同的发展阶段存在不同的社会责任战略模式

根据企业经济绩效导向责任和社会绩效导向责任的高低水平不同组合，可以得到四种不同的社会责任战略模式，低经济绩效导向责任和低社会绩效导向责任的组合，我们称之为消极应对社会责任战略；高经济绩效导向责任和低社会绩效导向责任的组合，我们称之为积极反应社会责任战略；低经济绩效导向责任和高社会绩效导向责任的组合，我们称之为超前行为社会责任战略；高经济绩效导向责任和高社会绩效导向责任的组合，我们称之为相互影响社会责任战略。如图6－1所示。

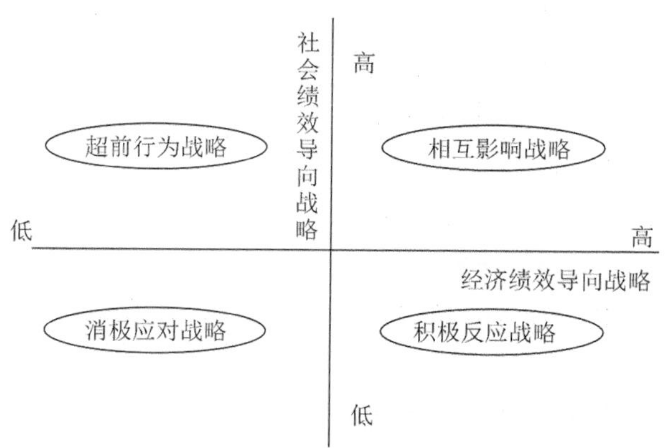

图6－1　企业社会责任战略的模式演变

2. 企业社会责任战略演变的阶段特征

从访谈和案例内容分析结果可以得出初步结论，高绩效企业在创建期

主要的社会责任战略模式为消极应对和积极反应责任战略，成长期的主要的社会责任战略模式以积极反应为主，少数采用超前行为甚至相互影响战略，高绩效成熟期企业大多采用相互影响责任模式，也有采用积极反应及超前行为战略模式的，衰退期企业为了扭转企业不景气状况，有可能采用相互影响战略，充分利用社会资源，争取进入新一轮生命发展周期。

6.4 问卷佐证研究

6.4.1 研究目的

尽管在研究过程中我们针对12家企业（其中长沙6家、北京4家、深圳2家）进行了访谈，并采用内容分析技术对访谈及所收集的典型案例资料进行了半结构化的分析，明确了企业社会责任战略模式的阶段特征，但是由于访谈研究受时间及人脉所限，无法进行大样本采样，而样本的局限性会影响研究的外部效度，因此大规模的问卷采样能够在一定程度上弥补访谈研究的缺陷[196]。为了消除外部效度不佳的影响，本研究通过问卷数据的收集来补充访谈资料的不足。因为单纯通过问卷横切面无法细致地反映企业社会责任战略演变的全部信息，因此本研究在访谈和案例分析的基础上，通过问卷佐证企业社会责任战略模式的阶段特征。

6.4.2 研究假设

6.4.2.1 企业社会责任战略的阶段差异特征

企业社会责任作为一种投入，已引起多方关注。Carroll 和 Hoy (1984)[197]强调社会政策对企业创造价值的重要性，认为不应把社会责任作为企业环境多余的因素。Atkinson、Waterhouse 和 Wells （1997）[154]根据企业目标的层次性，重新定义了企业战略计划，并区分了利益相关者的不同诉求；对于企业社会责任作为一项支持性行为，Preece、Fleisher 和 Toccacelli （1995）[155]利用价值链研究在有支持的环境下企业社会责任战略的演变。Owen 和 Scherer （1993）[157]的研究表明，企业社会责任行为对企业竞争优势将会产生影响。

De Wit 和 Meyer 认为，可以从两个维度来考察企业社会责任战略选择的不同类型：一是企业对社会责任问题的态度；二是企业社会责任和企业绩效的力量性质，张力还是合力。这两个维度其实都与企业所处发展阶段相关。

因此提出假设：

假设5a：企业经济绩效导向社会责任战略在不同发展阶段存在明显差异。

假设5b：企业社会绩效导向社会责任战略在不同发展阶段存在明显差异。

6.4.2.2 企业社会责任战略模式的阶段演变特征假设

De Wit和Meyer在《战略——过程、内容、环境》一书中提到战略张力。张力其实并不是一种选择，而仅仅是一种过程，是组织必须发现一种有效的适合当前战略的不断平衡的过程。在企业进行战略选择时，企业各利益相关团体的利益之间并非一致，而是存在种种矛盾，因此不可能产生一种能满足所有利益集团的完美战略，因此企业在进行战略思考和规划时，更多的是如何平衡各方利益。

企业生命周期理论认为，企业创立后有一个创立期、成长期、成熟期及衰退期，不是每个企业都必将依次经历这四个周期，但对于绝大部分企业来说，生命周期理论是合理存在的。对于处于不同生命周期的企业，其社会责任战略也会产生相应的变化，这与企业本身的发展现状和发展目标是密切相关的。

在企业创建初期，企业利润最大化可能成为企业的最大甚至唯一的目标，企业利润和社会绩效导向型社会责任之间存在一定程度的张力，而且在经济活动中，并非所有的漠视甚至无视社会利益的企业行为都会受到惩罚，相反，企业不履行社会责任的行为有时能得到回报，在这种情况下，企业需要在企业利润和社会责任之间做出选择。这时很可能出现两种分化，一种观点是，在零和博弈观念的引导下，认为承担社会责任会损害企业利益，因此企业盲目追求自身经济利益而忽视社会公众利益；另一种观点是，企业创建的目的是为了发展，企业至少应从经济角度对企业的发展负责，经济绩效导向的社会责任是其存续的基础，企业对社会和生态的持续发展维持在较低水平。因此提出：

假设6a：高绩效企业在创建期，主要采用积极反应的社会责任战略，但也有可能采用消极应对战略。

企业进入成长期，各方面的经济实力日益增强，企业可供利用的各项资源也日益丰富，企业愿意履行社会责任，但前提是不能危及企业的生存和发展，也就是说，受到利益期望的限制，企业利润必须达到一个令人满意（或可以接受）的水平，以确保企业能持续健康发展。

在利润满意的前提下，企业持积极反应战略观点比消极应对更能保持社会和生态的持续性。或者说，在期望利润达到的前提下，即便缺乏社会压力，企业也会积极考虑对利益各方的影响，将企业的内在价值与社会责任联系在一起。但是对于利润满意（或可以接受）的标准，不同的企业有着各自不同的评判标准，有的追求短期利润的不断提高，那可接受的最低利润水平对企业履行社会绩效导向型的社会责任留有的余地相对较小，企业更加关注经济绩效导向型的社会责任。如果企业降低对于利润（特别是短期利润）满意的标准，而更加关注社会、生态与企业持续经营之间的辩证关系，那么，企业采取超前行为战略也是完全有可能的。因此提出：

假设6b：高绩效企业在成长期，主要采用积极反应和超前行为的社会责任战略。

当企业社会绩效追求与企业经济绩效之间存在合力时，企业会自觉将社会责任纳入企业经营目标之中，在企业利润和企业社会责任之间寻求最优的平衡点，以全面承担社会责任来促进企业的更大发展，甚至牺牲部分短期经济利益换取企业的持续经营或长远发展。

企业在发展到一定的阶段，当它不再为生存而困惑，并且甚至经过了高速成长期，进入一个相对稳定的发展时期，怎样获得新的更加长远的发展，是摆在这些企业面前的一个重要课题。处于成熟期的高绩效企业，更有可能不把社会责任看做是一种压力，而将其视为一种社会投资，它们相信，有投入就会有回报，企业的发展离不开社会的进步，企业的发展与社会的发展应该是相互影响的辩证关系。因此提出：

假设6c：高绩效企业在成熟期，主要采用超前行为和相互影响的社会责任战略。

衰退期的企业面临选择，是调动一切可以利用的资源，摆脱困境，试图进入到一个新的生命周期，还是放弃，退出市场？这是一个两难抉择，更多地要依赖于宏观经济背景、行业发展现状、企业现有的能力等因素来决定。高绩效的企业也许受行业衰退等外界因素的影响，暂时进入发展停滞不前甚至后退的局面，但企业本身的实力依然不减，在整个行业不景气的情况下，如果单个企业能在社会责任表现上独善其身，其产品和服务很有可能因此获得较大的市场份额，为企业带来战略性的收益，而战略性的经济收益进而又将增强企业承担更多社会责任的意愿和能力，对企业的长远财务状况起到积极的促进作用，实现企业与社会的良性循环。当然，也有企业出于对行业前景的悲观，放弃一切努力，采用消极应对的社会责任战略。因此提出：

假设 6d：高绩效企业在衰退期，主要采用相互影响的社会责任战略，但也有可能采用消极应对战略。

6.4.3 样本

本研究的主要样本在北京、深圳和湖南省的 201 家企业中采样，共回收 175 家企业的 516 份问卷，剔除无效问卷后，有效问卷为 156 家企业的 478 份问卷。绝大部分参与问卷填写的人都是副总以上职务，少部分为主管财务、营销等关键部门的部门经理或总监。

6.4.4 测量

本研究中的战略量表主要选用辛杰（2009）[182]的企业社会责任问卷基于企业行为认识及企业战略角度开发出来的问卷改编而成，包括经济绩效导向 CSR 战略和社会绩效导向 CSR 导向战略两个方面，经济绩效导向 CSR 战略包括“利润最大化是企业的根本目标”，“成本和利润是考察是否履行社会责任的最重要标准，所以我们承担社会责任首先考虑成本这一要素”，“履行社会责任是为了赚钱，少赚钱我们绝对不干”3 个项目，社会绩效导向 CSR 导向战略包括“我们企业一直是企业社会责任的先导者，在没有被要求之前就采取企业社会责任行动”，“我们愿意多花些精力来关注整个社会的发展”，“我们把履行社会责任作为提升企业核心竞争力的一种手段”3 个项目，一共 6 个项目，7 点量表。

6.4.5 数据分析

我们使用 35 百分位和 65 百分位的数值对数据进行区分，将绩效平均数进行从高分到低分的顺序排序，高于 65 百分位值的样本为高绩效企业，低于 35 百分位值的样本为低绩效企，其余样本为中等绩效企业。从表 6 - 10 中我们不难看出，研究的总样本中有 76 家属于高绩效企业，占比为 48.72%，56 家属于中等绩效企业，占比为 35.90%，24 家属于低绩效企业，占比为 15.38%。本研究主要对高绩效企业进行社会责任战略模式演变的阶段性差异分析。

表 6 - 10　　高、中、低绩效企业频次分析表（$N=156$）

绩效类别	企业数量（家）	占比（%）
高绩效	76	48.72
中等绩效	56	35.90
低绩效	24	15.38
总数	156	100.00

表6－11是高绩效企业经济绩效导向战略和社会绩效导向战略在企业发展生命周期中的四个阶段的样本分布、均值和标准差。从表6－11中不难看出，在企业创建期，经济绩效导向战略的均值高于社会绩效导向战略，在成长期也是如此，而且两个均值较之创建期具有较大幅度的提高，在成熟期，企业社会绩效导向战略得分均值显著提高，而经济绩效导向战略均值有较大幅度的下降。企业进入衰退期后，经济绩效导向及社会绩效导向战略得分均值普遍回落至成长期以下。综合而言，经济绩效导向战略得分值在企业成长期达到一个高峰值，然后逐步下降至最低，而社会绩效导向战略得分值在成熟期到达顶点，而后回落，但衰退期的回落分值仍较创建期高。

表6－11　高绩效企业不同发展阶段社会责任战略描述性检验（$N=76$）

发展阶段（相关数据）		经济绩效导向战略	社会绩效导向战略
创建期（$N=9$）	均值	4.476	4.009
	样本数	9	9
	标准差	0.691	0.629
成长期（$N=26$）	均值	5.117	4.737
	N	26	26
	标准差	1.22	0.987
成熟期（$N=33$）	均值	4.148	5.714
	N	33	33
	标准差	0.854	0.956
衰退期（$N=8$）	均值	3.988	4.717
	N	8	8
	标准差	0.981	0.714
总计	均值	4.496	5.077
	N	76	76
	标准差	1.084	1.084

在组间比较（LSD检验）中，对于处于不同生命周期发展阶段（其中1代表创建期，2代表成长期，3代表成熟期，4代表衰退期），由社会责任战略企业发展阶段方差分析结果（如表6－12所示）可以看出，经济绩

效导向战略和社会绩效导向战略在企业生命周期的不同发展阶段有明显的差异，经济绩效导向战略的 F 值为 8.250，显著性水平为 0.000，社会绩效导向战略的 F 值为 16.493，显著性水平为 0.000。组间比较显示从创建期到成长期，经济绩效导向得分值显著提高，然后逐渐回落，至衰退期降至最低。社会绩效导向从创建期到成长期逐渐增强，至成熟期到达峰值，随着成熟期往衰退期发展，社会绩效导向趋势明显减弱，但此时仍较创建期得分值高。

表 6－12　　　高绩效企业社会责任战略企业发展阶段方差分析

CSR 战略导向	平方和	*Df*	均方	*F*	*Sig.*	组间比较
经济绩效导向	24.429	3	8.143	8.250***	0.000	2＞1＞3＞4
社会绩效导向	41.293	3	13.764	16.493***	0.000	3＞2＞4＞1

注：＊＊＊表示 $P<0.001$（双尾检验）。

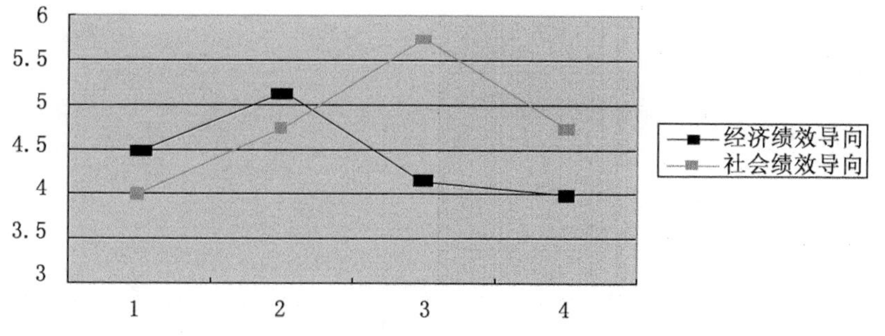

图 6－2　高绩效企业社会责任战略的阶段差异分析（$N=76$）

表 6－13 更进一步反映了高管团队社会责任战略选择的企业阶段平均差值，经济绩效导向战略的阶段差异具体表现为创建期、成长期及成熟期三个阶段的两两差异显著，其中创建期于成长期的差异显著 F 值为 0.517，成长期与成熟期的差异显著 F 值为 0.432，创建期与成熟期的差异显著 F 值为 0.949，显著性水平均为 0.05。衰退期与创建期、成长期及成熟期之间平均值差异不显著。

社会绩效导向战略的阶段差异具体表现为创建期与成长期、成熟期及成熟期与衰退期之间的差异（如表 6－13 所示），其中创建期与成长期的差异显著 F 值为 －0.865，创建期与成熟期的差异显著 F 值为 －1.857，成

熟期与衰退期的差异显著 F 值为 1.487，显著性水平均为 0.05。创建期、成长期与衰退期之间平均值差异不显著。

表 6-13 高绩效企业社会责任战略阶段差异方差分析（$N=76$）

发展（I）阶段	发展（J）阶段	经济绩效导向战略			社会绩效导向战略		
		均值差（$I-J$）	标准误	显著性	均值差（$I-J$）	标准误	显著性
创建期（$N=24$）	成长期	-0.641*	0.318	0.047	-0.728*	0.293	0.014
	成熟期	0.328	0.309	0.292	-1.705***	0.284	0.000
	衰退期	0.488	0.390	0.213	-0.708	0.358	0.051
成长期（$N=66$）	创建期	0.641*	0.318	0.047	0.728*	0.293	0.014
	成熟期	0.968***	0.212	0.000	-0.977***	0.195	0.000
	衰退期	1.129**	0.318	0.001	0.020	0.293	0.946
成熟期（$N=48$）	创建期	-0.328	0.309	0.292	1.705***	0.284	0.000
	成长期	-0.968***	0.212	0.000	-0.977***	0.195	0.000
	衰退期	0.161	0.309	0.604	0.997**	0.284	0.001
衰退期（$N=18$）	创建期	-0.488	0.390	0.213	0.708	0.358	0.051
	成长期	-1.129**	0.318	0.001	-0.02	0.293	0.946
	成熟期	-0.161	0.309	0.604	-0.997**	0.284	0.001

注：* 表示 $P<0.05$；** 表示 $P<0.01$；*** 表示 $P<0.001$（双尾检验）。

从高绩效企业社会责任战略分阶段特征散点图（如图 6-3 所示）中不难发现，成长期的企业较密集地处在经济绩效导向责任水平较高的区域，但在社会绩效导向责任水平较高区域和较低区域均有分布。而成熟期的企业更多地聚集在社会绩效导向责任水平较高的区域，经济绩效导向责任分布有高有低。创建期企业一般分布在社会绩效导向责任水平较低区

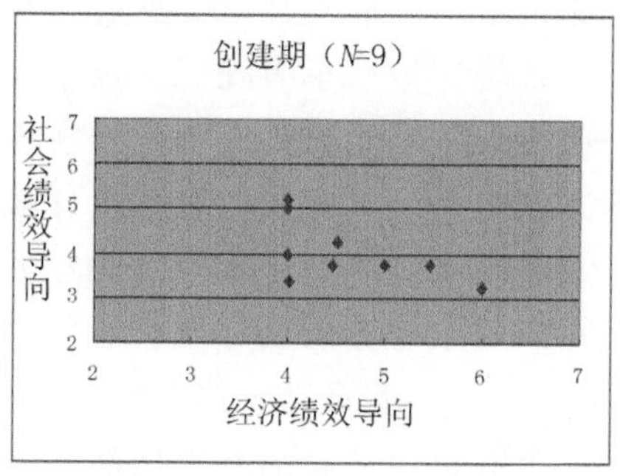

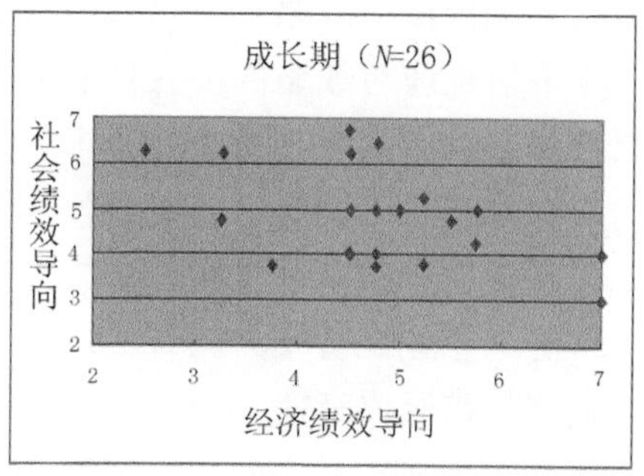

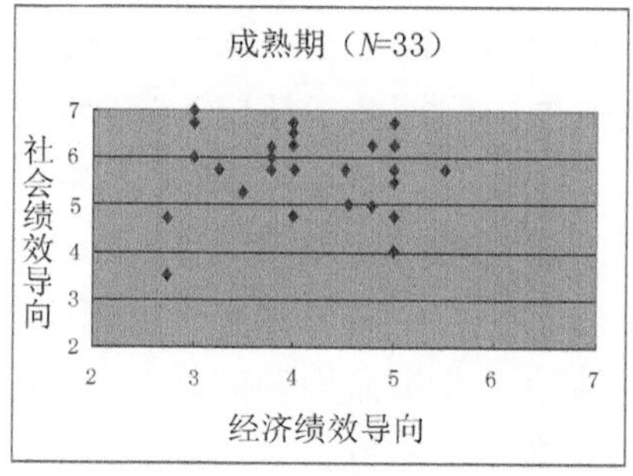

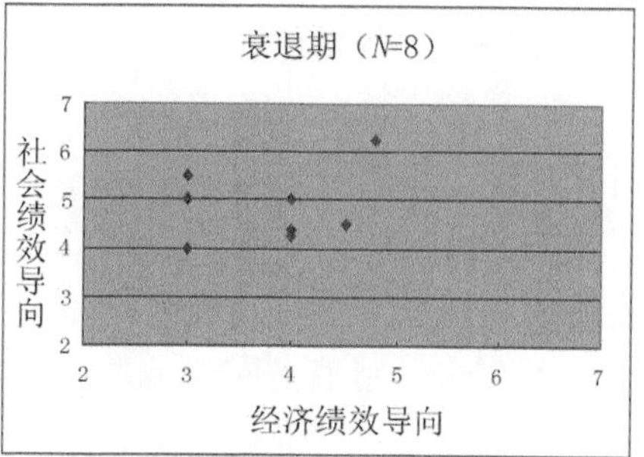

图 6－3　高绩效企业社会责任战略分阶段特征散点图（$N=76$）

域，衰退期企业分布在经济绩效导向责任水平和社会绩效导向责任水平相对较低的水平，但也有个别企业维持较高的经济绩效及社会绩效导向责任水平。

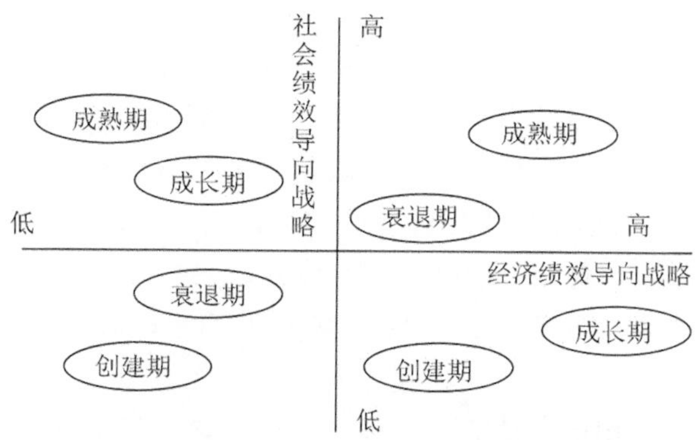

图 6－4　高绩效企业社会责任战略演变的阶段特征

图 6－4 是根据图 6－3 总结出来的高绩效企业社会责任战略演变的阶段特征图，从中不难看出，处于创建期的高绩效企业，主要的社会责任战

略模式为积极反应战略，但也有少数企业采取消极应对战略，据进一步分析，采取消极应对战略的很有可能属于受市场保护或享有知识、技术专利的高技术企业，即或相对垄断了市场，或相对垄断了技术，因此经济绩效导向目标暂不十分明显；处于成长期的高绩效企业，主要的社会责任战略模式为积极反应战略，它们十分关注企业的市场经济地位及经济利益的提升，但随着企业经济实力的日益增强，它们对于社会层面的社会责任关注日益提高，甚至愿意为了承担社会导向型社会责任而放弃部分经济利益，采用超前行为战略；企业进入成熟期后，企业更多的是需要考虑清楚其目标是提升品牌，是增值，还是扩大市场的规模，而不是一味地通过控制成本来增加利润，这时，积极承担社会绩效导向型社会责任成为高绩效企业的自觉选择，这在问卷结果中也得到了充分体现，从问卷结果不难看出，处于成熟期的高绩效企业多采用超前行为战略和相互影响战略；处于衰退期的高绩效企业可能采用相互影响战略以求走出企业发展困境，获得新的发展，也有的采用消极应付战略，消极等待企业生命周期的终结，具体采用哪种战略取决于企业的内外环境及企业管理层的价值取向。总之，企业在生命周期过程中，社会责任战略大致经历了消极应对、积极反应、超前行为及相互影响的演化过程。

6.5 结果分析与讨论

6.5.1 企业社会责任战略的阶段差异特征

企业社会责任战略在企业不同发展阶段存在显著差异，经济绩效导向型责任在衰退期处于最低水平，成熟期、创建期水平依次提高，在成长期时经济绩效导向责任水平最高。社会绩效导向型责任在成长期处于较高水平，进入成熟期后到达最高峰值，然后回落，总体来说，创建期社会绩效导向责任水平最低。假设 5a 和假设 5b 成立。

企业在刚刚创建初期，出于对市场的不确定以及企业快速成长的期望，它们通常注重成本控制和利润导向，对于降低成本、扩大市场份额是自觉的、明确的和积极主动的，这种逐利性在成长期便显得越加明显，进入成熟期后，由于市场份额的逐渐稳定，企业发展的相对平稳，企业不单单是追逐利润的工具，企业有精力将更多的精力投入到其他社会责任层面，经济绩效导向责任随之降低，到衰退期，企业面临抉择，是退出市场，还是重新进入不同的抉择可能带来不同的社会责任水平。

创建期企业受资源、能力及发展前景不确定性等诸多因素的影响，为实现利润最大化很可能将其社会绩效导向责任水平做最小化的努力，当然这个最低水平取决于企业与消费者、政府、NGO及其他利益相关者的市场博弈，即这个最低水平是确定生产许可或市场许可的最低水平。企业进入成长期后，市场和利润得到了一定程度的保证，企业不再仅仅追求短期利润目标的实现，而更看重长远发展，此时企业具有承担社会责任意愿和能力，但其社会责任履践水平受到一定的利益水平限制，及企业只有在达到令其满意的利润预期的前提下，才会愿意积承担极相应的社会责任，但是满意水平是一个主观的判断，如果单个企业将满意水平值降到行业满意水平的平均值以下，意味着这个企业愿意承担更多社会绩效导向型责任，或者说，为承担这些责任愿意支付更多的费用，这种倾向在成熟期企业表现得愈加明显，成熟期企业相对同行业处于其他生命周期的企业来说，发展水平及稳定程度普遍更高，因此也更加有能力关注和承担社会绩效导向型责任，因此在成熟期，企业履行社会绩效导向型责任处于最高水平。进入衰退期，停滞不前的发展，使得企业履行社会导向型责任的意愿和能力回落，但较之创业期仍然较高，因为企业可能希望以此谋求新的发展。

6.5.2 企业社会责任战略模式演变的阶段特征

企业不同发展阶段采用不同的社会责任战略，创建期主要采用消极应对及积极反应战略，成长期主要采用积极反应及超前行为战略，成熟期主要采用超前行为及相互影响战略，衰退期可能采用相互影响战略，也有可能采用消极应对战略。假设6a、假设6b、假设6c、假设6d成立。

采用消极应对战略的企业对于法律框架范围内的强制性要求，会维持最小的努力，对于强制法律框架以外的较高层次的责任，如企业伦理、慈善捐赠等往往采取消极应对甚至对抗的态度，在道德底线上徘徊。这类企业对于保护环境、促进社会和谐发展更是少有关注，以利润最大和成本控制为导向，企业在刚刚创建初期，受现实条件所限，多采用消极应对社会责任战略，这个阶段的企业，虽然目标非常明确，就是以利润最大成本最小为导向，但往往受生产规模和市场认可所限，实际上很难真正有效控制成本，也很难为市场提供性价比最优的产品，为了企业能得以生存发展，一些企业甚至不择手段，这种短视行为终将导致企业被市场所淘汰。因此，企业要想尽快发展壮大，至少应尽快提高经济绩效导向责任水平，在优化生产流程、提高管理绩效、创新产品等方面多下工夫，事实上，很多高绩效的企业在创建期就采用了积极反应社会责任战略，积极承担社会责

任反过来也促进了这些企业的快速发展。

经历艰苦创业后企业跨入成长期，企业开始采取积极应对的社会责任战略，比较自觉地要求自己的行为能够服从利益相关者的期望，特别是能直接促进企业市场地位提升、利润增加及利益相关者期望的满足，经济绩效导向型社会责任水平在成长期会得到较大幅度的提升。这个阶段的企业，由于生存压力相对减轻，生存空间相对扩大，企业开始更加关注如何通过增大研发力度、规模生产、优化产品结构等来扩大市场份额，增加企业利润，更有的企业把生态环境的改善、公益事业的参与等看做是企业社会资本的投入，能满足企业可持续发展的客观要求，因此甚至愿意为此而放弃一部分利润和市场份额，这就是我们前面提到的超前行为战略。

企业在成长期采用超前行为战略带有一定的冒险性，毕竟这种战略的选择意味着在企业资源总量既定的前提下，社会投入成本大于企业的实际承受能力，这有可能阻碍企业的发展，但也不排除有的企业通过采取超前行为战略，获得企业的核心竞争优势，不仅弥补了企业付出的成本（包括直接成本和间接成本，显性成本和隐性成本），反而为企业带来了丰厚回报。出于对这种结果出现的期望，或者仅仅是企业对于社会的回报，成熟期的企业更有能力也更有意愿采用超前行为战略，在这种战略指导下，企业坚信，只有社会的进步离不开企业的发展，而企业也终将能从社会的进步中得到最大的满足和回报，至于企业得到的回报，并非它们的刻意追求而是顺理成章的结果。有的更加睿智的企业把市场的优化、环境的改善、贫富差距的减弱及社会的和谐与企业的发展紧密相连，采用相互影响的社会责任战略，通过在行业里面的贡献实现社会责任，如联想的公益教育计划，摩托罗拉回收废旧电池的环保计划，新浪的“扬帆计划”及新希望集团的“光彩扶贫事业”等，都是结合行业特征和企业特点承担社会责任的典范，不仅推动了社会的进步，也为企业的长远发展奠定了坚实的基础。

衰退期的企业出于现实条件及发展可能的考虑，有的延续原有的相互影响战略，希望能减缓或改变衰退的趋势，或者通过采用这一战略获得新的发展机会，有的因为行业发展空间狭窄，或者企业发展颓势的不可逆转，采取消极应对的社会责任战略，在蛰伏中等待企业生命周期的终结，或者保存体力，等待企业重生的转机。

不同发展阶段企业可能采取不同的社会责任战略，而在不同的社会责任战略指导下企业运营的后果也不尽相同。企业应审视自己在战略选择上是否与企业的实际能力相匹配，是否能够赢得利益相关者的支持，否则将

贻误企业的发展，甚至陷入困境。

6.5.3　高绩效企业社会责任战略的演化

在企业经历的创建、成长、成熟、衰退等整个生命周期过程中，随着企业的阶段更替，其社会责任模式也随之演变，在这个演化过程中，将呈现以下特点。

（1）在社会责任战略的演化和转变过程方面，如果企业经历了全部生命周期，或者说，经历了快速成长期已经处于完全成熟期的话，它一般会经历消极应对、积极反应、超前行为和相互影响这四个模式演化阶段，但战略模式演变并不是一成不变的，除了受到企业发展阶段和企业绩效等客观因素的影响外，企业价值观的影响也非常重要。企业价值观在很大程度上是由企业高管团队所决定的，企业价值观的不同决定了企业追求目标的不同，如果企业价值观能随着企业发展阶段的更替，将其目标从追求（短期）利润最大化调整至企业可持续发展，并在战略实施过程中促进企业在每一发展阶段及阶段转变过程中将企业社会责任纳入到企业文化中，就能顺利实现企业社会责任战略的演变。

（2）企业社会责任战略的演化始于消极应对战略，这是因为面对企业社会责任问题，企业特别是企业高管层必须根据其外部环境和内部条件做出战略性选择。由于企业承担社会责任需要成本，而可能发生的利润增加会有一定的时滞性，这一滞后效应足以吓退那些刚起步的规模小、实力弱的企业，刚创建的企业更多的正是这样的小微企业，为了追求短期利益，尽快在市场上站稳脚跟，企业甚至会选择可能受罚的风险而采取对社会责任消极逃避的策略。这时如果企业不及时调整战略，很有可能会被市场所淘汰，而及时转变战略模式，采用积极应对的社会责任战略，有助于帮助企业尽快步入成长期，并在更高阶段发展为超前行为及相互影响战略，完成社会责任战略模式的演变。

（3）企业在创建期、成长期、成熟期和衰退期，都可以采取一定的管理措施发展和维持某一种战略模式。在创建期企业若采用消极应对战略模式，要引导企业社会责任真正融入到每一个企业管理层、每一个员工的价值理念中，营造承担社会责任的企业文化，但企业刚刚创建，盲目要求企业承担与其经济能力不相符的社会责任显然无益于企业的发展，提高经济绩效导向责任水平是创建期企业的当务之急，在企业成长期特别是快速成长期和成熟期，应引导企业将社会责任视为一种能给企业带来可持续发展的机会谋略和手段，并纳入企业整个发展战略之中。企业采取超前行为战略特别是相互影响战略，不仅能平衡企业员工、消费者、销售商、政府等主要利益相关者的利益，而且能促进环境的改善、社会的进步，采用这种战略的企业能很好地将企业利益与为社会服务的目标统一起来。衰退期企业在内外环境许可的情况下，采用相互影响战略更能帮助企业走出困境，这在我们前面的访谈中得到了一定的印证。

（4）Gersick（1989）[46]提出，从一个阶段到另一个阶段的进展可能需要关系的“框架改变”——即占支配地位的认知范式的根本转变。企业社会责任战略模式的选择与制定很大程度上是由企业高管团队成员完成的，虽然企业高管在选择与制定相关战略时，必定要考虑企业特质（规模、经营现状、市场竞争地位、行业特点等）的影响，但受到企业高管个人异质性影响的高管团队社会责任取向对企业社会责任战略选择也起到非常重要的作用，这一点在本研究中的前一章已经得到证实，这里不再赘述。

6.6 本章小结

本研究验证了高绩效企业社会责任战略演化的阶段模式，即从创建期到成长期、成熟期和衰退期，企业大致经历社会责任战略的消极应对、积极反应、超前行为及相互影响四个战略模式，每个阶段会由一种战略模式为主导，但结论并不完全一致或稳定，企业究竟采取什么战略模式，受很多因素的影响，包括战略选择与企业使命及目的的匹配程度，包括企业内外环境的变化，等等。

以往关于企业社会责任战略的研究集中在静态的理论分析上，如不少学者从资源基础论、竞争优势论等相关理论探讨了企业社会责任战略选择的前提、动机及驱动力。Birger Wernerfelt（1984）率先提出可以通过企业资源决定（RBV）来研究社会责任问题，Jay Barney（1991）[198]对其进行了修正，他认为资源和能力在企业之间的流动配置能使拥有高级资源和能力的企业快速获得竞争优势。他认为路径依赖性、因果关系含混性及社会复杂性这三大因素使得资源最难以模仿，而资源的难以模仿性可以为企业带来持续的竞争优势。Forest Reihardt（1998）认为，如果企业能有效组织其竞争者模仿其战略决策，那么基于企业社会责任的战略就有可能带来超值回报，这与 Barney（1990）的 VRIS 观点相一致。David Drickhamer（2002）[199]进一步指出，很多企业行为是以自身利益动机而获得社会性收益的，Barney（1991）致力于考察一个企业的内部特征与其绩效之间的关

系，他确信企业拥有或控制一些特异资源，也能使企业获得竞争优势和超额利润。值得一提的是，Russo 和 Fout（1997）[200]指出，要充分考虑企业运用资源的能力和开发实施它们战略的能力，有的企业拥有不同的资源和能力甚至是其他企业无法模仿更难以超越的，所以企业行使任何战略的能力都会有所差异。

从 Russo 和 Fouts 的理论我们可以得到一些提示，企业社会责任战略选择虽然是一个复杂系统下的多元选择，但企业在不同发展阶段其获得资源、运用资源的能力，以及获得竞争优势的能力各不相同，也就是说，不同发展时期企业的社会责任战略有所差异。以往企业社会责任战略研究中，更多的是一种特征研究和影响因素研究，缺乏把战略作为一个主要的企业发展阶段的过程因素进行关注。本研究基于前人相关理论基础，并以社会责任战略作为企业社会发展阶段过程中的一个重要的互动因素，这为以后企业社会责任研究突破仅以社会责任表现作为主要的过程变量，动态开放地考虑更多过程因素打下了基础。

本研究的第一个局限在于，横切面的研究。尽管有访谈内容分析做问卷佐证的研究基础，但是访谈企业的数量毕竟有限，最终的研究结论是通过问卷分析获得的，尽管在研究同一企业在不同时间的四个不同发展阶段和四个不同企业在同一时间的四个发展阶段是等效的，但是时间因素的影响仍会导致许多因素的变化，横切面的研究终究不能完全取代纵向研究，通过情景模拟的方式进行纵向的反馈研究是今后进一步研究的方向。

本研究的第二个局限在于，尽管前述研究中提出了企业社会责任战略的演变模式，但并没有提出企业某一具体发展阶段上战略维持和演变的相关策略，仅在研究结果的讨论中稍有提及。研究结果显示企业加强经济绩效导向责任和社会绩效导向责任有助于企业构筑高层次的社会战略，但是详细和有针对性地提出企业如何在不同生命周期中进行责任战略的选择和构建，以对企业特别是企业高管团队的管理实践提供更加具体、更具操作性的政策及建议，这有待于未来后续研究中加以解决。

7 高管团队社会责任战略选择与企业绩效过程机制实证研究

7.1 引言

自从20世纪20年代Oliver Sheldon首次明确社会责任概念以来，企业社会责任作为企业管理理论与实践研究的一个分支，一直受到企业界和学术界的关注。特别是近30年来，越来越多的西方学者开始从战略视角来思考和探索企业社会责任理论与实践。

Burke和Logsdon（1996）[4]最先提出了“战略性企业社会责任”（Strategic Corporate Social Responsibility）概念，他们认为，企业社会责任能给企业带来大量的商业利益，就是战略性的。他们坚信，战略性社会责任能使企业实现顾客忠诚、生产率提高、新产品及新市场的开发等目标，从而为企业创造价值，提高企业绩效。Huseted和Allen（2007a）[201]补充到，履行强制性的企业社会责任也能使企业获得竞争优势，因而自愿性对于战略性企业社会责任并非必要，虽然在观点上有所分歧，但有一点受到一致的认同，那就是战略性企业社会责任可以使企业受益。

挪威海德鲁公司著名的“四个圈”故事，深入诠释了企业经济价值和社会价值的内涵。在“四个圈”的故事中，公司的相关利益方包括股东、员工、消费者、销售商、社区、政府、公众等。公司实践证明，当公司处于第一个圈，即在公司创立期，公司的全部注意力集中在产品上，因为在此阶段，首先要满足的是销售商、消费者，产品质量、产品价格和交货时间是满足销售商更是满足消费者的根本，只有消费者的利益得到了满足，公司的经济目标才能得以实现。随着时间的推移及经济目标的实现，企业将对外部消费者的关注转向企业内部，开始关注员工的安全、健康和权利等与其工作环境提升有关的因素，此时，公司开始努力改善工厂工作环境，并得到了相应经济回报。海德鲁公司成立几十年后，环境污染的后果

开始凸显，公司周边大量树木死亡，引起当地政府及公众的不满，于是，公司此阶段致力于环境的改善，公司卓有成效的努力使社区环境焕然一新，这一举措不仅使公司赢得了社会的赞誉，同时使其经济效益得到了同步提升。随着海德鲁公司业务的全球化发展，公司进入第四个圈，此时利益相关方将目光投向宣扬地方文化，尊重人权及注重产品的可持续发展，该公司的努力得到了利益相关方的普遍认同和赞许，企业实现经济价值的同时实现了其社会价值。因此，总体来说，企业社会绩效导向战略的内涵在于关注员工、关注环境及关注社会，它与企业经济绩效导向战略下片面关注成本的控制、利润的实现，有着本质的区别。

随着战略性企业社会责任概念和企业社会责任战略研究的不断深化，如何评价企业社会责任战略影响开始成为大家关注的焦点。围绕这一问题，从 20 世纪 70 年代开始，大量关于企业社会表现与企业绩效的研究特别是实证研究开始出现。虽然研究精度在不断提高，但到目前为止，并没有一个完全统一的观点，反而日益呈现分化的趋势（Mcwilliams 等，2007）[202]。造成这种状况的原因可能在于，不同国家、不同性质的企业，企业社会责任表现对于企业绩效的影响有可能是相反的，各种因素混合在一起，影响了最终结果的解释力。沿着这一思路，一些学者将研究领域扩展为企业社会责任战略对社会表现的影响，包括对企业行为的影响以及对企业竞争力的影响。

西方学者通过大量实证研究证实，企业社会责任战略可以增强企业竞争力，所不同的是，有的强调“强制性”，有的强调“自愿性”。在中国背景下，企业社会责任战略对于企业绩效的影响如何？这种影响传递机制即企业社会责任战略是怎样通过企业社会表现来影响企业绩效的？这正是本研究要探讨和解决的一个问题。

7.2 研究目的

综合和总结以往的研究，本研究关注高管团队社会责任战略与企业绩效的关系，以及在两者关系之间，企业的社会责任行为是否起到了中介作用。企业高管团队社会责任战略选择、企业社会责任表现以及企业绩效三者之间的关系是本研究主要探讨的研究内容。

7.3 研究假设

企业行为是否反映了社会目标和价值观取决于企业管理者的价值观与社会价值观的一致性，因为任何企业行为都是在既定的企业战略目标引导并通过战略实施来完成的，而战略的选择很大程度上取决于企业管理者特别是高管管理团队的价值取向，Huster（2007）[165]等的实证研究也证实了高管团队社会责任取向会影响到企业的社会责任战略。可以说，高管团队的社会责任价值取向对于企业社会责任战略选择起到了重要的作用，而战略选择的结果将是企业社会责任表现的直接投射。

和以往传统决策相比，面对企业社会责任，企业不仅仅要考虑经济绩效，也要考虑社会及环境绩效。Burke 等（1996）[4]指出，当企业社会责任的承担能切实符合企业的利益特别是能支持企业的核心业务进而促进企业绩效，有助于实现企业使命时，企业社会责任（政策、过程）就上升到社会责任战略高度了。

经济绩效导向战略是在企业的目标、技能、资源和它所面临的各种变化市场机会之间建立和保持一种可行的适应性管理过程。经济绩效导向战略在遵守基本法律的前提下，以产品为导向，以扩大市场份额及实现企业（短期）利润最大化为目标。

高质量的利益相关者关系对于企业获得市场竞争优势意义重大，但要建立高质量的利益相关者关系，必须花费大量的时间、精力和成本才有可能得到回报。企业采用经济绩效导向责任战略，目的是为了获取短期利益而未必有更加长远的考虑。如果企业将全面承担社会责任看做是企业的一种长期投资，那么这个演绎过程对企业的内部责任人维度和公共责任维度的影响都是正面的，但企业的目的如果是在短期获利，势必会影响其对公共责任的减弱，因为对社区及公益人的捐助，将直接影响企业短期经济利益的提升，但对于内部人、外部商业伙伴责任维度来说，影响应该是正面的，因为保证股东利益、员工利益有利于维持企业的稳定经营，对外部商业伙伴承担责任更意味着直接快速地提高企业的绩效，比如履行好的债权人责任意味着资金可能更加充足，良好的供应商、分销商责任意味着销路更加畅通，资金回流更加快速，消费者满意更是能带来市场购买力的增加，直接增加企业的销售收入和利润。因此我们提出如下假设。

假设 7a：高管团队企业经济绩效导向责任战略对内部人责任表现有正

向影响。

假设7b：高管团队企业经济绩效导向责任战略对外部人责任表现有正向影响。

假设7c：高管团队企业经济绩效导向责任战略对公共责任表现有负向影响。

社会绩效导向战略是以维护利益相关者利益包括社会公众利益为目标的，为了实现企业社会价值最大化，经理人在日常决策中总是判断谁是企业的重要利益相关者，并围绕这些利益相关者展开经营活动，如通过投资管理、资本运营和红利分配来增加股东回报，或者采取在岗培训提升员工的技能和创造性，或者通过产品创新和服务增值来提升顾客满意度，或与原料供应商、分销商等结成联盟，给予其资金或产品、服务支持来加强产业链的建设，更或者通过慈善捐助行为的表现，唤起全社会对于弱势群体的关注等，这一系列企业行为表现并不能直接通过生产过程在市场上给企业带来利益，或者说，这些行为并不仅仅局限于企业经济价值的实现，但能够通过利益相关者的回应实现企业经济利益的增加，同时企业这些行为表现促进了企业社会价值的提升，促进了社会利益的增加。

高管团队社会责任战略选择对于企业社会责任表现产生影响的过程机理可以借助 Williamson（1963）[203]在其早期著作《管理者自主决断与企业行为》中提出的这样一种假说：管理者不寻求股东利益的最大化，而是试图在税后利润大于或者等于某个他们可以接受的最低的水平上，追求滋生的“管理效用最大化”。管理者的效用函数除了薪金外，还包括安全、权力、声望和职业辉煌等，而这一切，都将建立在企业的持续发展的基础上，因此，所有这些个人或企业目标的实现都必须通过“支出偏好”这一变量影响企业行为，或者说，都将直接影响企业社会责任表现，如对包括股东在内的内部责任人表现的提升，还有关注股东以外的其他利益相关者的利益，甚至包括对公共责任的关注等。因此我们提出如下假设。

假设8a：高管团队社会导向责任战略选择对内部人责任表现有正向影响。

假设8b：高管团队社会导向责任战略选择对外部人责任表现有正向影响。

假设8c：高管团队社会导向责任战略选择对公共责任表现有正向影响。

企业承担社会责任的起因有两种不同的观点。规范性观点认为，企业

承担社会责任是建立在伦理承诺之上，是企业认为这样做正确而不是受到外界激励所致（Frank，1988）[204]，利益相关者对企业具有内在价值，在考虑收入、利润以及股东回报之前就已经进入企业的决策过程（Berman 和 Wicks，1999）[162]。基于伦理规范满足利益相关者的利益要求，能够与利益相关者加深信任，这种信任能降低企业与各利益相关者的搜寻成本和合作风险，从而建立更强的企业竞争优势，实现更好的绩效。工具性观点认为，企业承担社会责任就是为了有利可图，承担社会责任本身就是为了获取竞争优势。根据战略管理中的资源观理论，组织拥有的资源包括特殊资源和战略资源（Perrosa，1951；Wernerfelt，1984；Barney，1986b、1991）、动态能力和核心能力（Parhalad 和 Hamel，1990；Teece、Piasno 和 Shuen，1990；Foss，1993、1996）、组织层次的集体（Spender 和 Grant，1996；Kogut 和 Zander，1992、1996），它们可以为组织带来持续的竞争优势，而利益相关者正是这些资源的提供者，这些利益相关者包括企业内部责任人如股东、员工、管理者等，也包括债权人、供货商等外部伙伴，甚至政府、媒体及其他公众等公共责任利益相关者。总之，以上观点表明，不管是出于主观意愿还是客观需要，良好的企业社会表现有利于实现企业绩效的提高。

良好的企业社会责任表现，即良好的利益相关者表现使企业在日趋复杂的环境下解决自身发展的主要矛盾所作的管理变革与创新，但其内在机理还有待进一步研究。Kotter 和 Heskett （1992）、Clarkson （1995）、Donaldson 和 Preston（1995）最早提出公司利益相关者行为与公司绩效的命题。Greenley 等（1997）[205]通过英国五类利益相关者集团的实证研究发现，企业利益相关者表现与公司绩效之间确实存在正向关联，而这种关联强度取决于企业的外部环境。Chung - Leung Luk 等（2005）[206]对我国企业的实证研究发现，企业对于客户、员工及竞争者的表现与企业绩效存在很强的正向相关，而对股东表现与企业绩效的相关性较之西方成熟资本市场企业没有那么明显。

Salzmann 等[107]强调，有关企业社会表现与财务绩效，不论是理论研究还是实证研究，两者之间关系的因果性和方向，主要是基于以下几个假说：社会影响假说、可利用资金假说、交易假说、管理机会主义假说，以及正相关互协和负相关互协假说等。表明两者之间呈现正相关关系的似乎更多一些，如社会影响假说、可利用资金假说及正相关互协假说：①社会影响假说认为好的社会表现可以帮助企业提高社会声誉，从而获得监管机

构及公众的信任，进而在融资市场上有更加出色表现，这些最终都会体现在财务绩效的提升上；②可利用资金假说，也有学者称之为闲置资源假说，该假说认为企业社会责任表现不可能是空中楼阁，必须要有企业雄厚的经济基础来支撑，良好的可供利用的财务资源能使企业在社会责任上投入更多的资金，从而有助于提升企业社会责任表现；③正相关互协假说强调良好品德的循环，优良的社会表现有利于企业财务绩效的提升（社会影响假说），而企业财务绩效提升后，更有能力和意愿促进企业社会表现的进一步改善（可利用资金假说）。这方面的实证研究更为丰富，且绝大多数实证研究结果支持企业社会责任表现与企业绩效之间的正相关关系的论点。因此我们提出如下假设。

假设 9a：企业社会责任表现对企业成长绩效有正向影响。

假设 9b：企业社会责任表现对企业利润绩效有正向影响。

假设 9c：企业社会责任表现对企业管理绩效有正向影响。

良好的适合的战略制定未必能够带来良好的绩效，战略不一定直接对绩效起作用，战略的作用要通过实施，也就是通过良好的社会责任表现才可能影响企业的绩效，否则就是一纸空文。企业在贯彻执行社会责任战略的同时，即在推动企业经营目标实现的过程中促进了企业资源的获得和能力的提升，进而促进企业绩效的提升。企业通过良好的社会责任表现增进了利益相关者利益及整体社会利益，促使利益相关者做出有利于企业的决策和行为。利益相关者会通过直接和间接的途径对企业社会表现做出回应，如使企业获得更多的原料、资金及优质员工等物质资本或人力资本等多种资源。同时企业还能得到更多的信任和积极的资本资源（Barney，1991）[207]。信任和积极的企业形象是一种稀缺的、竞争对手难以模仿的异质性资源，这种资源能给企业带来多种能力，企业承担对供应商和分销商、消费者的责任，将增加企业产品销售能力、市场开拓能力，承担对股东、员工的责任，能吸引更多更优质的资金及人力资本，承担对保护环境的责任，有助于企业更好地控制和利用资源，并提升企业社会公民形象，承担对政府、NGO 的责任，有助于增强企业化解危机的能力，总之，按照资源观的理论，资源和能力是企业获得竞争优势的基础（Barney，1991；Grant，1991），获得具有价值性、稀缺性的异质性资源，企业可以得到可持续的竞争优势（Barney，1991、1995）[208]，因此，企业社会责任表现会以资源或能力的积极影响，促进并转化为企业的绩效和核心竞争力，而这些资源的获得有赖于企业良好的社会责任表现而不仅仅是书面的或口头的战略框架或战略计划，因此我们提出如下假设。

假设10：企业社会责任表现在企业社会责任战略与企业绩效的关系中起中介作用。

7.4 研究方法

7.4.1 样本描述

本研究的样本主要在湖南省的长沙、株洲、湘潭三市以及北京、深圳两市的201家企业的高管团队中取样，共回收172家企业的516份问卷，剔除无效问卷之后，回收156家企业的478份有效问卷。绝大部分参与问卷填写的人都是副总以上职务，少部分为主管财务、营销等关键部门的部门经理或总监。样本的详细信息详见第5章的表5-2、表5-3、表5-4及表5-5。

7.4.2 测量

本研究中的高管团队企业社会责任战略量表主要选用辛杰（2009）[182]的企业社会责任问卷基于企业行为认识及企业战略角度开发出来的问卷改编而成，包括经济绩效导向CSR战略和社会绩效导向CSR导向战略两个方面，一共6个项目，7点量表。企业社会责任表现部分采用的是郑海东（2007）[209]和李纪明（2009）[210]从利益相关者理论角度开发出来的问卷，7点量表，“1”表示这种现象或事件与企业行为完全不符合，“7”表示这种现象或事件与企业行为完全符合，笔者在此基础上做了部分修订。企业绩效部分主要包括Verkatraman（1989）[211]的业绩绩效（Business Performance）量表，包括成长维度和利润维度，在此基础上，笔者结合中国企业的实际情况，参考李纪明（2009）等开发出的企业管理绩效量表，加入了管理绩效维度，每个维度各3个项目，共9个项目，5点量表。

7.4.3 程序

在以往企业社会责任战略研究学者的文献基础及本研究访谈与案例分析的基础上，编制了本研究的问卷量表。在问卷编制之后，首先对访谈企业的30多位高管成员进行了试测，对问卷中由于翻译原因而造成的表达生硬或容易引起歧义的选项以及不太符合本课题研究内容的部分选项做了适当修改，然后再进行大样本的测量。

同时，本研究在发放正式问卷时，主要是委托长沙、北京、深圳某国有银行相关机构发放，受委托人通过二级行客户经理直接发送到企业高管

手中，我们要求客户经理督促测试者尽量现场填写，对于实在不方便现场填写的企业，尽量委托一位比较熟悉的高管人员监督问卷填写的质量。同时，留下企业的联络方式，对于部分遗漏的信息，通过电话或电邮的方式补充相关信息。

7.4.4 统计分析

数据分析采用统计分析软件 SPSS19.0 和结构方程建模软件 AMOS7.0，统计分析方法手段主要包括因素分析、方差分析及结构方程建模等。

7.5 研究结果

7.5.1 企业社会责任表现的结果及其分类

7.5.1.1 数据分析说明

本研究对于企业社会责任表现的测量采用的是改良量表，所以我们首先用试测样本中的 50 家企业的 150 份（每家企业 3 份）问卷数据进行探索性因素分析。样本充分性和球形度检验显示 KMO 系数达到 0.843，属于较好水平。Bartlett 球形度检验 0.000 水平显著，这说明我们研究的样本和项目可以进行因素分析，具体如表 7－1 所示。

表 7－1　企业社会表现的 KMO 和 Bartlett 的检验（$N=50$）

取样足够度的 Kaiser－Meyer－Olkin 度量		0.843
Bartlett 的球形度检验	*Approx. Chi－Square*	5107.811
	Df	561
	Sig.	0.000

为了检验测量题项的信度和效度，本研究使用 AMOS7.0 软件对企业社会责任表现的测量题项进行验证性因子分析。

首先说明一下题项小组（Parcel）的问题。在问卷的第二部分，本研究没有直接对这 34 个测量题项进行验证性因子分析，而是对题项小组（Parcel）的得分进行验证性的因子分析。每个题项测试的是企业对某一利益相关者某一维度的社会表现，如企业对员工的社会责任表现，可以通过若干薪资待遇、培训机会、工作环境等多维度体现，该利益相关者所有测试维度得分的均值即为企业对该项利益相关者社会责任表现的总体得分。这样做的目的是为了使样本容量更加充分。样本容量（N）对模型的建立即拟合效果有着直接的影响，但在结构方程中总样本容量究竟多少适宜一直在学术界没有得到完全的统一。Boomsma（1982）[212]认为 $N>100$ 是最基本的要求，能大于200更好。Nunnally（1967）[213]建议应当根据测试题项的数量来确定 N 的最小值，N 应在测试题数量的10倍以上。Tanaka（1987）[214]、Bollen（1989）、Bentler（1989）则认为样本容量是自由参数个数的5倍以上即可。Marsh（1998）[215]的研究表明，从模型的收敛和拟合效果来看，N 越大越好。本研究的样本容量为478，满足所有的标准，但为了使模型更简便可靠，本研究采用了题项小组的方法。侯杰泰等学者曾证实，当样本容量较小（比如小于100或更小）时，将数个题项合并成题项小组并无好处，但这个结论是建立在以下两个前提之下：一是强制因子间的相关系数完全相等；二是强制因子负荷相等，如此严格的限定与本研究的实际不相符合，何况本研究的样本数据达到478，因此本研究用题项小组法不会影响模型的迭代，而且将题项进行合并，能更加清晰地反映企业社会责任表现的各个维度及其组合。

另外，使用结构方程模型的前提之一是变量数据应符合正态分布。Kline（1998，转引自黄芳铭）[216]认为，当偏度（绝对值）小于3，峰度（绝对值）小于10，即可认为数据基本呈现正态分布。我们对所有题项及题项小组的分值进行描述性统计分析，结果汇总如表7－2所示。从表7－2中可以看出，所有的测量题项及题项小组得分或均值数据分布的偏度绝对值低于参考值3.0（绝对值最大为1.940）；峰度绝对值低于参考值10（最大值为4.715）。因此，本组数据可视为呈正态分布，适用于结构方程建模。

表7－2　企业社会责任表现测量题项的描述性统计分析

	N	均值	标准差	偏度		峰度	
	统计量	统计量	统计量	统计量	标准误	统计量	标准误
对员工责任1—$B1$	478	6.0502	1.11784	－1.628	0.157	3.302	0.314
对员工责任2—$B2$	478	6.1506	1.06625	－1.940	0.157	4.715	0.314
对员工责任3—$B3$	478	6.0586	1.16889	－1.340	0.157	1.324	0.314
对员工责任4—$B4$	478	6.1506	0.98428	－1.426	0.157	2.865	0.314
对员工责任5—$B5$	478	6.1590	1.03298	－1.638	0.157	3.503	0.314
对员工责任6—$B6$	478	6.1995	0.96131	－1.270	0.157	1.587	0.314
对员工责任	**478**	**6.1234**	**0.88751**	**－1.143**	**0.157**	**1.129**	**0.314**

续 表

	N	均值	标准差	偏度		峰度	
	统计量	统计量	统计量	统计量	标准误	统计量	标准误
对特殊群体责任 1—B7	478	5.4435	1.24176	-0.560	0.157	-0.123	0.314
对特殊群体责任 2—B8	478	5.3891	1.23807	-0.520	0.157	-0.253	0.314
对特殊群体责任 3—B9	478	5.2594	1.28651	-0.519	0.157	-0.257	0.314
对特殊群体责任 4—B10	478	5.6318	1.15518	-0.943	0.157	0.741	0.314
对特殊群体责任	**478**	**5.4111**	**1.08789**	**-0.524**	**0.157**	**0.028**	**0.314**
对股东责任 1—B11	478	5.5146	1.13334	-0.028	0.157	-1.330	0.314
对股东责任 2—B12	478	5.4393	1.03484	-0.072	0.157	-1.145	0.314
对股东责任 3—B13	478	5.6820	0.98269	-0.183	0.157	-0.987	0.314
对股东责任	**478**	**5.5451**	**0.88378**	**-0.055**	**0.157**	**-1.353**	**0.314**
对消费者责任 1—B14	478	6.2259	1.05679	-1.389	0.157	1.459	0.314
对消费者责任 2—B15	478	6.3138	0.99043	-1.553	0.157	2.281	0.314
对消费者责任 3—B16	478	6.1130	0.93023	-0.985	0.157	1.046	0.314
对消费者责任 4—B17	478	6.0167	1.04506	-1.236	0.157	1.795	0.314
对消费者责任	**478**	**6.1674**	**0.86221**	**-1.234**	**0.157**	**1.800**	**0.314**
对债权人责任 1—B18	478	5.9958	0.98943	-0.963	0.157	0.852	0.314
对债权人责任 2—B19	478	5.9749	1.03682	-1.067	0.157	1.074	0.314
对债权人责任 3—B20	478	5.9247	1.00971	-0.861	0.157	0.613	0.314
对债权人责任	**478**	**5.9651**	**0.90479**	**-1.001**	**0.157**	**0.986**	**0.314**
对环境责任 1—B21	478	6.2469	0.92681	-1.182	0.157	0.831	0.314
对环境责任 2—B22	478	6.0502	0.99028	-1.227	0.157	1.957	0.314
对环境责任 3—B23	478	5.5983	1.00302	-0.361	0.157	-0.033	0.314
对环境责任 4—B24	478	5.0628	1.15602	0.140	0.157	-0.928	0.314
对环境责任	**478**	**5.7395**	**0.78684**	**-0.537**	**0.157**	**0.088**	**0.314**
对社区责任 1—B25	478	5.8954	1.19239	-1.551	0.157	2.843	0.314
对社区责任 2—B26	478	5.8703	0.97657	-1.538	0.157	3.256	0.314
对社区责任 3—B27	478	5.7699	1.07364	-1.502	0.157	2.602	0.314
对社区责任 4—B28	478	5.5356	1.21864	-1.565	0.157	2.500	0.314

续 表

	N	均值	标准差	偏度		峰度	
	统计量	统计量	统计量	统计量	标准误	统计量	标准误
对社区责任 5—B29	478	5.7490	1.26514	-1.338	0.157	1.935	0.314
对社区责任	**478**	**5.7640**	**0.95048**	**-1.510**	**0.157**	**2.787**	**0.314**
对政府传媒责任 1—B30	478	6.1548	0.93322	-1.252	0.157	1.983	0.314
对政府传媒责任 2—B31	478	5.6276	1.06087	-0.764	0.157	0.652	0.314
对政府传媒责任 3—B32	478	6.3808	0.82082	-1.313	0.157	1.627	0.314
对政府传媒责任	**478**	**6.0545**	**0.79377**	**-1.012**	**0.157**	**1.217**	**0.314**
对慈善公益责任 1—B33	478	5.3933	1.12090	-0.425	0.157	0.202	0.314
对慈善公益责任 2—B34	478	4.1883	1.09722	-0.207	0.157	-0.094	0.314
对慈善公益责任	**478**	**4.7908**	**0.96480**	**-0.582**	**0.157**	**0.660**	**0.314**

7.5.1.2 企业社会责任表现的路径分析（如图 7-1 所示）

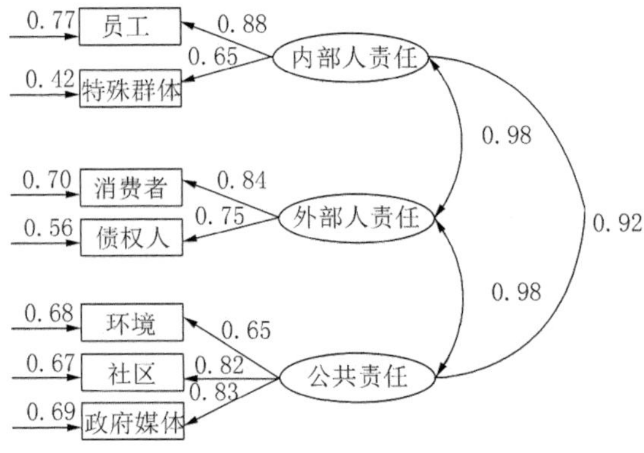

图 7-1 企业社会责任表现路径分析（N=156）

表 7-3 企业社会责任表现维度分析拟合指数比较（N=156）

X^2/df	RFI	NFI	IFI	TLI	CFI	RESEA
1.371	0.971	0.988	0.997	0.992	0.997	0.039

注：*RFI*——增值拟合指数；*NFI*——标准拟合指数；*IFI*——差别拟合指数；*TLI*——非标准拟合指数；*CFI*——比较拟合指数；*RESEA*——根均方差误。

如表 7-3 所示，经过对企业社会表现模型分析，X^2 与自由度 df 的比

值为1.371，小于2，接受虚无假设。*RESEA* 为0.039，小于0.08，各项反映拟合程度的指标均在0.97以上，除 *RFI* 指数值为0.971、*NFI* 指数值为0.988，其余各项拟合指数均超过0.99，远大于0.90，说明企业社会责任表现的一阶模型成立，这七个因素对社会责任表现的解释力为77.7%，且因素可靠性系数 Alpha 值为0.907，根据 GAY 的观点，任何量表的信度系数大于等于0.80，则该量表信度良好[217]。因此我们可以得出结论，企业社会责任表现可以通过员工、特殊群体、消费者、债权人、环境、社区、政府传媒七因素来表示。

7.5.2　多水平数据加总验证

将个体水平的变量整合为团队水平的变量需要符合一定的前提条件。本研究问卷发放及回收虽然是以企业的高管团队为单位，但由于受询主题为高管团队成员，每个团队个人作答与本团队其他成员作答是否存在显著变异，要对各变量在团队水平上进行 Eta^2 值检验，Eta^2 值在多水平研究中用来估计数据的团队水平属性，它能够在一定程度上说明数据总体变异有多少是来自于团队水平的变异。结果显示，以企业高管团队作为问询对象的企业社会责任表现的三因素：对内部人责任、对外部人责任及公共责任，以及反映企业绩效的三因素：利润绩效、成长绩效及管理绩效的 Eta^2 值均在0.20以上，同时方差分析显示 *F* 值均在0.000水平以上显著，因此我们可以认为，对于总变异而言，团队间的变异显著，也就是说，总变异来自不同高管团队（以及高管团队背后的企业）的变异，而非来自同一团队不同高管成员之间的变异。因此，全部变量均可在团队水平层面进行加总。基于该项检验，本研究中的团队水平的数据将来自于同一个体数据加总平均的结果。如表7-4所示。

表7-4　多水平数据加总验证（$N=478$）

变量	Eta^2	*F* 值	显著性
内部人责任	0.68	4.32	0.000
外部人责任	0.75	5.67	0.000
公共责任	0.76	5.73	0.000
利润绩效	0.68	4.37	0.000
成长绩效	0.66	3.88	0.000
管理绩效	0.70	5.12	0.000

7.5.3 企业社会责任战略选择与企业社会责任表现维度关系研究

高管团队企业社会责任战略选择与企业社会责任表现维度关系模型，如图 7 – 2 所示。

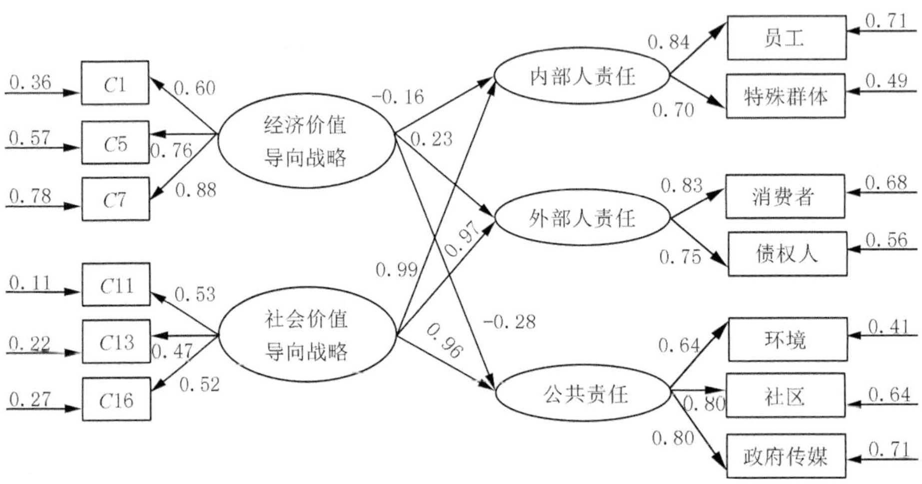

图 7 – 2　高管团队企业社会责任战略选择与企业社会责任表现维度关系模型（*N* = 156）

表 7 – 5　企业社会责任战略与企业社会责任表现模型拟合指数表（*N* = 156）

X^2/df	*RFI*	*NFI*	*IFI*	*TLI*	*CFI*	*RESEA*
1.832	0.881	0.922	0.948	0.920	0.947	0.078

注：*RFI*——增值拟合指数；*NFI*——标准拟合指数；*IFI*——差别拟合指数；*TLI*——非标准拟合指数；*CFI*——比较拟合指数；*RESEA*——根均方差误。

如表 7 – 5 所示，在企业社会责任战略与企业社会责任表现模型检验中，X^2/df 为 1.832，小于 2，除 *RFI* 指标略小于 0.9 外，其余各项指标如 *NFI*、*IFI*、*TLI*、*CFI* 等各拟合指数均大于 0.90，说明模型拟合程度比较好，企业社会责任战略对企业责任表现的结构方程模型成立。表 7 – 6 是企业社会责任战略对企业社会责任表现的路径系数分析，从表中不难看出，社会责任战略与企业社会责任表现各维度之间都存在着明显的相关关系，具体分析来说，企业的经济绩效导向战略选择，能促进其对外部责任人，在本研究中为消费者和债权人的正向行为表现，因为企业以经济绩效为导向，为了获得更多的市场经济利益，必然要对消费者和债权人采取积极的

责任表现，获得消费者和债权人的支持，企业的经济利益和持续发展才能得以保证。企业若选用经济绩效导向战略，为保证经济利益最大化的实现，企业有可能对公共责任的承担表现出一定程度的漠视和回避，因此，两者之间存在显著负相关。至于对于企业经济绩效导向战略选择与内部人责任之间呈现负相关，这一点与预先的假设不同，原因可能在于，本研究中没有将股东及高层管理者纳入内部责任人范畴这一原因有关。内部人责任维度选择的是企业普通员工及特殊群体，但员工特别是特殊群体（包括老、弱、病以及部分女性），由于在企业权利谈判中处于相对弱势的地位，当他们的利益与企业整体利益特别是短期经济利益相冲突时，企业对他们利益的侵占现象时有发生也就不难理解。社会绩效责任导向与企业社会责任表现，包括内部责任人、外部责任人及公共责任的关系呈明显的正相关，这与我们先前的假设一致，说明企业采取社会绩效导向战略，能切实促进其对于企业各利益相关方的关注与责任承担。

实证证明，假设 7b、假设 7c 成立，假设 8a、假设 8b、假设 8c 成立，假设 7a 不成立。

表 7-6 企业社会责任战略对企业社会责任表现的标准化路径系数（$N=156$）

路径	标准化路径系数	*S. E*	*C. R.*	*P*
内部人责任←经济绩效导向战略	-0.155*	0.048	-2.170	0.030
外部人责任←经济绩效导向战略	0.232**	0.045	3.233	0.001
公共责任 ←经济绩效导向战略	-0.284***	0.033	-3.878	***
内部人责任←社会绩效导向战略	0.988***	0.119	8.323	***
外部人责任←社会绩效导向战略	0.973***	0.113	8.159	***
公共责任 ←社会绩效导向战略	0.959***	0.089	7.195	***

注：*表示 $P<0.05$；**表示 $P<0.01$；***表示 $P<0.001$（双尾检验）。

我们在本小节的分析中验证了高管团队企业社会责任战略选择显著影响了企业社会责任表现，同时在维度关系上也存在一些具体的影响作用。下面我们将分析企业社会责任表现与企业绩效之间的关系。

7.5.4 企业社会责任表现与企业绩效的关系研究

7.5.4.1 企业绩效维度的探索性因素分析

企业绩效部分主要包括 Verkatraman（1989）[210] 的业绩绩效（Business Performance）量表，包括成长维度和利润维度，在此基础上，笔者结合中国企业的实际情况，参考李纪明（2009）等开发出的企业管理绩效量表，加入了管理绩效维度，每个维度各 3 个项目，共 9 个项目，5 点量表。同样，我们首先用试测样本中 50 家企业高管团队的 150 份问卷（每家企业三份）进行探索性分析，样本充分性和球度检验显示 KMO 系数为 0.866，属于较好水平，Bartlett 球形度检验 0.000 水平显著，这说明本研究的样本和项目可以进行因素分析，具体如表 7－7 所示。

表 7－7　企业绩效的 KMO 和 Bartlett 的检验（$N=50$）

取样足够度的 Kaiser－Meyer－Olkin 度量		0.866
Bartlett 的球形度检验	*Approx. Chi－Square*	1884.882
	Df	36
	Sig.	0.000

根据重要性得分数据，采用具有 Kaiser 标准化的正交旋转法，根据 Kaiser 检验标准，抽取 3 个主成分因素，对原始试卷中高管团队社会责任取向测试项目中的 9 个测试变量析取主成分，得出如表 7－8 所示的因素分析结果。

因素分析的结果清晰地显示，企业绩效可以提取三个因素：因素一是利润绩效，因素二是管理绩效，因素三是成长绩效。三个因素的 *Alpha* 值分别是 0.93、0.90、0.91，说明各因素的项目内部一致性良好。三因素的累计贡献率达到 85.9%。所得到的项目和因素都将在以后的分析中用到。

表 7－8　企业绩效测度的探索性因素选择（$N=50$）

测试项目	因素 1	因素 2	因素 3
因素 1：利润绩效			
*D*1 相对于竞争对手，公司的营销状况	**0.898**	0.224	0.224
*D*2 相对于竞争对手，公司的市场份额	**0.877**	0.202	0.270
*D*3 相对于竞争对手，公司的利润水平	**0.858**	0.207	0.227
因素 2：管理绩效			
*D*7 公司吸引及留住关键官员雇员的能力	0.174	**0.880**	0.303
*D*8 公司员工工作满意度	0.268	**0.874**	0.240
*D*9 顾客或客户对公司的满意度	0.247	**0.746**	0.325

续　表

测试项目	因素 1	因素 2	因素 3
因素 3：成长绩效			
*D*4 近三年，公司销售利润增长率	0.278	0.267	**0.812**
*D*5 近三年，公司投资利润增长率	0.240	0.242	**0.871**
*D*6 进三年，公司市场份额增长率	0.283	0.255	**0.871**

注：提取方法是主成分法。旋转法：具有 Kaiser 标准化的正交旋转，旋转在 5 次迭代后收敛。

7.5.4.2　企业社会责任表现与企业绩效的维度关系研究

企业社会责任表现与企业绩效的结构模型，如图 7－3 所示。

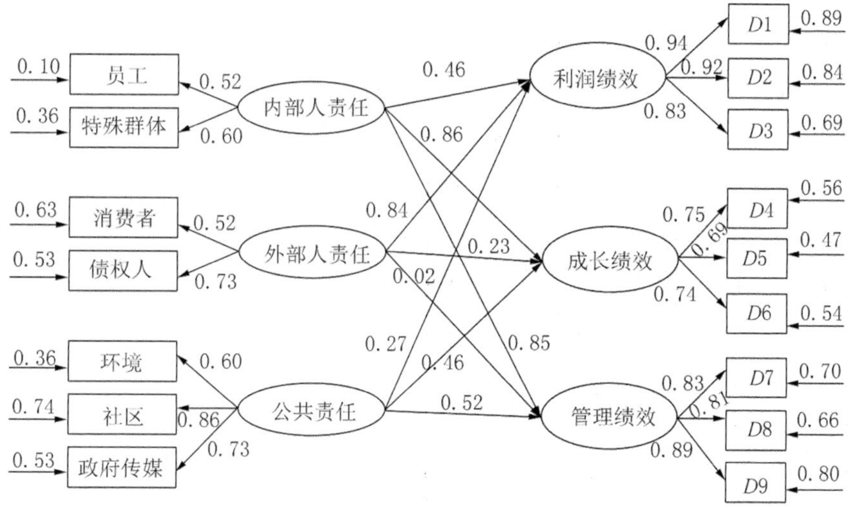

图 7－3　企业社会责任表现与企业绩效的结构模型（*N*＝156）

表 7－9　企业社会责任表现与企业绩效模型拟合指数表（*N*＝156）

X^2/df	*RFI*	*NFI*	*IFI*	*TLI*	*CFI*	*RESEA*
1.636	0.895	0.873	0.925	0.937	0.903	0.072

注：*RFI*——增值拟合指数；*NFI*——标准拟合指数；*IFI*——差别拟合指数；*TLI*——非标准拟合指数；*CFI*——比较拟合指数；*RESEA*——根均方差误。

如表 7－9 所示，在企业社会责任表现与企业绩效关系模型检验中，X^2/df 为 1.636，小于 2，其余各拟合指数均超过或接近 0.90，说明模型拟合程度相当好，企业社会责任表现对企业绩效关系的结构方程模型成立。表7－10是企业社会责任表现，包括内部人责任、外部人责任和公共责任，与企业绩效，包括利润绩效、成长绩效及管理绩效之间的路径系数分析，从表中不难看出，企业社会责任表现与企业绩效确实存在着正相关的关系，也就是说，良好的企业社会责任表现能有效促进企业绩效的提升。其中，外部人责任的承担对于企业的利润绩效的标准路径系数在0.05水平显著，内部人责任的承担对于企业的成长绩效的标准路径系数在0.01水平显著，内部人责任的承担对于企业的管理绩效以及公共责任的承担对于企业的利润、成长及管理绩效的标准路径系数在0.001水平显著，这说明公共责任的承担能有效地促进企业各项绩效的提升。研究结果显示，内部人责任对于企业利润绩效提升、外部人责任对于企业管理及成长绩效的提升不显著。

研究结果总体来说，支持原来我们所做的企业社会责任表现能有效促进企业绩效提升这一假设，假设9a、假设9b、假设9c成立。

表7－10　企业社会责任表现对企业绩效的标准化路径系数（$N=156$）

路径	标准化路径系数	*S. E*	*C. R.*	*P*
利润绩效←内部人责任	0.461	0.846	1.759	0.079
利润绩效←外部人责任	0.844*	23.517	0.714	0.475
利润绩效←公共责任	0.274***	0.097	3.751	***
成长绩效←内部人责任	0.856**	0.630	3.134	0.002
成长绩效←外部人责任	0.230	6.218	0.526	0.599
成长绩效←公共责任	0.463***	0.085	5.173	***
管理绩效←内部人责任	0.852***	0.739	3.365	***
管理绩效←外部人责任	0.019	3.899	0.086	0.931
管理绩效←公共责任	0.523***	0.095	6.651	***

注：*表示$P<0.05$；**表示$P<0.01$；***表示$P<0.001$（双尾检验）。

至此，我们分别检验了高管团队企业社会责任战略选择与企业责任表现、企业社会责任表现与企业绩效之间的关系，并且验证了我们先前所做的假设。接下来，我们希望验证企业社会责任表现在高管团队企业社会责任战略选择与企业绩效之间的中介作用。

7.5.5 高管团队企业社会战略选择的中介效应研究

我们采用 AMOS7.0 软件进行协方差结构方程建模，以此来分析高管团队企业社会责任战略选择、企业社会责任表现和企业绩效三者之间的作用关系。我们首先构建模型1（如图7－4所示）并对其进行参数估计，各拟合指数的值显示（如表7－11所示），*TLI* = 0.942、*CFI* = 0.953、*RESAM* =0.060，根据温忠麟（2004）[218]的看法，*TLI*、*CFI* 临界值为0.90，*RESAM* 临界值为0.08，其他指标也要参考，不能离临界值太远，本模型的其他拟合指数除了 *RFI* =0.881，略小于0.90以外，其余都超过了0.90的临界值，说明该模型的拟合较好，可以接受。

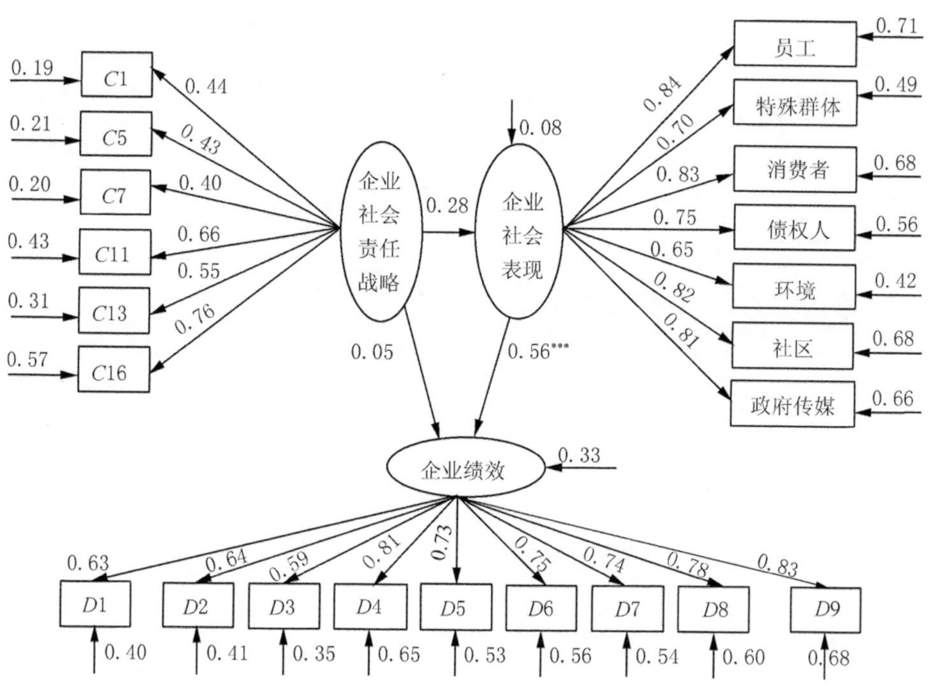

图7－4 企业社会责任表现完全中介模型图（模型1）（*N* =156）

表7－11 企业社会责任表现完全中介模型（模型1）拟合指数表（*N* =156）

X^2/df	*RFI*	*NFI*	*IFI*	*TLI*	*CFI*	*RESEA*
1.843	0.881	0.903	0.953	0.942	0.953	0.060

从模型1中我们不难看出，高管团队企业社会责任战略选择与企业绩

效之间的路径系数不显著，故我们尝试删除该路径，进行模型修正得到模型2（如图7－5所示）。各拟合指数的值显示（如表7－12所示），模型2中各拟合指数为 *TLI* = 0.942、*CFI* = 0.953、*RESAM* = 0.059，其他拟合指数与模型1中的参数相差不大。

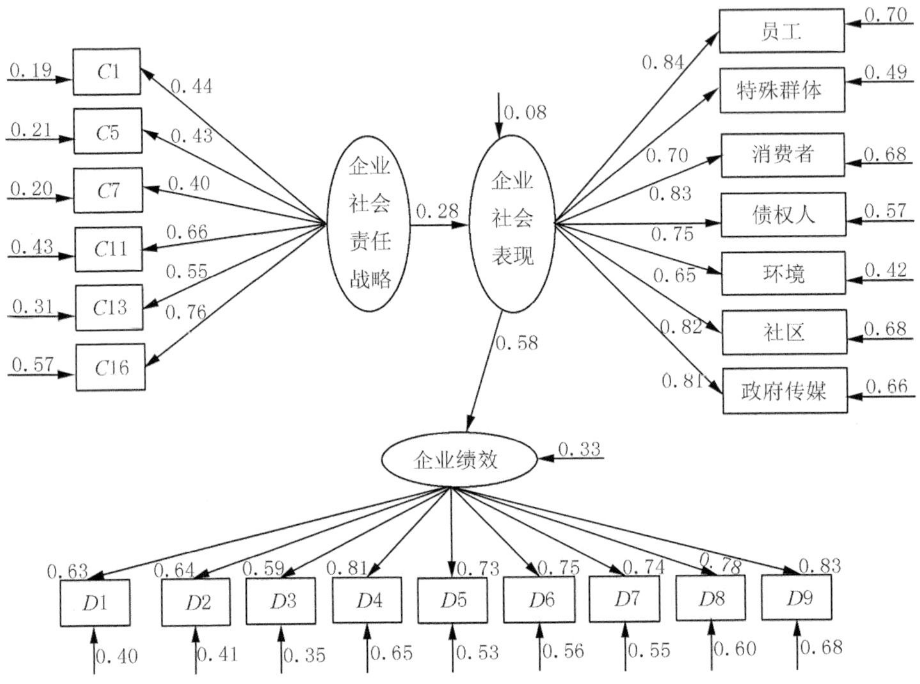

图7－5　企业社会责任表现完全中介模型图（模型2）（*N* = 156）

表7－12　企业社会责任表现完全中介模型（模型2）拟合指数表（*N* = 156）

X^2/df	*RFI*	*NFI*	*IFI*	*TLI*	*CFI*	*RESEA*
1.835	0.881	0.903	0.954	0.942	0.953	0.059

为解释问题的方便，本研究接受模型1，即保留高管团队企业社会责任战略选择与企业绩效之间的路径，其标准化路径图如图7－4所示，以下为企业社会责任表现完全中介模型标准化路径系数表（如表7－13所示）。

表7－13　企业社会责任表现完全中介模型标准化路径系数（*N* = 156）

路径	标准化路径系数	*S. E*	*C. R.*	*P*
企业社会责任表现←社会责任战略	0.278	0.096	3.463	* * *

续 表

路径	标准化路径系数	S. E	C. R.	P
企业绩效←企业社会责任表现	0.564	0.060	7.607	* * *
企业绩效←社会责任战略	0.047	0.071	0.638	0.523

注：* * * 表示 $P<0.001$（双尾检验）。

通过结构方程模型构建的结果我们不难看出，高管团队企业社会责任战略选择显著影响企业社会责任表现，但对企业绩效没有直接作用，而是通过企业社会责任表现来对企业绩效产生影响。战略选择通过社会责任表现对企业绩效的间接作用效应约为0.157（即0.28×0.56），大于其直接作用效应0.05。根据温忠麟等（2004）[219]的定义，企业社会责任表现是中介变量，在高管团队企业社会责任战略选择与企业绩效的作用关系中起着中介作用。故假设10成立。

7.6 结果分析与讨论

7.6.1 企业社会责任表现的维度

企业社会责任研究的早期蕴含了利益相关者思想的萌芽，在Freeman（1984）正式提出利益相关者理论后，利益相关者思想开始在企业社会责任理论研究中得到广泛的运用。借助利益相关者理论，企业社会责任研究解决了责任对象、责任内容、实现途径等基本问题，并从利益相关者理论角度确立了企业社会责任表现的具体内涵。

本章内容的研究直接建立在国内外相关研究，特别是国内学者陈宏辉和贾生华（2004）的研究成果之上，他们认为，可以把企业利益相关者界定为股东、管理人员、员工、债权人、供应商、分销商、消费者、政府、自然环境和社区10类，并根据各类的重要性、紧迫性和主动性三个维度的综合评分，将其分为核心利益相关者、蛰伏利益相关者和边缘利益相关者三种。

笔者充分借鉴这种分类识别的理论渊源，但考虑到本研究的目的主要并不在于对利益相关者划分，而仅仅是将利益相关者思想引入到企业社会责任表现研究当中，因此，按照这一思路，我们提出，企业社会责任表现可以分为三个维度：内部人责任、外部人责任、公共责任。对内部人的责任是指对股东、管理人员、员工、特殊群体等承担的责任，对外部人责任

是指对债权人、供应商、分销商和消费者承担的责任，公共责任是指对政府、媒体、环境、社区等的责任。

问卷数据结果也验证了企业社会责任三维度的成立。

7.6.2 高管团队社会责任战略选择与企业社会责任表现的关系

以上分析结果显示，高管团队社会责任战略选择会显著地影响企业社会责任表现，这种影响在总体结构关系及相关维度上是比较明确的。具体维度来看，经济绩效导向战略正向影响外部人责任而负向影响内部人责任和公共责任，假设7b、假设7c成立，但与我们先前的假设7a，即高管团队企业经济绩效导向责任战略对内部人责任表现有正向影响相背离，可能与内部人责任维度我们选择的是企业员工和特殊群体有关，这两类人群在企业中相对谈判力较弱，企业在谋求经济价值最大化的过程中比较容易忽视甚至牺牲他们的利益，可以设想，如果进入到我们研究视野中的是股东或高层管理人员，也许结论会有所改变，进一步优化及完善该项研究，正是我们未来需要进一步努力的方向。社会绩效导向责任战略与企业社会责任的三维度，包括内部人责任、外部人责任及公共责任的关系呈显著正相关，这与我们先前假设8a、假设8b、假设8c完全吻合，进一步验证和说明，社会绩效导向责任战略确实能使企业促进对于其各利益相关方的关注，特别是公共利益的关注与责任承担。

Norcia和Tigner（2000）[126]曾从普适意义上研究了影响企业社会责任行为的因素，并重点就企业承担社会责任的动机和战略决策进行了较为深入的探讨，他们发现，企业在进行决策时同时存在各种动机，包括财务的、技术的、组织的、伦理的、竞争的、实践的，等等。企业决策的前提并非一定是利润最大化（Etzioni，1988）[220]，以日本为例，日本企业中最流行的是对他人义务而非利己，这在新古典经济学中是无法解释的。事实证明，大部分企业的行为都是负责任的，因此，人们理所当然地认为，尊重生命、保护环境这类广泛接受的道德价值观会影响企业的决策（Sen，1998；Etzioni，1988；Kropotkin，1968）。当然，在承认这一点的同时，不能否认个人、或者决策层集体的因素，Hemingway和Maclagan（2004）[127]强调，商业需要不是企业决策的唯一驱动力，要想使企业正式接受并实施企业社会责任必须考虑把企业社会责任与管理层的价值观联系起来，因为企业从战略制定、选择，到企业社会责任表现，都反映了管理者的个人价值观和决策层的集体价值取向。

7.6.3 企业社会责任表现与企业绩效的关系

企业社会责任表现与企业绩效的结构方程模型成立，企业社会责任表现的改善有利于提升企业的利润绩效、成长绩效及管理绩效，特别是外部人责任及公共责任对于企业利润绩效的提升，内部人责任、公共责任对于企业成长绩效的提升，以及内部人责任、公共责任对于企业管理绩效的提升都有着显著的影响作用。本研究假设9a、假设9b、假设9c成立。

企业在改善利益相关者利益的同时谋求竞争优势的战略，Husted和Allen（2007b）[221]称之为企业社会战略，这是将企业个体利益与社会公众利益紧密结合的产物。Jones（1995）[222]提出，企业良好的社会责任表现，不再是原有陈旧观念中的那种单纯成本增加的概念，好的企业社会表现能使其节省成本，更可能因产品差异化的竞争优势而扩大经济利益。成本节省很好理解，企业与其利益相关者特别是渠道利益相关者建立良好的信任、沟通与合作，能有效降低企业履行社会契约的成本，从而使企业获得成本优势。Hillman和Hitt（1999）[223]提出，良好的公共责任表现，能提升企业口碑，降低消费者市场产品搜索成本，也能使企业获得成本比较优势，此外，当社会企业守法成本不对称时，表现优异的企业可以通过互动战略影响甚至引导公共政策，树立更高环境或社会标准，并利用这些行规或标准获得成本优势。成本的下降即意味着（单个）企业利润空间的增加。善待员工、尊重知识的企业，能形成一种独特的企业文化，吸引和留住更多的优秀人才，降低企业的管理成本，提高企业的管理绩效。另外，公共责任表现优异的企业，往往被视为更负责任、更具创造力，这对于企业品牌价值的提升和积极健康公益形象的建立大有裨益，同时企业通过良好的公众形象也可获得企业品牌优势[224]和产品差异化的优势[102]。上述种种市场竞争优势均可与利益相关者的战略互动来加以扩大。

按照社会发展的趋势，企业社会责任越来越成为企业生存和发展的基本要求，并且不难预测，随着公众对着社会期望的日益提高，今日对企业而言尚属于伦理、慈善范畴的社会责任不久后就有可能成为法规做限定的基本义务与要求。Burke和Logsdon（1996）[225]认为，企业社会责任的五种特性中，前瞻性反映了企业对于未来经济、政治、技术及文化趋势的预测并采取相应措施应对的程度。长期以来，前瞻性被商业战略家视为计划与监控系统的重要特性。在世界经济环境变幻莫测的今天，监控环境的变化将使企业能得到更好的发展机会或能有效避开威胁。在企业社会责任背景下，前瞻性就显得异常重要，哪些企业能采取前瞻性的战略并率先垂范，它们就能在未来一定时期内较之其他企业获得更大的竞争优势。换句话说，在公平有效的市场中，良好的社会责任表现能带来良好的企业绩效，或能有效提升之，这在理论上是完全成立的。

7.6.4 企业社会责任表现的中介作用

本研究的数据分析结果表明企业社会责任战略对企业绩效之间的直接影响关系不显著，而企业社会责任战略、企业社会责任表现与企业绩效的结构方程成立，并且企业社会责任战略对企业社会责任表现、企业社会责任表现对企业绩效的关系都非常显著，证明企业社会责任表现在社会责任战略影响企业绩效的关系中起到完全的中介作用，假设 10 成立。

企业对利益相关者具体承担了哪些社会责任、承担的程度如何，这将对企业绩效起到非常关键的作用。随着企业内在经营条件与外部经营环境的变化，企业社会责任表现也会随之而变化，并对企业产生不同的影响。自 20 世纪 70 年代以来，随着西方战略理论的逐步成型与发展，企业社会责任战略研究方兴未艾，在责任战略的指引下，社会活动家发起的保护人权、保护消费者运动，倡导环境保护运动等，McAdam （1973）[226]研究发现，推动着企业以更加负责任的方式来回应来自社会方方面面的压力，企业迫切地需要制定出相应战略，因为只有将企业社会责任上升至战略层面，才能为企业资源的配置决策提供总的纲领，也才能使企业的社会责任行为做到科学、合理和有序，但战略制定的目的在于实施，战略只有得到有效实施才会真正影响企业的绩效，否则就是一纸空文。鉴于此，企业社会责任表现在社会责任战略影响企业绩效的关系中起到完全的中介作用就不难理解了。

7.7 本章小结

目前，关于企业社会责任战略的研究尚不多见，甚至对企业社会责任战略的定义都比较少，有的以企业社会战略概念取代之。Husted 和 Allen (2007)[227]认为，具有明显创造竞争优势意图的战略型企业社会责任可以视为企业社会战略，企业社会战略是为了帮助其获得长期社会目标和创造竞争优势，是企业在社会中的定位选择。我国学者刘宝（2008）[228]提出，企业社会战略即是企业为了获取竞争优势，实现经济绩效和社会绩效的双赢而在有关社会问题上的定位、设计与投资。但关于企业社会责任战略的具体深入研究还很缺乏。时至今日，社会责任理论的主流观点是确定企业

应当履行社会责任，基本终结以往关于企业是否需要承担社会责任的争论，并将研究的焦点转向企业应该如何履责，即如何改善企业社会责任表现等问题上。邵兴东（2009）[229]认为，随着经济全球化进程的加快，企业管理的实践逐步从全面质量管理、环境管理阶段发展到现如今的以企业社会责任管理为核心的全面管理阶段，但是，将企业社会责任从企业管理上升到企业战略管理的层次来进行研究和实践，还仅仅只是开始。笔者在前人研究成果的基础上，明确将企业社会责任战略分为两种：经济绩效导向与社会绩效导向，并定量分析这两种战略导向与企业社会责任表现及企业绩效之间的关系，应该说是对这一研究领域的一个初步尝试。

以往关于企业社会责任表现与企业绩效之间的关系研究较为丰富，虽然没有形成完全一致的结论，但总体来说，良好的企业社会责任表现能正向促进企业绩效提升的结论较为主流。本研究进一步论证了这一结论，同时在实践领域，明确了企业高管团队社会责任战略选择，包括经济绩效导向战略和社会绩效导向战略高管团队企业社会责任战略选择显著影响企业社会责任表现，这种影响在总体结构关系及相关维度上是比较明确的。具体维度而言，经济绩效导向战略正向影响外部人责任而负向影响内部人责任和公共责任，社会绩效导向责任战略与企业社会责任的三维度，包括内部人责任、外部人责任及公共责任的关系呈显著正相关。企业社会责任表现进而影响企业绩效，包括短、中、长期的影响，利润绩效的提高可视为短期作用表现，管理绩效的提高反映中期作用表现，而长期作用表现为成长绩效的提高。以上研究结论表明，社会责任战略确实能促进企业对于各利益相关方的责任承担，而良好的社会责任表现也能有效提升企业绩效，这为企业正确制定社会责任战略、承担相应社会责任提供了理论参考。

本研究的第一个局限在于主要关注了部门型高管团队，即高管团队内部的平面结构，缺乏对团队内部垂直领导，如 CEO 型高管团队的研究。实际上，企业社会责任战略的制定更多的是体现了企业所有者或拥有企业最高经营执行权的人的意志，高管团队成员会参与战略细则的制定，但战略导向的确定更多依赖最高决策人，这一点在人格化的民营企业中体现得尤为明显。因此在企业社会责任战略问卷发放中，如果增加企业董事长或总经理的采样量，或者加大对于他们意见的权重，也许能进一步提高问卷研究的称许性，但实际操作会非常困难。同时，本研究的重点在于从企业社会责任战略的角度来看企业的社会责任表现，关注的是企业社会责任战略、企业行为表现及企业绩效之间的关系，没有考虑企业领导风格与企业

战略关系的议题。进一步考虑领导结构及领导风格对企业高管团队价值观的引导及对企业文化塑造的影响，这需要在以后的研究中深入拓展。

本研究的第二个局限在于我们在对战略与绩效的过程机制探讨中，采取的是横切面上的静态时点的取样，而没有考虑到绩效（动态）反馈的影响。即本研究仅仅关注的是正向的社会责任战略影响企业绩效的过程机制验证，而对于企业绩效如何影响其下一阶段战略的制定与选择这一过程机理没有提及。事实上，企业采取什么样的社会责任战略，有何种企业社会行为表现，与企业本身所具备的资源和条件密不可分，战略的制定和选择必然要符合企业现实的发展水平，否则战略将难以得到持续贯彻。这种逆向循环的回馈研究，在企业社会责任研究中日益受到关注。因此我们在未来研究中应更加关注绩效对战略的反馈机制研究。

8 强化中国企业社会责任的对策及政策建议

8.1 宏观上，加强政府在推进社会责任中的地位和作用

政府在企业社会责任发展过程中应扮演何种角色，选择哪些政策工具主导和推进企业社会责任值得研究。回顾西方发达国家企业社会责任建设展历程，各国政府介入本国企业社会责任建设是一种普遍的国际现象，在欧盟、瑞典、英国、日本以及美国等西方国家企业社会责任建设中，政府都是积极的倡导者和领航者。我们国家各级政府在企业社会责任建设上也进行了有益的尝试并取得了一些可供借鉴和推广的经验，如国资委、商务部等国家部委出台了一系列企业履行社会责任指导意见，对于企业特别是中央直属企业社会责任建设与发展提出了明确要求和指导建议，各级地方政府也积极探索推进企业社会责任建设，每年组织专家、学者深入企业内部进行深入调研，完成社会责任相关课题研究报告并出版社会责任相关书籍，在社会上营造了关注社会责任、推动企业社会责任发展的氛围。

8.1.1 西方发达国家政府推进企业社会责任建设的经验借鉴

传统经济学理论认为，市场失灵是社会对政府规制产生需求的根源。政府规制（Regulation）是政府或者国家，在企业行为背离社会目标时，所采取的纠偏措施和行为限制，即国家通过强制立法对企业的社会经济活动的干预和约束，目的是预防和调节导致市场失灵的诸多因素，实现社会资源的最优配置。

西方发达国家政府在推进企业社会责任建设中的角色定位主要是：规制者、推动者和监管者，如表 8 -1 所示。

表 8-1　政府在企业社会责任建设中的角色定位

政府角色	职能定位与政策工具
规制者	负责相关责任立法；制定社会责任标准
推动者	促进相关组织建设；构建企业与各利益相关方的学习交流平台；引导责任采购与责任投资；负责信息收集及披露工作
监管者	责任审计，责任监督，信息备查

8.1.1.1　规制者

美国是较早颁布法律、法规对企业行为进行规范的国家。早在 1984 年，美国法律研究所提供了一份关于《公司治理原则：分析与报告》的建议，呼吁企业扩大经营目的和范围，要求企业不仅具有追求企业利益和股东利益的经济目的，而且明确要求企业对社会承担相应的责任，不仅仅对股东负责，更要对公司的“利益相关者”负责，1989 年，宾夕法尼亚州率先修正公司法，将上述建议赋予法律效力，之后，陆续有近 30 个州相继在公司法中加入了社会责任内容，将企业的社会责任纳入法律框架之中。除了直接规定企业社会责任的法律外，美国的《环境保护法》《劳工权益保护法》《消费者权益保护法》等，更对企业关于利益相关者保护等方面做了详尽的、可操作的法律规定，《国内税收法典》更是明确了企业对于慈善、科学、教育等方面的捐赠可以扣减企业所得税，对企业主动关注慈善事业、积极承担社会事务起到了积极的促进作用。在美国影响下，英国、法国等也开始关注社会责任立法，它们在立法中强调就业、工资与员工的工作条件改善，英国在 2005 年 3 月颁布的《新公司法》还强制规定了企业必须对道德、社会、环境事务进行报告，法国、日本、德国也纷纷调整企业法，将社会和环境责任提升到与企业利润同等重要的地位，并强调企业对各方利益相关者的保护。

责任标准是政府对企业生产经营过程中进行规制的政策工具。各国政府利用国家机器的强制力及自身的影响力，推动了企业社会责任相关标准的形成和发展，如美国的 SA8000、德国的 CSM2000 等。美国 SA8000 是国际上首个可用于第三方认证的社会责任国际通用标准，旨在通过引导企业通过有道德的采购活动，改善全球工人的工作条件，最终在全世界范围内形成公平、体面的工作环境，目前，SA8000 已得到全球范围内的普遍认同，全球 40 个国家和地区的 400 多家企业获得了 SA8000 的认证证书，在

中国也享有较高的知名度。德国 CSM2000 覆盖了社会责任、安全健康、环境管理及质量等相关领域的多种要求，其特点是通过最大限度融合社会与企业的具体要求，从而保证企业在成本最小化的前提下，满足不同客户的要求，CSM2000 也得到了国际社会的普遍认可。

8.1.1.2　推动者

在组织机构设置与建设上，部分发达国家建立了专门的组织机构以保障社会责任的有效推进。英国、德国、瑞典、美国、日本等纷纷建立了相关社会责任官方机构及社会团体，以推动企业社会责任的发展。

2001 年 3 月，英国政府首次发布了《企业社会责任政府报告》，此项报告基于对公共、民营和非营利组织的调查研究，旨在提高企业社会责任的经济附加值，促使中小企业关注社会和社区问题。同年，欧盟委员会也向欧洲议会提交了题为《欧洲关于企业社会责任的基本条件》的“欧洲企业社会责任框架绿皮书”，正式引入企业社会责任概念，并对其内容进行了明确界定，从而推动了社会责任研究，为相关政策建议的出台提供了理论依据。

以欧盟为代表的发达国家和地区积极组织社会责任相关论坛，支持创建社会责任网站，为提高公众社会责任意识、推动社会责任实践调查、呼吁企业积极承担社会责任起到了较好的促进作用。为形成企业社会责任长效推进机制，英国政府发布推进企业社会责任工作报告及责任战略，瑞典发布可持续发展全球责任伙伴计划，旨在增进各方面对国际上主要社会责任文件的理解，鼓励本国企业全方位履行社会责任，并推动产业链、供应链上的企业社会责任战略，进而为企业的可持续发展提供新的平台。

另外，欧盟、日本、美国等发达西方国家在推动责任信息披露，倡导企业发布社会责任报告，以政府责任采购激励企业承担积极承担社会责任，推行责任信贷和责任投资以及通过颁布社会责任奖项以促进全社会责任意识提高等方面做了相当的表率，这些都为国际社会企业社会责任的建设和发展做出了有益的尝试和积极的贡献，值得我们学习和借鉴。

8.1.1.3　监管者

当一个国家或地区社会经济处于快速发展时期时，由于各项法律法规尚不完善，企业社会责任缺失严重。当一个社会中的企业社会责任缺失的成本远低于其收益时，企业的逐利性决定了它不具备承担社会责任的驱动力，整个社会容易出现“劣币驱逐良币”的现象，因此，政府承担企业社会责任监管者的角色就显得尤为重要。

“二战”后的日本经济发展迅速，给环境造成了严重的破坏，为此，日本政府公布了一系列国家公害法并坚决加以贯彻执行，按照法规，日本企业如果不及时采取措施保护环境，将要付出比收益大得多的经济代价，这样日本通过立法对企业行为进行了事前预防和事后监控并取得了预期的成效。1995 年，欧盟制定并推行欧洲环境管理和审计纲要来监管企业，目前欧洲有近 2000 家企业自愿发表环境管理和社会发展纲要并自觉接受政府的监管。

美国在推行社会责任审计和认证方面一直走在国际社会的前端，作为企业社会责任审计的发源地，美国一直非常强调通过责任审计和认证来评价企业履责现状，以此促进企业社会责任行为发展。美国政府机构，如联邦贸易委员会、环境保护局及消费者权益协会等社会公共利益监督机构要求企业定期提供某一方面的社会责任履行情况的报告，用以对企业履责现状进行正确评估，并通过责任认证增强企业承担社会责任的自觉性和积极性。

另外，通过采用企业社会责任标识，发放社会责任标签，是政府对企业履行社会责任的一种公开认可，有助于引导消费者和投资者做出对积极承担社会责任的企业的正面回应。比如从 2001 年开始，比利时就开始对积极承担社会责任的企业张贴社会标签，欧洲一些国家采用生态标识，该标识主要由英国环境、视频与乡村事务部推广，提高消费者对生态环境保护的认识，通过发放企业社会责任标识，在全社会营造崇尚积极承担社会责任的风尚。

8.1.1.4　西方各国政府推进企业社会责任的特征分析

西方发达国家在推进企业社会中承担的职责及工具选择，如表 8－2 所示。

表 8－2　西方国家推进企业社会责任中承担的职责及工具选择汇总

职能定位／国家	规制者		推动者				监管者	
	责任立法	技术标准	机构设置	责任沟通	责任投资	责任荣誉	责任审计	责任诉讼
欧盟	√	√	√	√	√		√	
英国	√	√	√	√	√	√		√
瑞典	√		√	√	√		√	√
美国	√	√	√	√	√	√		
日本	√		√			√		

资料来源：中国企业社会责任研究报告（2010）。

西方各国政府在推进企业社会责任建设中有着基本的共性，总结如下。

1. 法律是基石

从西方各国政府企业社会责任建设实践不难看出，政府的规制者角色非常重要，政府只有颁布、实施完善的相关法律法规，才能实现企业社会责任的有序发展。法律责任是企业社会责任中最基本的核心内容，政府通过立法，可以加强企业社会责任在法律层面上的保障。近十几年来，美国政府通过修改补充公司的条款，并以各种各样法令的形式不断补充完善企业社会责任立法基础，从改善员工工作条件、保护消费者权益、加强产品安全和环境保护建设以及促进市场公平竞争等方面对企业的各项行为进行了强制规范及约束，有力地推动了企业社会责任建设。

2. 创新是手段

目前西方国家的跨国公司、多边组织、商贸协会及国际机构，通过制定并广泛推广企业社会责任的国际标准来推进企业社会责任建设，如全球报告倡议（GRI）、国际劳工公约（ILO Conventions）、SA8000 标准、ISO014000 系列标准、道·琼斯可持续发展指数（Doe Jones Sustainability Group Index，DJSGI）等。因其掌握了话语权，这种创新的推进方式起到了较好的效果。

越来越多的诸如共同基金的机构投资者，发起社会责任投资（SRI）基金，SRI 基金是指在传统的财务指标之外，以预期稳定利润分配的持续性、遵守法律、雇佣习惯、尊重人权、消费者问题、社会贡献程度和对环境问题的关注等社会伦理性标准为基础，评价并选择企业所进行的投资。此外，SRI 还包含以社会公益、地区贡献、行使股东权利等为目的的资金投入行为。因此，SRI 将其投资选择同社会责任表现关联，要求接受投资的企业，不断增加其透明度及公信力，以促进企业更好地承担社会责任。最早一支伦理基金是 1965 年在瑞典发行的，1971 年美国出现了本土第一支伦理基金（Ethical Fund），而英国第一支伦理基金是在 1984 年发行的 Friends Provident’s Stewardship Trust。目前，最大的社会责任投资市场是在美国，其次是英国、荷兰及瑞典。其中美国及英国的社会责任投资总资产规模已超过 3 兆美元，并且每年以超过 30% 的速度成长。

3. 监管是后盾

欧美各国政府都特别重视与 NGO 的合作，加强对企业社会责任的监督与管理，并充分发挥 NGO 的舆论监督作用，取得了较好的成效。日本的监

管重在立法，通过企业污染防治措施等一系列法律法规的颁布实施，强调事前监管的效力，欧盟推行发表欧洲环境管理和审计纲要来监管企业，美国则通过具有广泛影响的各种传媒对企业施加舆论压力以引导企业社会责任的履践。

同时，欧美国家重视企业社会责任审计，通过审计这一事后环节，促进企业社会责任行为的改善，并在社会上营造企业社会责任建设的风尚。如美国作为社会责任审计的发源地，美国联邦政府机构，如联邦贸易委员会、环境保护局、消费者权益保护协会等社会公共利益监督机构要求企业提供某一方面甚至全面的社会责任履行情况，通过集体审计，评价企业的履责现状，并提出相应改进意见和建议，对个别履责状况较差的企业，在社会上进行公示，倡导社会民众对其进行共同监管。

西方各国政府在推进本国企业社会责任建设上既具有共性，也有着明显的差异。在不同的文化背景和不同的政治体制下，处于不同发展阶段的国家推动企业社会责任建设的方式各不相同。总体而言，美国更加重视立法规制特别是强制立法的作用，政府（含议会）推动企业社会责任发展的主要举措集中在规制性措施的制定及推行上。日本政府在本国企业社会责任的推进进程中也主要扮演规制者的角色，较少承担推动者和监管者的职能。瑞典等一些欧盟国家政府在社会责任推进方面以全面参与者的姿态介入，不仅注重相关法制建设，也关注过程推进及全程监管。

8.1.2 中国政府在企业社会责任建设中的现状及问题分析

8.1.2.1 现状分析

目前，中国政府在企业社会责任建设中主要以规制者的形象出现，在推动和监管企业社会责任体系上还有待进一步完善。

经过多年的发展，我国各级政府规制体系已逐步得到了完善，基本涵盖了社会责任的各个相关领域。我国至今没有一部专门的企业社会责任立法，而是通过单行法保护企业的各利益相关方，如《劳动法》强调了对企业员工权益的保护；《消费者权益保护法》强制要求所有的企业必须履行对消费者权益的保护，《环境保护法》对企业的基本环境保护责任做了强制性规定。除了中央出台的法律法规外，各级地方政府也制定了相关领域的地方法规和政府规章。总体而言，我国各级政府对企业社会责任的强制性体系已趋于完善，如表 8－3 所示。

除了强制性法律法规的制定与颁布实施外，经过近十几年的探索，我国政府在推进企业社会责任手段上也逐步趋于多样化。各级政府也通过采

用责任沟通和责任奖项激励两大手段，如出版发行《企业社会责任蓝皮书》、举办企业社会责任的高峰论坛，以及通过中国企业社会责任调查评选出优秀社会责任奖项等，鼓励企业积极承担社会责任，在企业及社会营造推崇积极承担社会责任的良好氛围。

表 8－3　我国政府推进企业社会责任的角色及工具选择汇总

政府名称	规制者		推动者							监管者	
	责任立法	技术标准	成立机构	会议论坛	发布报告	扩展渠道	颁布奖项	责任合作	责任培训	责任考察	责任认证
中央政府	√			√	√	√	√	√		√	
国资委	√		√	√	√		√	√		√	
商务部	√			√				√	√	√	
上海市	√	√		√			√	√		√	√
浙江省	√			√			√				√
深圳市	√		√	√	√		√			√	√
杭州市	√		√	√	√		√				√
浦东新区	√		√	√			√			√	√
常州市	√	√	√	√	√		√				√

资料来源：《中国企业社会责任建设蓝皮书（2010）》。

8.1.2.2 问题分析

我国政府在推进企业社会责任建设中起到了非常重要的作用，但还存在不少问题，主要体现在以下几方面。

1. 自律性规制尚未形成体系，引导性规制体系仍不很完善

尽管经过多年的发展，我国大多数行业已经成立了行业协会，但这些行业在引导行业内企业社会责任履践上并没有起到应有的作用，大多数并未真正建立自律性规制，有的行业内部呈现零星分布的自律性规范制度，但很多存在于文本条款，没有得到真正的贯彻落实。另外，中央及各级地方政府均未建立企业社会责任发展规划，政府在引导性规范制度建设中也基本以“规划战略”和指导意见为主，形式单一，具体内容也缺乏操作性，对企业如何承担社会责任的指引性有待加强。

2. 推进体系有待进一步完善

近些年，随着经济建设的逐步发展，和谐社会建设呼声的逐步加强，

我国中央政府已开始认识到推进企业社会责任建设的重要意义，中央部委陆续出台了相关的推进措施。但是，由于地区经济文化差异、行业特征差异以及企业发展水平差异等的影响，在推进过程中，中央政府很难自觉形成社会责任的推进领导机构实施统一推进及管理。实际上，由于对社会责任内涵理解的侧重点有所不同，不同地方政府专司企业社会责任推进工作的组织机构各异，如深圳市是有人大和政协来统筹协调社会责任推进工作，而杭州市负责该项工作的是总工会，组织机构的不统一，有时带来跨地区企业社会责任协调的困难与障碍。

另外，从发展特征来看，我国政府社会责任推进体系基本形成了“设置机构—促进沟通—颁布奖项—加强合作”四大方面，但由于领导机构的缺位或不明确，以上工作尚未形成常规性的日常工作，工作的日常化和持续化有待进一步加强，特别是“国际（国内）责任合作”方面，不少地方政府尚未涉及，社会责任推进体系的完善还有很长一段路要走。

3. 监管体系尚未建立

目前，我国各级政府基本采用责任考察方式对企业社会责任进行监管，但由于各级政府对此项工作缺乏必要的统筹管理，责任考察往往流于形式，不能对企业社会责任工作起到真正的监督管理的作用。

中央政府以及一些地方政府已经建立了较为完善的社会责任认证体系，但这些责任认证多集中在环保领域，员工保护、消费者权利保护、产品安全认证等相关领域的责任认证涉及相对较少，因此这些领域的责任监管缺乏相应的客观依据。更为重要的是，我国各级政府主要采用责任考察和责任认证两大手段来实现企业的社会责任监管，不像欧美一些国家，发动社会大众特别是媒体的积极参与和关注，因此在责任监督手段上过于单一，并由此容易产生监管不力的结果。

8.1.3 中国政府推进企业社会责任建设的对策及政策建议

企业社会责任建设是一项长期、艰巨的任务，涉及经济、法律、伦理、环境等各个领域，需要政府的协调和引导。政府应将推进企业社会责任建设与法律、政策、规划、标准的制定结合起来，建立相关配套政策，加大宣传力度，营造舆论氛围，引导企业高度关注并自觉履行社会责任。

政府在推进企业社会责任建设过程中应主要做好以下几方面的工作。

1. 部署企业社会责任推进整体规划

从宏观层面上部署企业社会责任推进整体规划，使企业社会责任建设有计划、有步骤地向前推进。在部署整体规划时，应明确我国企业社会责

任发展的总体战略目标，并将总目标分解成若干个阶段目标，以确定不同时期企业社会责任推进的工作重点；在企业社会责任推进中，应引导企业树立正确的价值观，鼓励企业辩证对待经济利益与社会利益、局部利益和整体利益、短期利益和长远利益之间的关系，明确界定企业社会责任工作在促进国民经济建设、和谐社会构建中的地位和作用，并对推进我国企业社会责任建设提出明确的任务和要求。

2. 建立适合我国国情的企业社会责任标准体系

国际上通行的社会责任标准很多并不能与我国国情以及我国企业的发展现状相匹配，而我国目前尚未建立统一的社会责任标准，虽然部分地方政府和行业协议已经开始进行有益的尝试。企业社会责任标准是规范企业行为特别是企业社会责任行为的主要依据，中央政府及各级地方政府在构架企业社会责任标准体系时，应注意涵盖以下三个方面的内容：第一，立足国家和地区社会经济发展实际，建立具有普适性的国家和地区社会标准体系；第二，立足行业发展特点，建立和推动行业层面的社会责任行为准则，以指导和约束本行业内各企业的行为规范；第三，倡导企业建立内部标准和行为规范，约束企业自身的生产经营，并学习国际上通行的做法，通过供应链向上向下传递社会责任理念，带动供应链上合作伙伴积极承担企业责任，并逐步在社会营造良好的社会责任履践氛围。

3. 健全企业社会责任信息披露机制

为促进企业及时、准确、有效地披露其真实的社会责任信息，加强社会监督，目前我国政府有关部门正在积极尝试建立企业社会责任信息披露机制，相关规定业已出台及实施，如《环境信息公开办法》《上市公司信息披露办法》等，这些信息的披露对于推动企业社会责任建设起到了很好的监管作用，今后应将信息披露延伸到诸如消费者权益、产品安全等更多企业利益相关领域及更多类型的企业中。信息披露应当遵循公开、透明和可靠的原则基础上，拒绝瞒报、假报，对于信息披露的内容可以采取强制公开和自愿公开两部分，凡涉及国家法律法规强制规定必须披露的信息，企业必须定期公开相关信息，接受社会各界监督，而对于非强制性的内容，政府应积极引导企业在自愿的基础上，采用多种方式自行披露企业相关社会责任信息，如定期发布企业社会责任报告或企业可持续发展报告，有条件的企业可在企业网站上不定期发布企业相关责任行为，更新责任数据，并通过网络互动平台与其利益相关方进行充分的交流和互动，主动接受社会公众及相关部门的监督批评。政府应积极探索建立社会责任信息披露监管办法，并采用引导、激励等多种手段，鼓励企业对信息披露进行方式创新和有效管理。

4. 构筑企业社会责任评价体系

企业社会责任评级体系是引导和规范企业行为、促进企业改善社会责任表现的重要工具。中央及地方各级政府应在我国现行的法律法规框架内，按照分类指导的严责，构建科学、适用的企业社会责任评价体系，具体来说，政府应将工作重点放在：第一，建立和完善企业社会责任评价体系的总体框架，对评价指标、评价方式、评价标准以及相应奖惩措施做出明确的规定；第二，推动行业自律和行业每部自我约束机制的发展，指导行业组织制定本行业的企业社会责任评价体系，协助行业组织对企业进行必要的指导和监督；第三，引导企业自律自评，建立组织领导机构和职能分工责任制，按照相应的流程和规范，对企业利益相关者进行识别和分类，并按照相关评估体系的评价指标和标准对本企业社会责任现状进行评估和反思；第四，组织建立第三方社会责任评价机制，鼓励社会公益机构对企业社会责任行为进行收集、问询及其整理，积极征求社会公众的意见和建议，对企业社会责任行为进行定期评价和意见反馈，并通过社会舆论的宣传和监督，推动企业社会责任发展。

5. 促进相关配套政策体系的建设

政府应加快企业社会责任相关配套政策体系建设，从投资、税收、信贷、市场准入、政府采购等方面入手，制定一系列奖惩措施，营造企业社会责任建设与发展的良好外部环境。相关配套政策体系应涵盖：第一，制定相关税收优惠政策以鼓励企业积极承担社会责任。比如，对生产者进行改进技术和工艺流程以减少污染排放的行为给予一定时期的减免税，这对于企业的环境责任承担能起到很好的推动作用；再比如说，对于企业捐赠如何减免税也应该出台具体的方案。目前我国税制在赐予企业公益性捐赠可从应征税所得额中扣除的优惠的同时，对捐赠投向、捐赠方式和程序、捐赠扣除额度等举行了规定。这些规定对激励企业公益性捐赠发挥了一定的作用，但也存在一些缺陷，因此，要着力进一步健全企业公益性捐赠税收优惠政策激励机制，完善捐赠税前扣除的配套规定、健全捐赠方享用优惠的受赠机构体系及大力发展官方公益性组织。第二，推进责任采购与责任消费，对社会责任绩效良好的企业，给予政府优先采购支持，并在全社会倡导责任消费，通过全社会对企业社会责任行为的关注，以促进企业社会责任意识的整体提升。第三，对缺乏诚信、侵犯员工权益、肆意破坏生

态环境、危害公共安全的企业，利用法律或行政手段，对企业进行相应处罚，并强制其承担相应社会责任。

6. 推广责任理念，加大理论研究和宣传培训力度

政府应充分利用各种传媒，采用灵活多样的形式，加强企业社会责任宣传力度，对有关企业社会责任的重要活动以及相关热点、焦点问题及典型事例进行追踪报道，提高社会各界对企业承担社会责任必要性及重要性的理解认识，为推动企业社会责任建设营造良好的社会氛围和发展环境。

国内企业社会责任研究刚刚起步，政府可设置相应研究机构，依托高校、科研院所等力量，在社会责任领域展开深层次的理论研究，并定性定量相结合，在充分调研的基础上进行实证研究和探讨，为政府出台更具针对性和操作性的相关政策和配套措施奠定理论基石和数据支撑。

政府可依托行业和企业组织，开展形式多样的社会责任培训，通过培训，对企业管理层及员工进行社会责任理念的普及和知识的更新，将社会责任融入企业文化中，推进企业践行责任价值观，增强员工特别是企业高层的责任意识和责任水准，以促进企业经济管理行为的规范发展。

8.2 中观上，充分发挥非政府组织（NGO）对企业的监督作用

由于政府失灵和市场失灵的客观存在，社会呼唤“第三只手”（非政府组织）的出现，非政府组织作为新的社会公共事务的管理主体，具有市场和政府所不具备的优势。非政府组织在中国社会转型期发挥了重要的作用，它不仅能够弥补市场失灵和政府失灵，而且也在推动企业社会责任建设中，能极大降低社会的管理成本。究其原因，一方面，非政府组织能在一定程度上弥补中国市场体制固有的缺陷，在社会弱势群体与政府、国际资助者之间，以及与社会公众之间发挥桥梁纽带作用，因为非政府组织本身是以主体自愿为基础，以利他主义和人道主义为价值导向的非营利性组织机构，他们的宗旨是向老、弱、病、残等社会弱势群体提供必要的公共服务，企业践行慈善责任可得到他们的指导和并接受他们的监督。另一方面，非政府组织在促进生态环境保护、实现人与自然和谐共生方面能够发挥独特的作用，它的民间性、社区性、非营利性，有助其随时随地、便利快捷地发现环境保护等社会问题，并积极采取相应对策，能给企业做出表率并能对企业进行实时监控。

8.2.1 非政府组织推动中国企业社会责任建设的必要性分析

8.2.1.1 理论基础：善治理论

20世纪90年代出现的善治理论，为非政府组织参与克服政府干预失灵提供了基本理论支持。不少学者在理论探索中发现，造成现实社会资源配置不合理的根源不仅源于市场失灵，更因为政府失灵的存在，他们认为，用善治取代统治，可以弥补政府和市场在调控协调过程中的弊端和不足。善治理论超越了市场与政府之间的惯性思维模式，重新审视了两者之间的关系，它既强调政府存在的必要，同时强调政府作用的局限，倡导政府作用的边界，并提出第三种社会协调机制——非政府组织，希望通过非政府组织所具有的“反思的理性”来弥补政府机制的“实质理性”的不足。

“善治”的重大贡献在于它打破了社会科学中长期存在的计划与市场、公共部门与私部门、社会与政府之间的独立两分法的传统思维方式，是一种民主的、合作的、非意识形态化的公共管理模式，强调政府与非政府组织在相互依存的环境中分享公共权力，共同治理公共事务。企业社会责任的界定与承担，从客观上要求打破企业与社会的边界，并将企业内部的行为表现纳入社会公共监管范围中。对政府部门而言，治理是从统治到掌舵的变化，而对非政府组织而言，治理是从被动安排到积极参与的转变，不难看出，非政府组织对于企业社会责任监管在一定层面上能起到政府所不能起到的作用。

8.2.1.2 制度基础：有限政府与政府失灵

有限政府是智力型政府与服务型政府，是指政府的职能、权力、规模、行为等受到来自法律的明文限制，需要接受社会的公开监督，当政府的权力和规模超出界限时，必须要得到有效的纠正。查尔斯·沃尔沃(1998)[230]提出，“由于政府干预来试图纠正市场缺陷，可能产生无法预料的副作用，这种情况经常发生在远离公共政策运行的那些领域”。“非市场领域派生出来的外在性则是这样一些副作用，即它们并不在产生这些副作用的机构身上体现，因为这些副作用并不影响机构的策划和行为”，这就是所谓的“政府失灵”。

我国现正处在社会转型阶段，各种社会价值观念、政治经济体制、文化传统等都处于激烈变革时期，政府对于社会的治理和引导面临前所未有的巨大压力。培育和发展非政府组织，是重塑我国政府和社会关系的关键。非政府组织是为弥补我国政府失灵和市场失灵而产生的，它的产生对

满足社会多元化需求、完善社会保障制度、提高社会公共产品效率提供了可供借鉴的路径选择。比如，从分配机制来看，市场机制是按照效率优先原则进行第一次分配，政府按照公平优先原则进行第二次分配，第三部门如非政府组织，可以按照道德优先原则通过社会募捐及资助对社会财富进行第三次分配。在我国经济高速发展的今天，在公平和效率难以完美平衡的现实条件下，社会出现弱势群体和边缘群体在所难免，在企业和政府无暇顾及的情况下，非政府组织能够发挥其无可替代的作用，并因此增进社会福利。如中国扶贫基金会，中华慈善总会，通过向企业、向社会广泛募捐，每年从海内外募集的慈善资金高达50亿元，在帮助数以万计的弱势群体摆脱贫困、谋求发展领域取得了辉煌的成就。

8.2.2 非政府组织推动中国企业社会责任建设的机制分析

从经济责任层面来看，非政府组织的创建和发展，能够为社会间接创造新的就业岗位。李军鹏（2006）研究发现，美国、英国、法国、德国、意大利、瑞典、匈牙利和日本这八个国家非政府组织雇用的人数相当于1190万个领薪的全日制工人，相当于每20个工作岗位就有一个在非政府组织，雇佣的志愿人员相当于480万个全日制雇员。当前，我国的就业压力非常大，非政府组织的发展可以吸收我国市场的声誉劳动力，增进社会福利，为经济发展提供良好的社会环境。而且随着我国非政府组织的发展，涉及领域的逐步扩大，就业机会将得到很大程度的提高。

环境责任也是企业重要的社会责任之一，党的十七大明确指出，我国要建设生态文明，将人与自然的关系纳入到社会发展目标中统筹考虑。虽然环境保护应以政府为主导，但由于政府失灵的存在，政府在环境保护治理中容易出现信息不对称，治理效率低下等问题，另外，受技术、管理体制等方面的限制，政府的环境监督成本较高，并且地方政府在过分强调经济发展的思想引导下，漠视生态环境破坏的现象时有发生。自1994年我国成立首家环保非政府组织“中国文化书院绿色文化分院”以来，我国目前成立“自然之友”“地球村”“阿拉善生态联盟”等众多环保类非政府组织，环保类非政府组织由于具有民间性、社区型、非经济驱动等特点，有可能随时随地、便捷快速地发现环保问题并积极采取行动，专业化的非政府自治还可以帮助政府实施对企业环境保护的监控和评估。这些组织致力于解决企业与公民个体对于环境保护内驱力缺乏这一社会痼疾，对推动企业生态文明建设，实现人与自然和谐发展起到了重要作用。

非政府组织是发展社会公益事业，维护社会公平公正的中坚力量。我

国正处在社会的转型阶段，经济迅猛发展，使得社会矛盾频发，失业问题、教育问题、医疗问题以及贫富差距的加大，各种社会冲突被无限放大，企业由于本身的逐利性，在解决这些社会问题上资源匮乏、动力不足，而政府由于体制固有的缺陷，在处理这些社会问题上有时也显得积重难返。非政府可以弥补我国市场体制的缺陷，在社会弱势群体与企业、政府、国际资助者以及社会公众之间搭起一座桥梁，本着利他主义和人道主义的原则，加强双方或多方沟通，向老、弱、病、残、失业等社会弱势群体提供必要的公共服务，改善他们的生活，增强他们的社会竞争力，在一定程度上帮助政府、企业实现文明社会的伦理责任。同时，非政府组织的“志愿性”和“非营利性”决定了其开展活动、募集资源的手段不同于政府的“强制”手段，更能得到企业和社会公众的认同，具有较高的社会公信度。这为其协助企业承担社会慈善责任提供了较大的便利。

8.2.3 促进中国非政府组织发展的对策及政策建议

非政府组织作用的日益增长和企业社会责任运动的蓬勃发展，是20世纪以来世界范围内两大引人注目的现象。非政府组织和企业社会责任运动兴起的历史背景和社会影响各不相同，但就两者的关联来看，非政府组织是企业社会责任运动中极其重要的一支力量，并且在建立企业社会责任标准、改善企业社会责任表现、监督企业社会责任行为等方面发挥着日益重要的作用。在一些国家，非政府自治已经成为与企业—体系、政府—国家体系并列的第三体系，即第三部门，非政府组织在中国也已开始崛起并迅速发展壮大，我们应在以下几个方面推进相关制度建设和组织健全，以推动中国非政府组织的发展。

1. 积极培育公民社会的发展

公民社会是非政府组织发展的基石，任何一个国家（或地区）要想使非政府有一个良好的生存和发展环境，首先必须得建立一个和谐友善的公民社会，这正是我国目前社会所缺乏的。应加快我国政治社会化的进程，重视社会公民群体的参与和合作。第一，应积极推进我国政治体制改革进程，进一步扩大民主权利，将更多的权利回归至社会公民手中，让民众有更多的话语权和监督权。特别是在农村地区，要更加规范和完善村民的自治，逐步消除城乡二元化的隔阂，使城乡公民社会的发展能得到均衡发展，这将有助于扩大非政府组织发展的公民社会根基。第二，加强公民社会文化的建设。其中公民意识是社会文明的重要标志，只有当社会公民具备了完整的公民意识个公民性格，非政府组织的政治体制改革目标才有可

能有效转化为内在的价值。在推进公民社会建设中，应加强宣传与引导，提高公民的社会参与意识与主人翁的责任感，进一步加强公民文化的建设与发展。

2. 正确定位政府的职能，建立合理分工机制

我国政府应进一步转变职能定位，促进“小政府、大社会”的发展。目前，我国大部分非政府组织脱胎于政府机构，对各级政府有着很强的依赖性和关联性，这样容易造成两者职能定位模糊、功能重合及缺位并存等现象的出现，无法真正实现非政府组织在向社会提供公共产品与服务职能上的与政府平等协作、相互竞争、和谐共生的宗旨，也不利于非政府组织的发展壮大。因此，我们应该：第一，积极倡导政府与非政府组织的平等合作关系，确保非政府组织的社会独立地位。非政府组织不应该隶属于政府行政机构，政府应积极放权，为非政府组织在公共服务领域提供更加广阔的空间，为非政府组织的发展提供经济帮助与制度支持，政府与非政府组织应创建相互协作、相得益彰的新局面。第二，合理分工，各司其职。非政府组织虽然能够履行社会职能，但不可能完全取代政府的职能，应当合理划分两者在公共治理和公共服务中的职责，政府应主动从部门利益和行业利益中退出，把服务性的社会公共事务逐步移交给非政府组织，而将主要精力集中于法律的制定与监管，对于伦理道德建设和慈善事业的发展，政府应主要从宏观上加以指导，具体事务的操作可移交相关非政府组织来完成和监管。

3. 进一步完善非政府组织的组织机构建设

首先，要加强组织自身的建设与管理，提高其资源组织能力、公关活动能力以及发展创新能力，只有获得政府的支持和公众的认可，才能真正得以发展壮大。因此，要在多渠道筹资，加强人才引进和人才培养以及改进财务管理等方面多做文章。其次，要改革完善非政府组织的管理体制，建立健全包括第三方监督和评估机制、奖惩考核机制以及竞争激励机制等非政府自治的组织运作各项机制，以提高非政府组织在企业及社会公众中的社会影响力，从而在引导企业社会责任建设工作中发挥更加重要的作用。最后，还要加强非政府组织的文化建设，只有通过在政府组织内部树立正确的组织目标和价值观，才能提高组织的公信力及号召力，在引导企业社会责任建设中才有可能发挥其应有的作用。

4. 建立健全外部监督体系

目前我国非政府组织建设还处与起步阶段，体系建设尚不健全，更需

要广泛的监督体系来防止或减少“非政府组织失灵”现象的发生。非政府组织的监管力量应主要来自政府和社会。政府对于非政府组织的监管，行之有效的办法是构建我国非政府组织问责制。对违反法律法规的行为严格问责直至追究法律责任。非政府组织的社会监督力量主要来自于三个方面。一是捐赠者，包括个人捐赠者以及以企业等经济组织为捐赠单位的捐赠者，捐赠者是非政府组织组织物资和资金的主要来源之一，非政府组织能否实现对捐赠者的承诺，帮助企业及捐赠个人完成对捐赠对象的有效捐助，是否具有公信力，是其能否获得持续捐赠的关键。二是第三方评估机构，第三方评估机构能站在公正、客观的立场评估及监督非政府组织的行为活动，帮助非政府组织提高公信度和工作效率，使其更好地服务与社会及企业。三是新闻传媒的舆论导向及监督，新闻传媒由于其在宣传传播领域独特的地位和作用，它的正面或负面报道都会对非政府组织产生深远而持久的影响。因为非政府的服务对象是各企业及广大社会公众，他们所感知的非政府组织服务质量的好坏通过新闻媒体的报道及后续反馈，能在全社会带来较大的影响，这有助于促进非政府组织及时做出调整，进而增强非政府组织对于企业及社会公众意见或建议的及时回应。

8.3 微观上，企业高管要加强自律，引导企业积极主动承担社会责任

8.3.1 思想意识：企业承担社会责任的义、利之辨

企业追求利润最大化和企业承担社会责任之间在一定程度上存在矛盾，企业有时需要做出权衡选择，要想企业积极主动承担社会责任，首先要在思想意识层面，特别是企业高层管理者头脑意识中肃清企业承担社会责任的理论基础和现实需要。企业为什么要履行社会责任这个问题，归纳起来有以下几方面。

1. 道义选择的需要

古代哲学思想对于“义”和“利”的思辨，道德对从业者影响的讨论，都可以看成是企业社会责任的思想起源。从古至今的义利之争，都阐述了公民（包括企业公民）服从公共利益承担社会责任要求与义务。古典的契约理论和利益相关者理论明确提出，企业作为包括各种利益相关者的客观主体，必须对各利益相关者的要求做出回应，才有可能得到相应回报。

企业是隶属于社会大系统的经济法人，其行为必然对于法人组织的内部及外部的社会系统产生耦合和互动，表现为从社会中获得资源，通过组织内部转化，然后向社会贡献产品和服务，因而其行为已不再是个体行为，而是社会体系运行的一部分，因此企业对于其利益相关主体负有不可推卸的责任。以损害社会公众利益为前提，以破坏生态环境为代价来片面追求利润最大化的企业行为是不符合社会规范的。企业特别是高层管理者应当树立正确的道德取向和社会责任取向，将企业的经济目标和各项社会责任目标更好地融合起来，相互协调、相互促进，只有这样，企业才能获得不竭的内部驱动力，企业的持续发展和永续经营才有可能得以实现。

2. 市场竞争的需要

一个企业的竞争力主要来自于企业员工，特别是技术密集型企业更是如此，企业如果伤害了员工利益，最终损害的企业自身的利益。同样，对于企业其他利益相关方利益的损害，也会降低企业的市场竞争力，比如对债权人利益的损害会影响企业的融资竞争能力，对消费者权益的损害会影响企业的产品竞争能力，对分销商利益的损害会影响企业产品的销售竞争能力，等等。也正是因为这些利益相关者“无形的手”使得企业微观行为契约化、外部约束内在化，使得企业承担社会责任成为提高市场竞争力的内在驱动力。

中国加入世界贸易组织后，面临更多的国内外贸易伙伴，对履行社会责任提出了更多更高的要求和挑战。国际上一些劳工组织和跨国公司要求中国企业，特别是其供应商和分销商企业严格执行相关社会责任标准，并委托第三方机构对企业执行状况做相应的监督和审核。面对与日俱增的国内外压力，如何提高企业市场竞争力特别是国际市场竞争力，是每一个中国企业，具体而言之，更是每一个企业高管应该深思的问题。

3. 持续发展的需要

企业既是市场经济的主体，也是公民社会的主体。国内外实践证明，企业承担社会责任与企业的绩效，特别是企业的长期绩效呈一定程度的正相关。企业实施良好的社会责任管理，不仅有助于其得到利益相关各方的支持与帮助，提升企业的市场竞争力，而且作为公民社会的一员，促进社会的福利增加有助于树立企业良好的社会形象，是企业在提升经济效益的同时取得良好的社会效益，创造企业和社会的双赢格局。

具有社会责任感的企业至少可以得到以下几个方面的益处：提高原材料和能源利用效率进而降低经济运营成本，提高企业经济效益；提升企业

品牌价值，树立良好社会形象；对内有助于保持员工对企业的忠诚度和敬业精神，对外与政府建立良好的政企关系，创造和谐的内外发展环境；与社会各界保持良好互动，有助于激发企业的创造力和责任感，回报社会进而实现企业的持续经营和长远发展。

8.3.2 指导思想：动态制定和实施企业社会责任战略管理

任何一个企业，不管其规模大小，性质如何，也不论其处在什么发展阶段，都应确定一套明确可行的社会责任战略体系，并且随着企业的不断发展以及企业生存的内外环境的不断变化，企业先前制定的战略可能变得不合时宜，企业应在生存发展过程中对社会责任战略进行动态调整及管理。

企业在制定及实施企业社会责任战略时，经常会遇到两种阻力：一种阻力是认为企业社会责任与企业经营无关，没有必要将社会责任纳入企业战略之中；另一种阻力是认为企业承担社会责任会对企业绩效起到负面作用，反对企业承担相应社会责任。这些观点都有失偏颇，作为企业，特别是作为企业高层管理者，必须在整体上把握企业社会责任，在利润、生态、社会之间寻求有效的平衡，当然，不同的企业，由于其生存背景、发展阶段及经济实力各不相同，其对社会责任践行的侧重点肯定也会有所不同，因此，更应强调企业根据自己的实际，制定既符合社会规范又符合企业实际的企业社会责任战略，将社会责任管理纳入到企业的整体框架之中。

任何一个企业在发展过程中都必将经历企业社会责任战略变革，这是因为企业所处的内外环境在不断变化，这就从客观上要求企业必须进行及时的适应性调整，才能实现企业的持续发展。企业要想社会责任战略变革的成功，应注意以下几方面。

1. 正视不确定因素的存在，适时调整企业社会责任战略变革基调

企业所处的内外环境在不断发生变化，企业要想得以生存和发展，企业决策层和管理层一定要在充分洞悉环境变化的基础上适时调整社会责任战略变革基调，通过社会责任战略变革加强自身的社会责任战略优势。战略变革基调包括以下几方面。①平衡与动态的基调。企业在不确定的生存与发展环境下，社会责任战略不能一成不变，而应处在“动态平衡”之中。企业要想在动态变化的环境中谋求持续经营与发展，就必须生和死与环境保持自然平衡，并进行有效的社会责任战略变革与持续的社会责任战略创新。②适应与超越的基调。企业应当学会利用自身资源与能力，超越

现实环境的束缚，通过社会责任战略变革不断自我更新，追求卓越。企业社会责任战略的制定和调整既要适应环境，更要超越环境，这样才能为企业的发展创造出更大的张力。③柔性与刚性的基调。企业在不确定的环境中既要有柔性的洞察力去分析竞争对手的行为和能力，又要用刚性的分析力去观察环境的走势，从而制定既能适应环境发展，又具有市场竞争力和社会竞争力的企业社会责任战略。④传统与现代的基调。企业要善于自我变革和创新，社会责任战略变革实质上是一种“扬弃”，审时度势，适时调整，在继承原有战略优势的基础上获得新的发展。⑤主动与被动的基调。企业既可以主动对环境变化做出相应战略调整，又可以伺机等待，不盲目行动，先做出被动反应，有必要是再主动出击。主动变革的风险有时过大，在不确定因素太多，看不清方向的情况下，先投石问路，耐心等待时机，优势被动变革也可以通过以后的迅速行为来实现后来居上，变被动为主动，强占市场先机。

2. 增强企业社会责任弹性，审慎选择企业社会责任战略变革模式

企业社会责任战略弹性与企业社会责任战略变革模式之间呈现很大程度的相关，企业的社会责任战略弹性与企业动态性、权变性选择社会责任战略模式具有举足轻重的作用，这就从客观上要求企业不断提高社会责任战略弹性，主要措施有：①不断积累和创造知识性资源以增强资源弹性；②增强生产、服务、经营等各环节的系统弹性并增强各系统之间的协调程度以增加企业整体运作弹性；③构造有机的企业组织结构以增强企业的结构弹性；④建设创造性的企业文化以增强企业文化弹性。总之，企业要在不断的学习过程中促进企业社会责任战略的不断形成，并选择适宜的企业社会责任战略变革模式，按照正确的企业社会责任变革过程顺利实施企业社会责任战略变革，为企业创造新的企业社会责任战略愿景。

要把企业社会责任纳入企业战略之中，被动服从是远远不够的，应把企业社会责任真正融入到每一个企业家、企业高层管理者的价值理念中，在战略上促进相关企业文化建设，只有这样，才能真正实现企业对社会责任战略的动态制定及管理。

8.3.3 具体对策及政策建议：多策并举，推动企业社会责任建设

1. 更新观念，积极培育体现人性化的企业文化

企业树立与社会共赢的核心价值观念，是顺应时代潮流，打造优秀企业的关键，在高度的社会责任感指引下，培育企业社会责任精神文化、制度文化、行为文化和物质文化，把企业社会责任经营理念渗透到企业经营

管理和价值链的各个方面、各个环节，塑造企业具有核心竞争力的优秀企业文化。

当代企业的生命力在于创新，而创新的动力来源于人，尤其是异质型的人力资本，所以当代企业管理首先应该强调以人为中心的人本管理，形成更加积极进取的企业精神和更具人性化的企业文化，对内激发员工的创造力和凝聚力，对外塑造良好的企业形象以提升市场竞争力。具体来说，企业应采取以下措施：①充分发挥工会的作用，通过工资集体协商谈判制度保障员工的工资待遇及福利水平。②保证员工的安全与健康不受侵犯。企业应保证其控制下的工作场所、设备及工作程序的安全以及员工的人心健康不受到任何威胁，并制定严格的员工安全操作手册加以实现事前防范。③重视员工学习能力及工作能力培训提升。要根据企业发展和员工自身发展的需求设计培训制度，是企业员工在提升能力的同时，感受企业对自己的关注与重视，增强企业的凝聚力。④鼓励员工参与企业各项管理。职工参与管理制度是充分体现人本管理的良好制度选择，在我国推行职工参与管理，可以采取多种形式，如职工代表大会、集体协商制、集体合同制等加以实现。

2. 健全机构，设立利益相关者委员会

要使企业真正做到关注并维护利益相关者的各项利益，就必须让其利益相关者参与到企业的经营与治理中去，即提倡利益相关者共同治理企业的模式。参与的实现，可考虑让企业主要利益相关者代表，如员工代表、供应商代表、债权人代表等，加入到企业的董事会或监事会当中，让这些利益相关主体的代言人能切实参与企业的经营与企业各项决策中。但是，由于各利益主体利益诉求的不同，利益相关者代表加入到企业的治理可能会给企业的正常经营造成一定程度的混乱，特别是在缺乏有效监督和个体利益驱动的情况下，这种机制安排可能会适得其反，危害企业的生存与发展。

企业成立利益相关者委员会能较好地解决这一问题。设立利益相关者委员会，让利益相关者代表加入到企业的治理当中，但不能过多干预企业的决策，其目的为了建立一个让广大利益相关者知晓企业经营状况的平台，通过这个平台，利益相关者们能及时了解自己的利益是否得到了保障，以及如何及时维护自己的利益不受到企业相关决策或经营行为的侵犯。可以在企业的决策机构如董事会，或执行机构如管理层之间设立一个“利益相关者委员会”作为企业决策时的“智囊团”，“利益相关者委员

会”由企业各方利益相关者代表组成，包括中小股东代表、员工代表、供应商代表、社会公益人代表等。“利益相关者委员会”的主要职能为：①收集并上传信息。将各利益相关方对于企业的诉求收集整理并传递给企业董事会。②收集并下达信息。将企业的决策及时下达给各利益相关方。③监督执行。通过企业利益相关者监督企业管理层执行决策的情况，并将其反馈给企业董事会。总之，“利益相关者委员会”在企业中只是搭建了一个企业决策层与企业各利益相关方的沟通平台，解决企业决策时利益不对称的问题，让企业利益相关者对企业的决策有知情权和监督权，更好地保障各方利益主体利益的实现，但又不会更多地干预企业具体的决策而带来企业治理上的困难，值得借鉴和推广。

3. 披露信息，建立与完善企业社会责任报告制度

社会责任信息披露本身就是一种负责任的企业社会责任行为表现，通过企业相关信息披露，有利于增强企业与各利益相关者的了解和互动，消除或减少由于信息不对称造成的“劣币驱逐良币”现象的发生。社会信息披露应该包括安全生产、员工培训、员工福利、环境保护等多方面的信息，要在社会上营造一种良好的资本回馈机制，即越是负责任的企业，越能得到资本市场的更多有益的回报。

中国企业可以借鉴西方的做法，采用财务、环境、社会责任相结合的三重业绩模式，以透明的方式向社会公布企业运作的综合效果，争取赢得社会各界的信任与支持。现在国际上不少企业特别是大型跨国公司，定期或不定期地向社会公开发布企业社会责任报告，一般都是介绍本企业的社会责任理念、机制、开展的活动及取得的成效等，社会责任报告实际上是一种企业与社会的沟通机制，增强了企业的透明度，使社会能真正了解并监督企业在社会责任方面的即时动态，在全社会营造倡导企业社会责任发展的良好氛围，逐步形成企业社会责任承担与绩效提升的正向影响机制。企业也能够通过发布社会责任报告，及时总结自己在社会责任方面的活动和问题以及时加以解决，推动企业社会责任建设的发展。

4. 创新方式，倡导企业社会责任投资以解决社会发展问题

除了捐赠，企业有很多方式参与和谐社会的建设中，当然，企业对于社会的最大贡献在于缴税、创造就业，如果能在环保和劳工权益上加以重视的话，应该说，企业对于社会的贡献是很大的，但如果企业能跳出固有的思维定式，以社会投资的方式来做公益事业，一定能更加有效地促进社会发展问题的解决。

最近国际上有一种新概念——企业的社会投资。目前，美国的一些一流大学，如哈佛大学、斯坦福大学，都专门设立了企业社会投资中心。所谓企业社会投资，就是“以企业运作的方式，以企业家的创新精神来投资与运营较大规模的社会发展项目，使之社会效益最大化，同时要有一定的利润，使之长期可持续”。如孟加拉的乡村银行、印度的 Aravind 医院和 Aurolab 公司等，都是企业社会投资的典范。与一般的企业投资不同，企业社会投资不是以利润最大化为目标，而是以社会效益最大化为目标，它与 SRI（社会责任投资）、政府投资及慈善事业投资都不一样，它是无偿帮助或者无偿做公益事业，企业社会投资针对的是穷人，而且是有一定生产能力的穷人，它通过向具有生产能力的穷人提供工作机会，既帮助社会弱势群体解贫脱困，又能在一定程度上帮助企业的经济利益和社会目标的实现。

目前，企业社会投资尚属于一种全新的方式，很多国家的典型事例都证明，这种创新方式具有强大的生命力，而对于中国这样的大国而言，它的规模非常重要。中国目前存在大面积的社会问题，对于中国的那些有创意的企业家来说，这种企业的社会投资可能与慈善事业同等重要，企业如何以社会责任投资解决社会发展问题，是一个值得期待深入研究的课题。

9　结论与展望

9.1　研究结论

9.1.1　界定我国企业社会责任内涵及归纳企业社会责任演变规律

企业社会责任问题引起理论界及社会各界的关注，始于19世纪末欧美国家一些企业的发展壮大并由此带来的诸多社会问题。20世纪20年代以来，一方面，随着生产力的急剧扩张和技术的飞速发展，不可避免产生许多产品质量、环境污染、员工利益受损等社会问题；另一方面，西方企业在施行两权分离（即经营权与所有权相分离）的过程中，更加强调管理者作为受托人的责任，管理者在为股东创造财富的同时，如何平衡各方利益以使企业得以持续发展，如何通过捐助等方式来回馈社会公众，从而使企业赢得更多的尊重和赞誉，提升企业价值，逐渐开始成为企业界推崇的一种价值信仰。20世纪60年代，企业参与和支持包括公众教育、公共健康、环境保护等社会项目逐渐增多，工业产能的快速提升使得企业的社会影响力与日俱增，这是企业社会责任范围扩大的根本原因。从20世纪70年代开始，以生产要素、市场及贸易规则全球化为主要特征的经济全球化进程进一步加快，在更大程度、更广领域、更深层次打破了原有的国际社会传统的利益格局，社会责任开始伴随着跨国公司的业务发展向全世界包括发展中国家扩散和渗透。20世纪90年代以后，随着人们价值观念、消费观念的逐步改变，随着企业对于可持续发展观的进一步理解个认同，西方社会开展了一系列深入、广泛、持久的社会责任运功，包括劳工运动、女权运动、消费者运动、社会责任投资及可持续发展运动，并在世界范围内掀起了一轮企业社会责任理论研究和实践发展的新高潮。

在对国际及国内企业社会责任问题产生原因及历史背景的文献深入考察基础上，追溯国内外企业社会责任内涵的演变历程，归纳出企业社会责任演变存在着一定的规律性：企业的社会责任价值取向及具体内涵始于社

会历史的发展并与之紧密联系在一起，在不同的社会发展历史中，企业承担的社会责任压力及解决社会责任问题的方式有所不同；企业社会责任战略选择与企业的发展阶段密切相关，企业不可能长久地采用超越企业现实水平和发展能力的社会责任战略模式；企业社会责任深化和发展的根本原因在于企业活动对于社会的影响，及企业生产经营活动的外部性，直接原因源于蓬勃发展的社会运动。

在对国内外关于企业社会责任界定的文献梳理基础上，并参照国际组织的相关观点，我们认为，企业社会责任是在一定历史时期，作为一个营利性的社会经济组织，对其利益相关者甚至整个社会所承担的包括经济、法律、伦理、慈善等在内的所有基本及部分超越基本的相关社会责任，包括遵纪守法、尊重基本人权、保护劳工权益、提供合格产品和服务、保护环境、捐助社会公益等。

9.1.2 影响企业社会责任战略选择的高管团队社会责任取向维度甄别

企业社会责任观在很大程度上是由管理人员特别是高层管理人员的价值取向决定并在整个企业倡导强化而形成，这一点在人格化的民营企业中表现得尤为明显。通常管理者的价值观在决策时面临有限价值观选择的问题，如管理者是以企业经济利益为中心、还是信奉制度严明，或是推崇道德感召，总之管理者的价值观维度与企业的社会责任有着非常密切的联系。个人价值观不仅会受到个人异质性的影响，社会系统也会对其价值观的形成和发展烙下深刻的烙印，如经济形势的变化、社会运动的发展等。在职业维度，管理者存在自我选择的过程，如管理者在某个职位获得了较大的成功，其原有的价值观会得到强化，这种强化作用会逐步映射到其他管理人员的思维及行为中。同时，管理者在一个企业的时间也决定了其被同化的程度，在高管团队的研究中，发现高层管理团队成员之间价值观会出现趋同的现象。价值观维度包括集体主义、理性、创新、责任、唯物主义和权力等（Hambrick 和 Brandon，1988），其中责任（Duty）指尊重互惠、义务和忠诚，随着企业社会责任理念的不断更新及企业社会责任表现的不断进步，强调企业公民行为、全面责任管理与价值观存在重叠的维度。

在企业社会责任的多种定义中，Carroll 的四重责任理论受到了理论界的一致认可并在社会上产生了较为深厚影响，这四重责任包括：经济责任、法律责任、伦理责任及慈善责任。这四种类型的社会责任均属于企业领导者，或者说，企业高管可以操作的领域，他们在做出企业社会责任决策的时候在此四个领域均拥有选择运作的判断能力，并由此产生了对这些责任的基本倾向，Brain 等（2000）[3]将其视之为高管团队社会责任取向，即高管团队成员对于企业经济、合法性、道德及慈善行为的总体取向。根据以上研究成果，我们首先提出企业高管团队 CSRO 四因素模型，但考虑到中国企业现实发展状况，我们同时也提出了一个竞争性的高管团队 CSRO 模型，即仅包括经济责任、法律责任和伦理责任的三因素模型。

回收样本数据分析结果显示，企业社会责任战略选择导向的高管团队社会责任取向主要包括经济、法律及伦理三个责任维度，慈善责任没有包含其中，实证证明了三因素模型的成立。说明目前中国企业，特别是中小型民营企业的高层管理者对于慈善维度的社会责任考虑还不充分，或者说，对于企业慈善层面的社会责任认识不统一的现象还普遍存在。其实，企业承担慈善层面的社会责任，有利于企业的品牌建设，促进企业的收益、销售量的增加进而促进善因营销，反过来，善因营销能帮助企业的公益事业获得必要的财务资源和来自企业界的更多支持，并提高企业自身的声誉和员工忠诚度，促进企业的长远发展，应该说，企业的慈善行为从理论上来说能为企业获得持续的经济收益。但在中国背景中现阶段的中国企业调研的结果显示，高管团队 CSRO 中的慈善责任这一维度的贡献很小，这从一个侧面说明，慈善责任的认知不全面很有可能是制约企业社会责任战略正确制定和选择的一个比较关键的问题。高管团队对于企业慈善行为的定位不明确，或者说对于企业慈善责任缺乏共同的理解已经成为制约中国企业社会责任战略发展的一个重要因素。

9.1.3 明确高管团队 CSRO 与企业社会责任战略选择的关系

将企业社会责任纳入高阶理论的研究框架之中，一个很重要的前提就是，企业社会责任能够被视为一种独立的战略选择，就如同我们大家所熟知的并购战略、差异化战略、多元化战略一样。这一理论前提目前已得到证实（第 6 章有详述）。自 20 世纪 70 年代以来，企业社会责任和企业绩效的研究颇丰，企业社会责任和企业绩效之间的关系虽然在学术界有所分歧，但这些理论研究对于推动企业社会责任实践的发展起到了积极的促进作用。企业社会责任研究多集中在企业社会责任表现及企业绩效两方面，也有少量研究关注高管团队 CSRO 与企业绩效的关系，将高管团队 CSRO 看成领导价值观的重要部分从而影响企业绩效的机制，验证了高管团队的社会责任取向通过企业社会责任表现从而影响企业绩效。本研究放大了企业高管团队社会责任取向的作用过程，并开始关注它与企业社会责任战略构建的关系。

本研究通过高管团队社会责任取向与企业社会责任战略选择之间的结构方程建模，验证了企业高管团队社会责任取向对企业社会责任战略构建与选择有重要的影响作用。在本研究构建的结构方程中，企业高管社会责任取向的三个维度，经济责任维度与经济绩效导向和社会绩效导向都显著相关，这说明，经济责任取向较强的领导者，其经济绩效导向战略和社会绩效导向战略的意图同样明确，也就是说，他们有可能明显地采取企业经济绩效导向的社会责任战略，也有可能明显地采取企业社会绩效导向的社会责任战略；法律责任维度从实证结果上来看，与经济绩效导向不存在显著相关关系，但与社会绩效导向显著相关，说明以经济绩效为导向的企业领导者的法律意识相对薄弱，当然也可能是由我国企业经营的法律环境相对宽松，执法力度不严，企业逐利性经营的法律环境相对宽松所致，有的企业甚至为了追逐短期经济利益而游走在法律规制的边缘。而法律意识较强的企业领导者，自觉追求企业的社会价值的倾向也可能较高。伦理责任维度与企业社会绩效导向战略之间的关系为正相关而与企业经济绩效导向战略负相关，这说明，高管团队的伦理取向越明显，其倡导企业重视社会价值实现的可能性就越大，而对于经济利益，特别是仅限于股东（或企业所有者）短期利益实现的关注就越低。

9.1.4 高管团队社会责任取向的异质性差异分析

企业社会责任战略选择和行为表现均受到决策制定者价值观的影响，管理者特别是决策者的最终感知及价值观一起构成了决策选择的基础（Hambrick 和 Masom，1984）[143]，而其认知基础和价值取向又会受到个人异质性及其所在组织的组织异质性的影响，这一点，以往曾有不少学者进行了探讨和研究。

本研究分析结果进一步验证了以上观点，通过实证，我们发现，高管团队社会责任取向确实受到包括性别、年龄、教育背景、职业背景以及任期等个人异质性的影响。我们所采集的样本数据显示，不同年龄层的高管对于经济责任及法律责任的认知并没有明显差异，究其原因，高管成员最基本的职责就是保证企业的生存和发展，即在法律框架范围内追求各项经济目标的实现，这也是高管团队存续的基础。但年龄与伦理取向存在较强的相关性，呈现出高管成员年龄愈大，对于企业伦理层面的社会责任内容愈加关注，特别是以 35 岁为界的两个年龄组之间伦理差异明显，人到中年，关注的焦点开始发生变化，从利至义的价值观取向表现愈加明显。教育程度更是奠定了一个人价值观形成和发展的基石，研究结果显示，高管

成员的教育程度与伦理和慈善两个责任维度呈现明显的正向相关，但经济责任和法律责任呈现两极分化，教育程度最高的经济责任得分值最高，而教育程度相对最低的一组其法律责任得分值最高，这是否反映了真实的现实，抑或只是样本的巧合，这有待今后的研究加以验证或辩驳。研究还显示，任职期限与高管成员的伦理及慈善维度也呈正相关的关系，可能是因为高管成员任期越长，对企业越有归属感，越关注企业的长远发展，也更有意愿及能力去关注社会的和谐与发展。

企业高管的社会责任取向不仅受到个体异质性的影响，同时不可避免要受到企业（组织）异质性的影响。研究发现，在各种不同的企业性质中，国有企业特别是大中型国有企业因为其行业地位的特殊性，国家和全社会从客观上要求其在承担社会责任层面做出表率，当然，它们较之其他企业也更具内驱力和履责能力。民营企业特别是中小型民营企业家，他们的价值观与企业的发展有着直接的因果关系，尤其作为第一代创业者与守业者，他们的价值观一直以来就非常明确，即先求生存再谈发展，因此，对于他们来说，经济绩效导向的社会责任战略意图往往体现得更加明确，他们对社会做出的最大贡献在于依法纳税和提供就业，当然也有不少民营企业开始成为社会责任的先驱，这些企业一般处于成熟期，在经济能力和思想意识上都经历了更好的发展，这个对于其他性质的企业同样适用，即研究表明，处于成熟期的企业在社会责任践行上普遍好于成长期企业，当然也更甚于创建期及衰退期企业，这其实也与不同生命周期的企业赋有不同历史使命这一观点相符。这一点在企业社会责任战略模式演变中体现得尤为明显。

9.1.5 高绩效企业社会责任战略模式演变的阶段性特征

企业特别是高绩效企业，在经历企业生命周期的四个过程中，企业社会责任模式演变呈现一定的规律性，即会随着企业发展阶段的变化而有所改变。研究发现，在社会责任战略的演化和转变过程方面，如果高绩效企业经历了全部生命周期，那么它的企业社会责任战略一般会经历消极应对、积极反应、超前行为和相互影响这四个模式演化过程，当然这只是反映了一般性的规律，战略模式演变并不是一成不变的，还会受到企业内在条件及外部环境等的影响。另外，企业高管团队的社会责任取向也非常重要，如果高管团队的社会责任取向能随着企业发展阶段的更替而适当更替，及时将企业目标从追求（短期）利润最大化调整至企业可持续发展甚至企业公民，并在战略实施过程中促进企业在每一发展阶段及阶段转变过

程中将企业社会责任纳入到企业文化中，就有可能推动企业社会责任战略的顺利演变。

企业社会责任战略的演化一般始于消极应对战略，这与企业成立创始资源、条件有限有关，特别是刚刚创建的小微企业，为了追求短期利益，尽快在市场上站稳脚跟，企业多采取消极逃避的策略，甚至不惜承受被罚的风险，因为对于他们来说，被处罚的损失比履行社会责任成本可能更低。当然这个阶段非常短暂，特别是对于高绩效企业来说，这个阶段很有可能跳过，因为只有积极承担社会责任，企业才能得以发展，得以壮大，高绩效企业更多的是采用积极应对的社会责任战略，并在更高阶段发展为超前行为及相互影响战略，完成社会责任战略模式的演变。

企业在创建期、成长期、成熟期和衰退期，都可以采取一定的管理措施发展和维持某一种战略模式。企业创建之初，盲目要求企业承担与其经济能力不相符的社会责任不现实，也难以持续，随着企业的发展壮大，企业高管应积极营造承担社会责任的企业文化，将社会责任理念融入到每一个员工的价值理念之中，将社会责任纳入企业整个发展战略之中。在企业成长期特别是快速成长期和成熟期，应引导企业采取超前行为战略特别是相互影响战略，更好地平衡企业各利益相关者的利益，将环境的改善和社会的进步与企业的发展紧密相连。衰退期企业在内外环境许可的情况下，采用相互影响战略更有可能摆脱困境，进入新的一轮生命周期。

9.1.6 高管团队社会责任战略选择与企业绩效的关系

企业绩效所涉及的范围很广，包括企业对社会的贡献、企业竞争力等，一般来说，企业绩效是一个多元化的概念，它涵盖经济绩效和社会绩效两个层面。影响企业经济绩效的因素有很多，如市场结构、技术进步、行业发展、经济环境等，客观而言，企业履行社会责任不一定是影响企业经济绩效的主导因素，但也有证据，如 John Zinkin（2004）[231]研究表明，社会参与与经济绩效存在一种正相关的关系，而企业积极承担社会责任对提升企业社会绩效有促进作用，Ullman（1985）[98]认为，应将战略因素纳入考虑之中，即对于有效的社会需求，企业的战略态度（取向）如何，以及采取何种战略等。

Husted 和 Allen（2007）[227]指出，企业在改善利益相关者利益的同时谋求竞争优势的战略，称之为企业社会责任战略，我们将企业社会责任战略分为两种：一种以追求企业经济绩效为导向的，称之为经济绩效导向战

略；一种以追求企业社会绩效为导向的，称之为社会绩效导向战略。有学者认为，经理人过度关注企业经济绩效时，会降低对社会绩效的支出，而有时为分散对于经济绩效差的注意力，一些企业采取故意提高社会支出的方式，无形中提高了其社会绩效。虽然关于经济绩效与社会绩效是一个复杂的研究框架理论，结论不一，但更多的研究结果支持的一种观点是，如Bowman和Haire（1975）[232]认为，企业经济绩效与社会绩效呈现反向"U"形，这说明两点，一是企业的经济绩效和社会绩效并非此消彼长的关系，两者可以做到相互促进；二是相互促进的前提是，可能存在企业社会绩效的最佳水平，超越这一水平的企业社会绩效支付，反而会阻碍企业经济绩效的提升。这正好验证了我们前述的结论，即企业社会责任战略模式演变具有规律性。

企业采取何种社会责任战略，直接影响其社会责任表现，进而影响企业绩效。如企业采取经济绩效导向战略，有利于其获得生产成本和技术创新的竞争优势。而采取社会绩效导向的企业，往往被视为更负责任、更具创造力，这对于企业品牌价值的提升和积极健康公益形象的建立大有裨益，同时企业通过展现这些社会价值也可获得企业形象差异化的优势。上述种种市场竞争优势均可在企业绩效的提升上显化出来。

9.1.7 企业社会责任表现在社会责任战略选择与企业绩效关系中的中介作用

本研究的数据分析结果表明企业社会责任战略对企业绩效之间的直接影响关系不显著，而企业社会责任战略、企业社会责任表现与企业绩效的结构方程成立，并且企业社会责任战略对企业社会责任表现、企业社会责任表现对企业绩效的关系都非常显著，证明企业社会责任表现在社会责任战略影响企业绩效的关系中起到完全的中介作用。

企业良好的社会责任表现，能有效降低它的生产及经营成本，并有可能获得产品差异化的竞争优势。企业与各方利益相关者建立相互信任和合作关系，能有效降低企业履行社会契约的成本，从而降低企业成本，而良好的公共责任表现，对于提升企业口碑，降低消费者市场产品搜索成本，也能使企业获得成本比较优势，此外，当社会企业守法成本不对称时，表现优异的企业可以通过互动战略影响甚至引导公共政策，树立更高环境或社会标准，并利用这些行规或标准获得成本优势，成本的下降自然能够提升企业的利润绩效。善待员工、尊重知识的企业，能形成一种独特的企业文化，吸引和留住更多的优秀人才，降低企业的人才搜索与持有成本。另

外，公共责任表现优异的企业，往往被视为更负责任、更具创造力，这对于企业品牌价值的提升和积极健康公益形象的建立大有裨益，同时企业通过良好的公众形象也可获得企业品牌优势和企业产品优势，上述种种市场竞争优势均可与利益相关者的战略互动来加以扩大。

企业社会责任表现与企业绩效关系问题具有重要的理论价值和实践价值，引发了诸多研究者的兴趣，但研究结论长期以来一直存在分歧，特别是企业社会责任表现与企业财务绩效（CSR－CFP）的关系，研究结论常常相左，究其原因，一是企业社会责任表现与企业绩效之间的关系极为复杂，有可能存在一种互为因果的关系，单向研究结果可能会干扰实际的结果；二是原有的企业绩效更多的局限于经济绩效或市场绩效的范畴，企业绩效应该更多引入社会绩效的概念和内容，只有这样，才能更加客观实际地反映企业社会责任表现与企业绩效之间的关系。

9.1.8 提出政府、社会、企业三位一体的动态协同解决方案

动态协同解决方案的实质就是把企业社会责任问题视为全局性的社会问题而不是割裂为单个企业的责任，通过政府、社会（主要是指非政府组织 NGO 对企业行为的监管）和企业的互动和协作，实现多方共赢与社会和谐。

通过对强化中国企业社会责任的路径及其机理分析，我们认为：政府、社会（这里主要讨论 NGO 代表社会对企业进行监管）及其企业应该各司其职，分工合作，共同促进企业社会责任的建设与发展。其中，政府应在以下几个方面有所作为：①部署企业社会责任推进整体规划；②建立适合我国国情的企业社会责任标准体系；③健全企业社会责任信息披露机制；④构筑企业社会责任评价体系；⑤促进相关配套政策体系的建设及推广责任理念；⑥加大理论研究和宣传培训力度。NGO 的主要作用是：①积极培育公民社会的发展；②正确定位政府的职能并建立合理分工机制；③进一步完善非政府组织的组织机构建设；④建立健全外部监督体系。企业方面应做好以下几点：①更新观念，积极培育体现人性化的企业文化；②健全机构，设立利益相关者委员会；③披露信息，建立与完善企业社会责任报告制度；④创新方式，倡导企业社会责任投资以解决社会发展问题。

社会责任战略演变及其企业绩效影响机制研究示意，如图 9－1 所示。

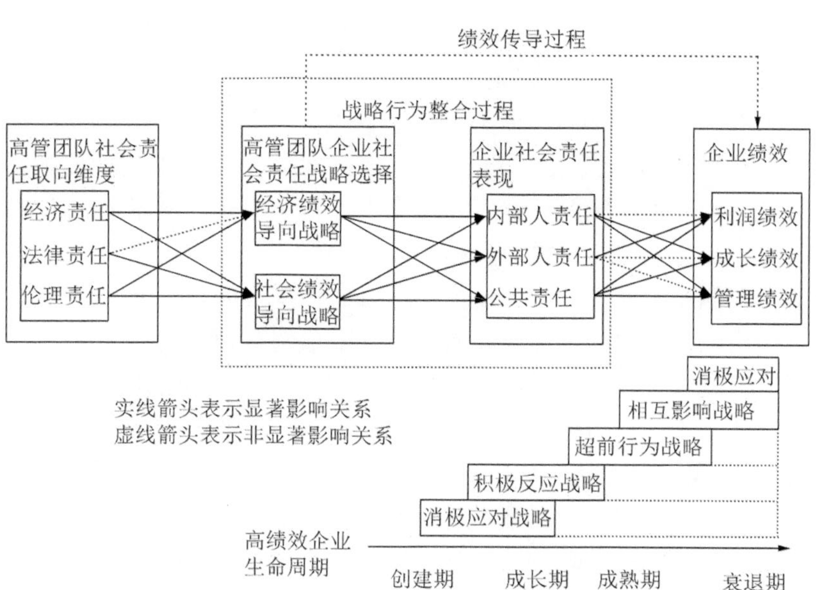

图 9-1 社会责任战略演变及其企业绩效影响机制研究示意

9.2 研究展望

尽管从总体而言我们已经完成了预期所提出的理论构想，验证了事先提出的若干研究假设，但我们仍有一些内容和方法上的局限，以及有待未来进一步解决的问题。

在研究内容上，首先，在企业社会责任战略研究方面，因为已有文献的不足，笔者借鉴克拉克对于企业社会责任战略的研究成果，将企业社会责任分为消极应对、积极反应、超前行为及相互影响四种战略，这种分类方式比较适合西方发达国家，但是否适用于当今正处于全球背景下逐步国际化的中国企业还有待进一步推敲。另外，为了更为准确界定企业社会责任的战略导向，我们将其划分为经济绩效和社会绩效两种，但是否还存在除经济绩效及社会绩效之外的其他导向，或者说，其他导向对于社会责任战略构建作用和影响如何，有待未来的研究进一步深入展开和检验。今后我们可以借鉴竞争力理论、资源优势理论等相关战略管理理论，建立更加符合中国国情的企业社会责任战略分类。

企业社会责任表现的客观测量方法主要有以下几种。①基于年报内容分析的测量。此种方法主要是搜寻相关企业年报公开披露的企业社会责任信息，然后对信息进行整理归类，最后量化企业的社会责任表现，Beresford（1973）[233]、Ingram（1978）[234]、Preston（1978）[235]、Abbott 和 Monsen（1979）[236]等为此做出了尝试。②基于污染指数的测量。该方法主要测度的是企业对于环境保护方面的社会责任行为表现。学术研究中应用的较多的是“有毒污染物排放总量指标”（TRI）。③基于问卷调查的直觉测量。先按照测量维度进行问卷设计，然后通过调查问卷收集被调查者对于企业社会责任各题项的感知，并通过题项赋值与分值汇总分析来评价企业社会责任，这其中最具代表性的是 Aupperle、Crroll、Hatfield（1985）[237]的研究。④基于声誉指标的测量。目前使用较为广泛的是《财富》杂志声誉指标[238]。该方法是公司外部知情者进行调查，也是一种知觉测量。⑤基于专业机构数据库的测量。这种方法依托专业评估机构建立的数据库进行研究，就目前来说，所有专业评估机构中，最著名的当属美国的 KLD。我们的研究主要采用的是上述的第三种方法，即基于问卷调查的直觉测量，但严格意义上来说，这种方法更多的是测量答卷者对于企业社会责任表现的主观评价，受人为因素影响很大。今后，随着我国企业年报披露的逐步增多和规范，以及我国政府企业社会责任评估专业机构及专业数据库的不断建立与完善，我们可以尝试采用更为科学客观的测量方法来测度企业社会责任表现及企业社会绩效，使研究过程更具称许性，研究结果更具信服力。

其次，我们研究的高管团队是平面的，没有突出关注领导在高管团队对于企业社会责任战略制定与选择中所起到的不可或缺的作用，CEO 型高管团队社会责任取向维度的一些显著特征，以及在战略构建中与平面团队相区别的一些差异化影响，在未来研究中应引起进一步关注。

再次，对于企业社会责任战略模式的发展阶段演变，我们也只是通过方差分析检验了社会责任战略模式在企业不同生命周期的阶段性差异，提出了在某一阶段占主导地位的战略模式，而且也仅针对的是高绩效的企业，对于具体有哪些因素或是什么机制促使企业社会责任战略在不同阶段的演变，我们并没有做出透彻的分析。因此，对于企业社会责任战略模式的阶段演化机制也是我们未来进一步研究的方向之一。

最后，我们在高阶理论中直接关注和检验了高管团队社会责任取向与企业社会责任战略导向之间的关系，由于企业社会责任表现与高管团队企业社会责任战略选择高度相关，而企业社会责任战略选择与制定在很大程

度上反映了高层管理人员的社会价值取向，因此，高管团队在战略制定过程中，个人价值取向、团队决策质量、决策执行力以及团队组织信任是如何影响企业社会责任战略形成及演变，以及如何影响企业社会责任绩效，这将是未来的研究方向之一。

在研究方法上，本研究也存在以下需要进一步克服的局限。

第一，在本研究中，我们对企业社会责任战略模式演变特征的研究，采取的是横切面研究的方法，给研究带来了一定的局限。尽管我们试图通过访谈对企业不用发展阶段的相关数据进行跟踪，但在问卷数据中，缺乏动态跟踪数据，这影响了研究的信度和效度，在今后的研究中，这是需要进一步改进和提高的地方。

第二，对于企业社会责任表现、企业绩效等的评价，我们主要采用的是主观评判法，之所以采用这种方法，主要是考虑到大规模采样的可行性及数据的可获得性，但这种方法存在信度、效度的先天不足，在今后的研究中，如果能克服采样上的难度，我们应该尝试采用更加客观的方法，如在专业数据库或企业对外公布的企业年报中获取企业社会责任表现及客观财务指标数据并对之进行分析，这样能有效提高研究的信度和效度。

第三，本研究无论是在样本数量还是样本代表性方面还存在一定的不足。本研究的调查研究对象仅为局限于湖南（包括长沙、株洲、湘潭三市）、北京及深圳的156家企业，获得有效样本量仅为478份，这么有限的覆盖区域及样本量，难以代表整个中国的企业群体，而且本研究对于企业社会责任各项指标的研究是一种简化了的大而化之的研究，也就是说是基于所有行业、所有企业的指标设计与评价，但现实社会中，不同行业、不同性质、规模、类别的企业，其社会责任的要求或侧重点往往存在很大的差异，今后我们可以针对不同行业不同属性的企业进行更有针对性的社会责任指标设计和评价。总之，未来我们应该在问卷设计的差异性、样本发放的代表性等方面做进一步的突破。

第四，本研究没有考虑到绩效反馈机制的影响。本研究主要进行了社会责任战略影响企业绩效的过程机制验证，但没有进一步研究企业当前绩效是如何影响其下一阶段社会责任战略的制定与选择的。事实上，企业采取什么样的社会责任战略，有何种企业社会行为表现，与企业当前绩效关系密切，这种逆向循环的回馈研究，在企业社会责任研究中日益受到关注。今后我们可以尝试采用实验研究的方法深入开展绩效对战略的反馈机制研究。

参考文献

[1] AMASON A C, MOONY A C. The Effects of Past Performance on Top Management Team Conflict in Strategic Decision Making [J]. The International Journal of Conflict Management, 1999 (10): 340 -359.

[2] WOOD D J. Corporate Social Performance Revisited [J]. Academy of Management Review, 1991, 16 (4): 691 -718.

[3] BRAIN K B, JING L F, HEGARTY W H. A Cross - Cultural Comparison of Corporate Social Responsibility Orientation: Hong Kong VS. United States Students [J]. Teaching Business Ethics, 2000, 4 (2): 151 -167.

[4] BURKE L, LOGSDON J M. How Corporate Responsibility Pays off [J]. Long Range Planning, 1996, 29 (4), 495 -502.

[5] PAINE L S. Managing For Organizational Integrity [J]. Harward Business Review, 1994, 72 (2): 106 -117.

[6] TAKALA. Nykyajan Yrityskansalaisuus (Current Corporate Citizenship), in Yrithksen Vastuut (Responsibilities of a Company), Taloudellinen Tiedotustoimisto (Ecomomic Information Bureau), Hslsinki, 2000.

[7] 鲍勃·德威特，罗恩·梅耶尔. 战略管理：解决战略矛盾，创造竞争优势 [M]. 北京：中国人民大学出版社，2008.

[8] CARROLL A B. A Three - Dimensional Conceptual Model of Corporate Social Performance [J]. Academy of Management Review, 1979, 4 (4): 497 -506.

[9] WARTICK S L, COCHRAN P L. The Evolution of the Corporate Social Performance Model [J]. The Academy of Management Review, 1985 (10): 758 -769.

[10] HAMBRICK D C, MASON P A. Upper echelons: The organization as a Reflection of Its Top Managers [J]. Academy of Management Review, 1984 (9): 193 -206.

[11] FINKELSTEIN S. Power in Top Management Teams: Dimensions, Measurement, and Validation [J]. Academy of Management Review, 1992, 35 (3): 505-538.

[12] TALAULICAR T, GRUNDEI J, WERDER A. Strategic Decision Making in Start-ups: The Effect of Top Management of Top Organization and Processes on Speed and Comprehensiveness [J]. Journal of Business Venturing, 2005 (20): 519-541.

[13] SIMSEK Z, VEIGA J F, LUBATKIN M H, et al. Modeling the Multilevel Determinants of Top Management Team Behavioral Integration [J]. Academic of Management Journal, 2005, 48 (1): 69-84.

[14] CARPENTER M A, FREDRICKSON J W. Top Management Team, Global Strategic Posture, and the Moderating Role of Uncertainty [J]. Academy of Management Journal, 2001 (44): 533-545.

[15] WIERSEMA M F, BALLTEL K A. Top Management Team Demography and Corporate Strategic Change [J]. Academy of Management Journal, 1992, 35 (1): 91-121.

[16] HALEBLIAN J, FINKELSTEIN S. Top Management Team Size, CEO Dominance, and Firm Performance: The Moderating Roles of Environmental Turbulence and Discretion [J]. Academy of Management Journal, 1993 (36): 844-863.

[17] MICHEL J G, HAMBRICK D C. Diversification Posture and Top Management Team Characteristics [J]. Academy of Management Journal, 1992 (35): 9-37.

[18] SIMONS T, PELLED L H, SMITH S A. Making Use of Differences: Diversity, Debate, and Decision Comprehensiveness in Top Management Teams [J]. Academy of Management Journal, 1999 (42): 662-673.

[19] BOONE C, OLFFEN W V, WITTELOOSTUIJN A V. The Genesis of Top Management Team Diversity: Selective Turnover Among Top Management Teams in Dutch Newspaper Publishing [J]. Academy of Management Journal, 2004, 47 (5): 633-656.

[20] COLLINS C J, CLARK K D. Strategic Human Resource Practices, Top Management Team Social Networks, and Firm Performance: The Role of Human Resource Practices in Creating Organizational Competitive Advan-

tage [J]. Academy of Management Journal, 2003 (46): 740 -751.

[21] ENSLEY M D, PEARCE C L. Shared Cognition in Top Management Teams: Implications for New Venture Performance [J]. Journal of Organizational Behavior, 2001 (22): 145 -155.

[22] ENSLEY M D, PEARSON A W. An Exploratory Comparison of the Behavioral Dynamics of Top Management Teams in Family and Non - family New Ventures: Cohesion, Conflict, Potency, and Consensus [J]. Entrepreneurship Theory and Practice, 2005, 29 (3): 267 -287.

[23] AMASON A C. Distingulishing the Effects of Functional and Dysfunctional Conflict on Strategic Decision Making: Resolving a Paradox for Top Management Teams [J]. Journal of Academic Management, 1996, 39 (1): 123 -148.

[24] AMASON A C, SAPIENZA H J. The Effects of Top Management Team Size and Interaction Norms on Cognitive Conflict [J]. Journal of Management, 1997, 23 (4): 495 -516.

[25] JEHN K, SHAH P. Interpersonal Relationships and Task Performances: An Examination of Mediating Processes in Friendship and Acquaintance Groups [J]. Journal of Personality and Social Psychology, 1997, 72 (4): 775 -790.

[26] HAMBRICK D C. Top Management Groups: A Conceptual Integration and Reconsideration of the "Team" Label [J]. Research in Organizational Behavior, 1994, 1 (16): 171 -213.

[27] MICHAEL H L, ZEKI S, YAH L, et al. Ambidexterity and Performance in Small - to Medium - sized Firms: The Pivotal Role of Top Management Team Behavioral Integration [J]. Journal of Management, 2006, 32 (5): 646.

[28] ABRAHAM C, JOHN S. Top Management Team Behavioral Integration, Decision Quality, and Organizational Decline [J]. Leadership Quarterly, 2006, 17 (5): 441.

[29] LI J, HAMBRICK D C. Factional Groups: A New Vantage on Demographic Faultines, Conflict, and Disintegration in Work Teams [J]. Academy of Management Journal, 2005, 48 (5): 794 -813.

[30] 孙海法，伍晓奕．企业高管团队研究进展 [J]．管理科学学报，

2003, 6 (6): 82 - 89.

[31] 姚振华，孙法海. 高管团队组成特征与行为整合关系研究 [J]. 南开管理评论，2010 (1): 15 - 22.

[32] 姚振华，郭忠金. 高管团队行为整合与组织绩效：基于国企、民企和欧美外企的对比 [J]. 学术研究，2012 (5): 83 - 90.

[33] MICHALISIN M D, KARAU S J, TANFPONG C. Top Management Team Cohesion and Superior Industry Returns: An Empirical Study of the Resource - based View [J]. Group &Organization Management, 2004, 29 (1): 125 - 140.

[34] BOLLEN K A, HOYLE R H. Perceived Cohesion: A Conceptual and Empirical Examination [J]. Social Forces, 1990, 69 (2): 479 - 504.

[35] ENSLEY M D, PEARSON A W, AMASON A C. Understanding the Dynamics of New Venture Top Management Teams: Cohesion, Conflict, and New Venture Performance [J]. Journal of Business Venturing, 2002, 17 (4): 365 - 386.

[36] JANIS I L. Victims of Groupthink [M]. Boston: Houghton Mifflin, 1972.

[37] JANIS I L. Groupthink [M]. Boston: Houghton Mifflin, 1982.

[38] JEHN K. Enhancing Effectiveness: An Investigation of Advantages and Disadvantages of Value - based Intragroup Conflict [J]. International Journal of Management, 1994 (5): 223 - 238.

[39] BREHMER B. Social Judgment Theory and the Analysis of Interpersonal Conflict [J]. Psychological Bulletin, 1976 (83): 985 - 1003.

[40] PELLED L H. Demographic Diversity, Conflict, and Work Group Outcomes: An Intervening Process Theory [J]. Organization Science, 1996 (7): 613 - 631.

[41] TOMPSON G H. The Role of Top Management Team Conflict Redistribution of Power [D]. Minnesota: University of Minnesota, 1997.

[42] 马彩凤，姜月运. 企业高层管理团队绩效的影响因素分析 [J]. 工业技术经济，2005, 24 (8): 27 - 30.

[43] SMITH A, HOUGHTON S M, HOOD J N, et a1. Power Relationships Among Top Managers: Does Top Management Team Power Distribution Matter for Organizational Performance [J]. Journal of Business Research, 2006, 59 (5): 622 - 629.

[44] SMITH K G, SMITH K A, OLIAN J D, et al. Top Management Team Demography and Process: The Role of Social Integration and Communication [J]. Irish Business and Administrative Research, 1996, 17 (1): 36 - 69.

[45] JEHN K A, MANNIX E A. The Dynamic Nature of Conflict: A Longitudinal Study of Intra - group Conflict and Group Performance [J]. Academy of Management Journal, 2001 (44): 238 - 251.

[46] GERSICK C. Making Time: Predictable Transitions in Task Groups. [J]. Academy of Management Review, 1989 (32): 274 - 309.

[47] PITCHER P, SMITH A D. Top Management Team Heterogeneity: Personality, Power, and Proxies [J]. Organization Science, 2001 (12): 1 - 18.

[48] TIHANYI L, ELLSTRAND A E, DAILY C M, et al. Composition of the Top Management Team and Firm International Diversification [J]. Journal ofManagement, 2000, 26 (6): 1157 - 1177.

[49] WIERSEMA M F, BANTEL K A. Top Management Team Turnover as an Aadaptation Mechanism: The Role of the Environment [J]. Strategic Management Journal (1986—1998), 1993, 14 (7): 485 - 511.

[50] BANTEL K A, JAKSON S E. Top Management and Innovation in Anking: Does the Compositiom of the Top Team Making a Difference [J]. Strategic Management Journal, 1989 (10): 107 - 124.

[51] 何霞，苏晓华．高管团队背景特征、高管激励与企业 R & D 投入——来自 A 股上市高新技术企业的数据分析 [J]．科学管理研究，2012 (6): 100 - 108.

[52] CARPENTER M A, GELETKANYCZ M A, SANDERS W G. Upper Echelons Research Revisited: Antecedents, Elements, and Consequences of Top Management Team Composition [J]. Journal of Management, 2004, 30 (6): 749 - 778.

[53] ARENDT L, PRIEM R, NDOFOR H. A CEO - advisor Model of Strategic Decision Making [J]. Journal of Management, 2005, 5 (31): 680 - 699.

[54] WEST M A, ANDERSON N R. Innovation in Top Management Teams [J]. Journal of Applied Psychology, 1996, 81 (6): 680 - 693.

[55] 孙海法，姚振华，严茂胜．高管团队人口统计特征对纺织和信息技术

公司经营绩效的影响 [J] . 南开管理评论, 2006, 9 (6): 61 -67.

[56] LAWRENCE B S. The Black Box of Organizational Demography [J]. Organization Science, 2001 (8): 1 -22.

[57] FERRIER W. Navigating the Competitive Landscape: The Drivers and Consequences of Competitive Aggressiveness [J] . Academy of Management Journal, 2001 (44): 858 -877.

[58] CHO T S, HAMBRICK D C. Attention as the Mediator Between Top Management Team Characteristics and Strategic Change: The Case of Airline Deregulation [J] . Organization Science, 2006, 17 (4): 453 -469.

[59] NARANJO - GIL D, HARTMANNW F. Management Accounting Systems, Top Management Team Heterogeneity and Strategic Change [J]. Accounting, Organizations and Society, 2007 (32): 735 -756.

[60] KATZ R. The Effects of Group Longevity on Project Communication and Performance [J] . Administrative Science Quarterly, 1982 (1): 443 -447.

[61] CARMEN CAMELO - ORDAZ, ANA BEATRIZ HEM ANDEZ - LARA, RAMAN VALIE - CABRERA. The Relationship between Top Management Teams and Innovative Capacity in Companies [J] . Journal of Management Development, 2005, 24 (8): 693 -705.

[62] BRESSER R K, BISHOP R C. Dysfunctional Effects of Formal Planning: Two Theoretical Explanations [J] . Academy of Management Review, 1983 (8): 588 -599.

[63] GREENING D W, JOHNSON R A. Do Managers and Strategies Matter? A Study in Crisis [J] . Journal of Management Studies, 1996 (33): 25 -31.

[64] KOR Y T. Experience - based Top Management Team Competence, and sustained Growth [J] . Organization Science, 2003, 14 (6): 707 -719.

[65] WEINZIMMER L G, BOND Ⅲ E U, HUSTON M B, et al. Relating Expertise on the Top Management Team and Strategic Market Aggressiveness to Financial Performance and Shareholder Value [J] . Journal of Strategic Marketing, 2003, 11 (2) 133 -159.

[66] 魏立群, 王智慧. 我国上市公司高管特征与企业绩效的实证研究 [J] . 南开管理评论, 2002 (4): 16 -22.

[67] 张平. 高层管理团队异质性与企业绩效关系研究 [J] . 管理评论,

2006（5）：5460.

[68] 马富萍，郭晓川．高管团队异质性对技术创新绩效的影响研究——高管团队冲突处理方式的调节作用［J］．内蒙古大学学报（哲学社会科学版），2010（6）：38－42.

[69] WATSON W E, PONTHIEU L D, CRITELLI J W. Team Interpersonal Process Effectiveness in Venture Partnership and Its Connection to Perceived Success［J］. Journal of Business Venturing, 1995, 10（3）：393－411.

[70] WEST Ⅲ G P, MEYER G D. To Agree or not to Agree? Consensus and Performance in New Ventures［J］. Journal of Business Venturing, 1998, 13（5）：395－423.

[71] 李懋，王国峰，井润田．高管团队内部动态特征实证研究［J］．管理学报，2007（7）.

[72] 张玉利，李乾文，陈寒松．创业管理理论的最新评述及研究趋势［J］．预测，2004（4）.

[73] ZAHRA S, COVIN J G. Contextual Influence on the Corporate Entrepreneurship Performance Relationship: a Longitudinal Analysis［J］. Journal of Business Venturing, 1995（10）：43－58.

[74] ZAHRA S A, GARVIS D M. International Corporate Entrepreneurship and Firm Performance: the Moderating Effect of the International Environmental Hostility［J］. Journal of Business Venturing, 2000, 15（5/6）：469－492.

[75] 张映红．公司创业战略：基于中国转型经济环境的研究［M］．北京：清华大学出版社，2005：125－212.

[76] KECK S L. Top Management Team Structure: Differential Effects by Environmental Context［J］. Organization Science, 1997, 8（2）：143－146.

[77] HAMBRICK D C, FINKELSTEIN S. Managerial Discretion: A Bridge Between Polar Views of Organizational Outcomes［J］. Research in Organizational Behavior, 1987（9）：369－406.

[78] MILTON FRIEDMAN. The Social Responsibility of Business Is to Increase Its Profits［J］. New York Times Magazine, 2006, 32（6）：173－178.

[79] MILTON FRIEDMAN. Capitalism and Freedom［M］. Chicago: The University of Chicago Press, 1996: 33.

[80] RUTHERFORD SMITH. Social Responsibility: A Term We Can Do With-

out [J] . Business and Social Review, 1998: 31.

[81] LEVITT THEODORE. The Dangers of Social Responsibility [J] . Harvard Business Review, 1958, 36 (5) .

[82] F. A. 哈耶克 . 致命的自负 [M] . 冯克利, 胡晋华, 译 . 北京: 中国社会科学出版社, 2000: 132 - 133.

[83] BOWEN H R. Social Responsibilities of the Businessman [M] . New YORK: Harper, 1953: 31.

[84] 金泽良雄 . 当代经济法 [M] . 刘瑞复, 译 . 沈阳: 辽宁人民出版社, 1988: 104.

[85] 彼特・普拉特利 . 商业伦理 [M] . 洪成文, 等, 译 . 北京: 中信出版社, 1999: 98 -99.

[86] 张维迎 . 正确解读利润与企业社会责任 [EB/OL]. (2007 -08 -21) [2007 -08 -25]. http: //news. 163. tom/07/0821/08/3MDJ81DJO00121EP. html.

[87] 卢代富 . 企业社会责任的经济学与法学思考 [M] . 北京: 法律出版社, 2000.

[88] 常凯 . 经济全球化与企业社会责任运动 [J] . 工会理论与实践, 2003 (17): 23 -25.

[89] 刘俊海 . 公司的社会责任 [M] . 北京: 法律出版社, 1999.

[90] BRAGDON J H, MARLIN J. Is Pollution Profitable [J] . Risk Management, 1972, 19 (4): 9 -18.

[91] MOSKOWITZ M. Choosing Socially Responsible Stocks [J] . Business and Society, 1972 (1): 71 -75.

[92] SIMPSON G W, KOHERS T. The Link between Corporate Social and Financial Performance: Evidence from the Bank Industry [J] . Journal of Business Ethics, 2002, 35 (2): 97 -110.

[93] CHIN -HUNG LIN, HO LI -YANG, DIAN -YAN LIU. The Impact of Corporate Social Responsibility on Financial Performance: Evidence from Business in Taiwan [J] . Technology in Society, 2009, 31 (1): 156 -63.

[94] HANNU SCHADEWITZ, MIKAEL NISKALA. Communication via Responsibility Reporting and Its Effect on Firm Valuein Finland [J]. Corporate Social Responsibility and Environmental Management, 2010, 17 (2): 96 -106.

[95] 李红玉, 陆智强, 姚海鑫 . 社会责任对公司绩效的作用机理 [J] .

软科学，2009（10）：133－37.

[96] 晁罡，袁品，段文，等．企业领导者的社会责任取向、企业社会表现和组织绩效的关系研究［J］．管理学报，2008（5）：445－453.

[97] 李勤．社会责任对企业价值创造影响的实证研究——来自上市公司2009年社会责任报告的经验数据［J］．会计之友，2012（6）：67－71.

[98] ULLMAN A. Data in Search of a Theory：A Critical Examination of the Relationship among Social Performance，Social Disclose，and Economic Performance［J］．Academic of Management Renew，1985，10（3）：540－577.

[99] VANCE S. Are Socially Responsible Firms Good Investment Risks［J］. Management Review，1975（64）：18－24.

[100] 李正．企业社会责任与企业价值的相关性研究：来自沪市上市公司的经验证据［J］．中国工业经济，2006（2）：77－83.

[101] MARGOLIS J D，WALSH J P. Misery Loves Companies：Rethinking Social Initiatives by Business［J］．Administrative Science Quarterly，2003，48（2）：268－305.

[102] MCWILLIAMS A，SIEGEL D. Corporate Social Responsibility：A Theory of the Firm Perspective［J］．Academy of Management Review，2001，26（1）：117－127.

[103] 陈玉清，马丽丽．我国上市公司社会责任会计信息的市场反应实证分析［J］．会计研究，2005（11）：76－81.

[104] 贺小刚．公司社会责任与价值创造：基于社会调查的数据分析［J］．科学·经济·社会，2008（3）：62－69.

[105] SCHAHEGGER S，SYNNESTVEDT T. The Link between“Green”and Economic Success：Environmental Management as the Crucial Trigger between Environmental and Economic Performance［J］．Journal of Environmental Management，2002，65（4）：339－346.

[106] M WAGNER，S SCHALTEGGER. The Effect of Corporate Environmental Strategy Choice and Environmental Performance on Competitiveness and Economic Performance：An Empirical Study of EU Manufacturing［J］. European Management Journal，2004，22（5）：557－572.

[107] SALZMANN O，LONESCU－SOMERS A，STEGER U. The Business Case for Corporate Sustainability：Literature Review and Research Opin-

ions [J] . European Management Journal, 2005, 23 (1): 27 -36.

[108] 刘建秋. 社会责任活动、社会责任沟通与企业价值 [J]. 财经论丛, 2011 (2): 84 -91.

[109] DAVIS K. The Case for and Against Business Assumption of Social Responsibilities [J] . Academy of Management Journal, 1973, 16 (2): 312 -322.

[110] POST J E, FEDERICK W C, LAWRENCE A T, et al. Business and Society: Corporate Strategy, Public Policy, Ethics [M] . 8th ed. McGraw - Hill Companies, Inc, 1996.

[111] Hay R D, GRAY E R, GRATES J E. Business and Society [M]. South - western Publishing, Cincinnati, O. H, 1976.

[112] STEINER G A. Changing Managerial Philosophies [J] . Business Horizons, 1971, 14 (3): 5 -10.

[113] 张志强, 王春香. 西方企业社会责任的演化及其体系 [J]. 宏观经济研究, 2007 (49): 19 -24.

[114] 沈艺峰. 公司控制权市场理论的现代演变 [J]. 中国经济问题, 2000 (2): 16 -25.

[115] SMITH C. Corporate Social Responsibility: Whether or How [J]. California Management Review, 2003, 45 (4): 52 -76.

[116] 王春香, 张志强. 企业目标与社会责任 [J]. 大连大学学报, 2006 (1): 80 -84.

[117] ZHOU WEIDONG. Will CSR Work in China [J] . Leading Perspectives, 2006: 5.

[118] 郭军. 构建和谐劳动关系的重要理念——企业社会责任 [C] //2006 建设和谐社会与企业社会责任 (深圳) 论坛论文集. 中国生产力学会, 中国国防科技工业企业管理协会, 2006.

[119] DANALDSON T, DUNFEE T W. Toward a Unified Conception of Businesss Ethics: Integrative Social Contracts Theory [J] . Academy of Management Review, 1994, 19 (2): 252 -248.

[120] PRESTON L E, POST J E. Private Management and Public Policy [J]. Califonia Management Review, 1981, 23 (3), 56 -63.

[121] FREEMAN R E. The Politics of Stakeholder Theory: Some Future Direction [J] . Business Ethics Quarter, 1994 (4) .

[122] CLARKSON M. A Stakeholder Framework for Analyzing and Evaluating Corporate Social Performance [J] . Academy of Management Review, 1995, 20 (1) .

[123] WHEELER D, SILLANPAA M. Including the Stakeholders: The Business Case [J] . Long Range Planning, 1998, 31 (2): 201 -210.

[124] WHEELER D, B COLBERT, R E FREEMAN. Focusing on Value: Reconciling Corporate Social Responsibility, Sustainability and a Stakeholder Approach in a Network World [J] . Journal of General Management, 2003, 28 (3): 1 -29.

[125] EDMONDSON V C, CARROLL A B. Giving Back: An Examination of the Philanthropic Motivations, Orientations and Activities of Large Black - Owned Businesses [J] . Journal of Business Ethics, 1999, 19 (2): 171 -179.

[126] NORCIA V D, TIGNER J. Mixed Motives and Ethical Decisions in Business [J] . Journal of Business Ethics, 2000, 25 (1): 1 -13.

[127] HEMINGWAY C A, MACLAGAN P W. Managers' Personal Values as Drivers of Corporate Social Responsibility [J] . Journal of Business Ethics, 2004, 50 (1): 33.

[128] RASHID M Z A, IBRAHIM S. Executive and Management Attitudes towards Corporate Social Responsibility in Malaysia [J] . Corporate Governance: The International Journal of Effective Board Performance, 2002, 2 (4): 10 -16.

[129] RAMASAMY B, HUNG W T. A Comparative Analysis of Corporate Social Responsibility Awareness [J] . Journal of Corporate Citizenship, 2004 (13): 109 -123.

[130] BRAMMER S, WILLIAMS G, ZINKIN J. Religion and Attitudes to Corporate Social Responsibility in a Large Cross - Country Sample [J]. Journal of Business Ethics, 2007, 71 (3): 229 -243.

[131] 姚海鑫，陆智强，李红玉．企业社会责任对股东财富影响的实证研究 [J] ．东北大学学报（社会科学版），2007 (4): 315 -319.

[132] ALPASLAN M, MITROFF I I. Bounded Morality: A Study of Crisis Management in the Fortune [D] . NY: Unpublished Paper, 2004.

[133] 汤海溶，黄登仕．改变上市公司资本结构的因素分析——来自中国

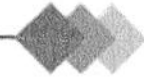

上市公司的证据［J］．管理评论，2005，17（4）：3－8.

［134］WALDMAN D A，RAMIREZ G G，HOUSE R J，et al. Does Leadership Matter? CEO Leadership Attributes under Conditions of Perceived Environmental Uncertainty［J］．Academy of Management Journal，2001（44）：134－143.

［135］AGLE B R，NAGARAJAN，N J，SONNENFELD J A，et al. Does CEO Charisma Matter? An Empirical Analysis of Relationships Among Organizational Performance，Environmental Uncertainty，and Top Management Team Perceptions of CEO Charisma［J］．Academy of Management Journal，2006（49）：161－174.

［136］WOOD R A，COCHRAN P L. Corporate Social Responsibility and Financial Performance［J］．The Academy of Management Review，1984，27（1）：42－56.

［137］金乐琴．CSR 与可持续发展：理论及对策［J］．绿色中国，2004（2）：50－52.

［138］邓冬梅．我国医药 CSR 与组织绩效关系探析［D］．广州：暨南大学管理学院，2005.

［139］曹风月．CSR 的范围［J］．山东省工会管理干部学院学报，2004，10（2）：83－84.

［140］WOOD D J. Social Issues in Management：Theory and Research in Corporate Social Performance［J］．Joumal of Management，1991，17（2）：383－406.

［141］THOMAS A S SIMERLY R L. Internal Determinants of Corporate Social Performance：The Role of Top Managers［J］．Academy of Management Proceedings，1995（2）：411－415.

［142］BROWNE S E. Determinants of Corporate Social Performance：An Exploratory Investigation of Top Management Teams，CEO Compensation，and CEO Power［M］．Davie，FL：Nova Southeastern University Press，2003.

［143］HAMBFICK D C，MASON P A. Upper Echelons：The Organization as a Reflection of Its Top Managers［J］．Academy of Management Review，1984，9（2）：193－206.

［144］PFEFFER J. Organizational Demography［M］．Greenwich，CT：JAI

Press, 1983: 299 -357.

[145] HAMBFICK D C. Environment, Strategy, and Power within Top Management Teams [J]. Administrative Science Quarterly, 1981 (26): 253 -275.

[146] CYERT R M, MARCH J G. A Behavioral Theory of the Firm [M]. Englewood Cliffs, N. J: Prentice - hall, 1963.

[147] GUPTA A. Contingency Perspectives on Strategic Leadership: Current Knowledge and Future Research Directions [M] // Hambfick D C, et a1. The Executive Effect: Concepts and Methods for Studying Top Managers. Greenwich, CT: JAI Press, 1988: 47 -178.

[148] MCPHERSON J M, SMITH - LOVIN L. Homophily in Voluntary Organizations: Status Distance and the Composition of Face - to - face Groups [J]. American Sociological Review, 1987, 52 (3): 370 -379.

[149] CARLSSON G, KARLSSON K. Age, Cohorts and the Generation of Generations [J]. American Sociological Review, 1970, 35 (4): 710 -718.

[150] DECKOP J, MERRIMAN K, GUPTA S. The Effects of CEO Pay Structure on Corporate Social Performance [J]. Journal of Management, 2006, 32 (3): 329 -342.

[151] GREENING D, JOHNSON R. Managing Industrial and Environmental Crises: The Role of Heterogeneous Top Management Teams [J]. Business & Society, 1997, 36 (4): 334 -362.

[152] DUTTON J, DUNCAN R. The Creation of Momentum for Change Through the Process of Strategic Issue Diagnosis [J]. Strategy Management Journal, 1987, 8 (3): 279 -296.

[153] DEARBORN D C, SIMON H A. Selective Perceptions: A Note on the Departmental Identification of Executive [J]. Sociometry, 1958 (21): 140 -144.

[154] ATKINSON A A, J H WATERHOUSE, R B WELLS. A Stakeholder Approach to Strategic Performance to Measurement [J]. MIT Sloan Management Review, 1997, 38 (3): 25 -37.

[155] PREECE S, C FLEISHER, J TOCCACELLI. Building a Reputation along the Value Chain at Levi Strauss [J]. Long Range Planning, 1995, 28 (6): 88 -98.

[156] LITZ R A. A Resourced – Nased – View of the Socially Responsible Firm: Stakeholder Interdependence, Ethical Awareness, and Issue Responsiveness as Strategic Aseets [J] . Journal of Business Ethics, 1996 (15): 1355 – 1363.

[157] OWEN C L, R F SCHERER. Social Responsibility and Market Share [J]. Review of Business, 1993, 15 (1): 11 – 16.

[158] MURRAY K B, J R MONTANARI. Strategic Management of the Socially Responsibility Firm: Integrating Management and Marketing Theory [J]. Academy of Management Review 1986, 11 (4): 815 – 828.

[159] POLONSKY M J. A Stakeholder Theory Approach to Design Environmental Marketing Strategy [J] . Journal of Business and Industrial Marketing, 1995, 10 (3): 29 – 46.

[160] 中国企业家调查系统．企业家看社会责任——2007 中国企业家成长与发展报告 [M] ．北京：机械工业出版社，2008.

[161] 姜启军，顾卫．企业社会责任的战略选择与民营企业的可持续发展 [J] ．商业经济与管理，2005 (11): 51 – 56.

[162] BERMAN S L, WICKS A C. Does Stakeholder Orientation Matter? The Relationship between Stakeholder Management Models and Firm Financial Performance [J] . Academy of Management Journal, 1999, 42 (5): 488 – 508.

[163] SCHEIN E H. The Role of the Founder in Creating Organizational Culture [J] . Organizational Dynamics, 1983, 12 (1): 13 – 28.

[164] IBRAHIM N A, HOWARD D P, JOHN P A. Board Members in the Service Industry: An Empirical Examination of the Relationship between Corporate Social Responsibility Orientation and Directorial Type [J]. Journal of Business Ethics, 2003, 48 (4): 1393 – 1401.

[165] HUSTED B W, ALLEN D B. Corporate Social Responsibility in the Multinational Enterprise: Strategic and Institutional Approaches [J]. Journal of International Business Studies, 2007, 37 (6): 838 – 849.

[166] 霍尔斯特·S，阿尔伯特·L. 企业伦理学基础 [M] ．李兆雄，译．上海：上海社会科学出版社，2001.

[167] 波斯特·J E，安妮·T L，詹姆斯·W. 企业与社会：公司战略公共政策与伦理 [M] . 10 版．张志强，译．北京：中国人民大学出

版社，2005.

[168] BRAIN K B，HEGARTY H. Some Determinants of Student Corporate Social Responsibility Orientation [J] . Business and Society，1999，38 (2)：188 -205.

[169] SMITH W J，RICHARD E W，HARRINGTON KV，et al. An Examination of the Influence of Diversity and Stakeholder Role on Corporate Social Orientation [J] . Business and Society，2001，40 (3)：266 -294.

[170] 简瑞锦. 台湾企业领导人的宗教信仰对企业社会责任履行之探讨：以基督教为例 [D] . 桃园：中原大学国际贸易研究所，2006.

[171] TREVINO L. Ethical Decision Making in Organizations：A Person - situation Interactionist Model [J] . The Academy of Management Review，1986，11 (3)：601 -617.

[172] DABOUB A J，RASHEED A M A，PRIEM R L，et al. Top Management Team Characteristics and Corporate Illegal Activity [J] . Academy of Management Review，1995，20 (1)：138 -170.

[173] PFEFFER J，SALANCIK G R. Organizational Context and the Characteristics and Tenure of Hospital Administrators [J] . Academy of Management Journal，1977 (20)：74 -88.

[174] LEPOUTRE J，HEENE A. Investigating the Ipact of Firm Size on Small Business Social Responsibility：A Critical Review [J] . Journal of Business Ethics，2006 (67)：257 -273.

[175] JOHNSON R A，GREENING D W. The Effects of Corporate Governance and Institution Ownership Types on Corporate Social Performance [J]. Academy of Management Journal，1999 (42)：564 -577.

[176] DONALSON L. The Contingency Theo Organizations [M] . London：Sage，2001.

[177] BRAMMER S，PAVELIN S. Building a Good Reputation [J]. European Management Journal，2004，22 (6)：704 -713.

[178] 陈佳贵，黄群慧，彭华岗，等. 中国企业社会责任研究报告 [M]. 北京：社会科学文献出版社，2010.

[179] 斯蒂芬·P. 罗宾斯，玛丽·库尔特. 管理学 [M] .7 版. 北京：中国人民大学出版社，2004.

[180] AUPPERLE K E. An Empirical Inquiry into the Social Responsibility as

Defined by Corporations: An Examination of Various Models and Relationships [D] . Georgia: University of Georgia Business School, 1982.

[181] MARZ J. An Examination of the Relationship between Individual and Corporate Characteristics and Social Orientation [D] . D. B. A: School of Business and Entrepreneurship, Nova Southeastern University, 1999.

[182] 辛杰. 企业社会责任研究—— 一个新的理论框架与实证分析 [D]. 山东: 山东大学, 2009.

[183] PETERSON R S, BEHFAR K J. The Dynamic Relationship between Performance Feedback, Trust, and Conflict in Groups: A Longitudinal Study [J] . Organization Behavior and Human Dccision Process, 2003 (92): 102 - 112.

[184] BLIESE P. Within - group Agreement, Non - independence, and Reliability: Implications for Data Aggregation and Analysis [M] . San Francisco: Jossey - Bass, 2000.

[185] 姜启军, 顾庆良. 企业社会责任和企业战略选择 [M] . 上海: 上海人民出版社, 2007.

[186] KAY J. Foundations of Corporate Success: How Business Strategies Add Value [M] . New York: Oxford University Press, 1993.

[187] BOS W, TARNAI C. Content Analysis in Empirical Social Research. International Journal of Educational Research, 1999 (31): 659 - 761.

[188] KROMREY H. Empirische Sozialforschung: Methoden der Datenerhebung and DAtenauswertung [M]. Opladen: Leske & Bunrich, 1998.

[189] DILTHEY W. Der Aufbau der Gescgichtlichen Welt in Den Geisterswissen - schaften [M] . Stuttgart, Teubner, 1979.

[190] FUHLAU I. Die Sprachlosigkeit der Inhaltsanalyse [M] . Tubingen: Gunter Narr Verlag, 1982.

[191] BOS W, STRAKA G A. Ergebnisse Einer Vergleichenden Inhaltsanalyse von Grundschultextuchern der Volksrepublick China. Munster, New York: Waxmann, 1987.

[192] MARRINO K E, CASTALDI R M, DOLLINGER M J. Content Analysis in Entrepreneurial Research: the Casa of Initial Public Offering [J]. Entrepreneurship Theory and Practice, 1989 (14): 51 - 66.

[193] CHAN K F, LAU T, MAN T W Y. The Ebtreprebeurial Personality of

Small Business Owner – managers in Hong Kong: A Critical Incident Analysis [J]. Journal of Enterprising Culture, 1997 (5): 249 – 271.

[194] GEORGE A L. Quantitative and Qualitative Approaches to Content Analysis. Urbana: University of Illonois Press, 1959.

[195] POOL I SOLA. Trends in Content Analisis Today: A Summary. Urbana: University of Illinois Press, 1959.

[196] 袁方. 社会研究方法教程 [M]. 北京: 北京大学出版社, 1997.

[197] CARROLL ARCHIE B, HOY FRANK. Integrating Corporate Social Policy into Strategic Management [J]. The Journal of Business Strategy, 1984, 4 (3): 48 – 57.

[198] BAYNEY J. Firm Resources and Sustainde Competitive Advantage [J]. Journal of Management, 1991 (17): 99 – 120.

[199] DADID DRICKHAMER. Under Fire: Consumer Cries for Sweatshop – free Product Drive Big – name Brands to Extraordinary Lengths to Monitor Working Conditions at Contractor Plants [J]. Industry Week, 2002 (6).

[200] FORT T L. Business as Mediating Institution [J]. Business Ethics Quarterly, 1996, 6 (2), 149 – 164.

[201] HUSTED B W, ALLEN D B. Corporate Social Responsibility and Value Creation among Large Firms [J]. Long Range Planning, 2007 (40): 594 – 610.

[202] MCWILLIAMS A, D SIEGEL, P M WRIGHT. Corporate Social Responsibility: Strategic Implications [J]. Journal of Management Studies, 2006 (43): 1 – 18.

[203] WILLIAMSIN O E. Manageral Disceretion and Business Behavior [J]. American Economic Review, 1963, 53 (5): 1032 – 1058.

[204] FRANK R H. Passions within Reason: The Strategic Role of Emotion [M]. New York: Norton, 1988.

[205] GREENLEY, et a1. Multiple Stakeholder Orientation in UK Companies and the Implications for Company Performance [J]. Journal of Management Studies, 1997, 34 (2): 259 – 284.

[206] CHUNG – LEUNG LUK, OLIVER H M, et a1. Stakeholder Orientation and Business Performance [J]. Journal of International Marketing,

2005，7（3）.

[207] BARNEY J. Firm Resources and Sustained Competitive Advantage [J]. Journal of Management，1991（17）：116－135.

[208] BARNEY J. Looking inside for Competitive Advantage [J] . Academy of Management Executive，1995（9）：65－78.

[209] 郑海东．企业社会责任行为表现——测量维度、影响因素及对企业绩效的影响 [D] . 浙江：浙江大学，2007.

[210] 李纪明．资源观视角下企业社会责任与企业绩效研究——一个理论框架及其在浙江的实证检验 [D] . 浙江：浙江工商大学，2009.

[211] VENKATRAMAN N. Strategic Orientation of Business Enterprises：The Construct，Dimensionality and Measurement [J] . Management Science，1989（35）：942－967.

[212] BOOMSMA A. Nonconvergence，Improper Solutions，and Starting Values in LISREL Maximum Likelywood Estimation [J] . Psychomertrika，1982（50）：229－242.

[213] NUNNALLY J C. Psuchometric Theory [M] . New York：McGraw－Hill，1967.

[214] TANAKA J S. How Big is Big Enough? Sample Size and Goodness of Fit in Structural Equation with Latent Variales [J] . Child Development 1987，58（1）：134－146.

[215] MARSH H W，HAU K T，CHUNG C M，et a1. Is More Ever too Much：the Number of Indicators Per Factor in Confirmatory Factor Analysis [J]. Multivariate Behavioral Research，1998（33）：181－220.

[216] 黄芳铭．结构方程模式——理论与应用 [M] . 北京：中国税务出版社，2005.

[217] 吴明隆．SPSS 统计应用实务 [M] . 北京：科学出版社，2003.

[218] 温忠麟，侯杰泰．结构方程模型检验：拟合指数与卡方准则 [J] . 心理学报，2004，36（2）：186－194.

[219] 温忠麟，张雷，侯杰泰，等．中介效应检验程序及其应用 [J] . 心理学报，2004，36（5）：614－620.

[220] ETZIONI A. The Moral Dimension [M]. New York：Free Press，1988.

[221] HUSTED B W，D B ALLEN. Corporate Social Strategy in Muhinational Enterprises：Antecedents and Value Creation [J] . Journal of Bisiness

Ethics, 2007 (74): 345 -361.

[222] JONES T M. Indusrial Stakeholder Theory: A Synthesis of Ethies and Economics [J]. Academy of Management Review, 1995 (20): 404 -437.

[223] HILLMAN A J, M A H ITT. Corporate political Strategy Forratdation: A Model of Approach, Participation, and Strategy Decisions [J]. Academy of Management Review, 1999, 24 (4): 825 -842.

[224] GUPTA S. Strategic Dimensions of Corporate Imagine: Corporate Ability and Corporate Social Responsibility as Sources of Competitive Advantage via Differentiation [D]. Unpublished Dissertation. Temple University, 2002.

[225] BURKE LEE, LOGSDON JEANNE M. How Corporate Social Responsibility Pays off [J]. Long Range Planning, 1 996, 29 (4): 495 -502.

[226] MCADAM T M. How to Put Corporate Respomibility into Practice [J]. Business and Society Review, 1973 (6): 8 -16.

[227] HUSTED B W, D B ALLEN. Is it Ethical to Use Ethics as Strategy [J]. Journal of Business Ethics, 2007, 27 (1 -2), 21 -32.

[228] 刘宝. 基于竞争优势的企业社会战略研究 [J]. 中国科技论坛, 2008 (6): 41 -45.

[229] 邵兴东. 企业社会责任战略研究 [J]. 开发研究, 2009 (5): 121 -125.

[230] 查尔斯·沃尔夫. 政府或市场 [M]. 北京: 中国发展出版社, 1994.

[231] JOHN ZINKIN. Maximising the "license to operate": CSR from an Asian Perspective [J]. The Journal of Corporate Citizenship, 2004.

[232] BOWMAN H, M A HAIRE. A Strategic Posture Toward Corporate Social Responsibility [J]. California Manegenent Review, 1975, 18 (2).

[233] BERESFORD D R. Compilation of Social Measurement Disclosures in Fortune 500 Annual Reports -1973 [R]. Ernst and Ernst, 1973

[234] INGRAM R W. An Investigation of the Information Content of (Certain) Social Responsibility Disclosures [J]. Journal of Accounting Research, 1978 (16): 270 -285.

[235] PRESTON L E. Comparing Corporate Social Performance: Germany, France, Canada and the U. S. [J]. Califomia Management Review, 1978, 20 (4): 40 -49.

[236] ABBOTT W F, MONSEN R. On the Measurement of Corporate Social Disclosures as a Method of Measuring [J]. Academy of Management Journal, 1979, 22 (3): 501-515.

[237] AUPPERLE K E, CARROLL A B, HATFIELD J D. An Empirical Examination of the Relationship between Corporate Social Responsibility and Profitability [J]. Academy of Management Journal, 1985, 28 (2): 446-463.

[238] WOKUTCH R E, MCKINNEY E W. Behavioral and Perceptual Measures of Corprorate Social Performance [J]. Research in Corporate Social Performance and Policy, 1991 (12): 309-330.

附录一　访谈提纲

1. 公司成立的年限、经营情况和管理业绩（静态）?

2. 公司近几年发展状况（动态）?

3. 公司高管人员的初始组成情况，变动情况?

4. 社会上有一种观点，认为只要企业能够为社会创造价值，为股东创造价值，同时不损害别人的利益，只要这三点做得好，就是一个合格的企业，请问你们企业是否赞同这种观点? 或者是否有不同的价值观或企业文化，请简要谈谈。

5. 企业在不同发展阶段是否关注的重点有所不同? 请回顾一下你们企业在不同阶段都承担了哪些社会责任? 有何变化?

6. 企业的每年的捐助和慈善数额大约占到企业利润的多大比例? 有为突发性的公益事业做出常规性的预算吗?

7. 在社会责任方面，你们公司有些什么实践? 有什么体会?

8. 你们企业在行业发展中有什么令您感到自豪的贡献吗? 能举例说明吗?

附录二　企业高管社会责任调查问卷

尊敬的女士/先生：您好！

这是一份针对企业高管团队成员社会责任取向、战略及其绩效情况的无记名调查问卷。企业的高管团队成员是指参与企业经营战略管理等高层决策，董事长、总经理或直接向董事长及总经理汇报的人员。您是以高管团队的一位成员来填写本问卷，答题没有对错之分，调查数据仅用于学术研究，请您根据企业实际情况及您个人的实际感受作答，我们承诺严格保密，保证绝不公开企业和个人的信息。敬请在百忙之中抽出宝贵的时间惠予填写，感谢您的大力支持！

中南大学商学院

2011. 02

第 I 部分：企业基本情况（请在方框内填写选项）

1. 贵公司/企业的员工人数

□50 人以下　□50 ~ 199 人　□200 ~ 499 人

□500 ~ 999 人　□1000 ~ 2999 人　□3000 ~ 9999 人

□10000 人以上

2. 贵公司/企业的成立时间

□1 年以内　□1 ~ 3 年　□3 ~ 5 年

□5 ~ 10 年　□10 ~ 20 年　□20 年以上

3. 贵公司/企业的所有制形式：

□国有（含国有控股）　□集体　□股份制　□外资或合资

□民营　□其他

4. 贵公司/企业正处于哪个发展阶段：

□ 刚刚创建，各种资源比较匮乏，目前求生存是我们的首选目标

□ 公司开始步入良性轨道，正进入一个快速发展时期，需要调整企业

战略实现规模扩张

□ 公司的规模已达到相当程度，企业更加关注社会责任的承担和履践

□ 公司已经过了发展高峰期，目前非常不景气，难以适应社会发展，面临被淘汰的局面

5. 贵公司/企业所属的门类（单选，如果由多项行业组成，只选择主业）

□制造业　□服务业　□IT 产业　□其他高科技产业　□其他产业（请注明）______

第Ⅱ部分：请填写您本人的基本情况（请在方框内填写选项）

1. 您本人的性别：□ 男　□ 女
2. 您本人的年龄：□20～35 岁　□36～45 岁　□46～55 岁　□ >56 岁
3. 您本人受教育的程度：□高中　□大专　□本科　□硕士　□博士
4. 您在贵公司/企业担任的职务：□董事长　□总经理　□副总经理　□部门经理
5. 您本人的分管职能：□营销　□财务　□人力资源　□技术　□其他
6. 您任（本）职期限：□ <1 年　□1～2 年　□2～3 年　□3～5 年　□ >5 年

第Ⅲ部分：企业高管社会责任调查问卷

一、企业高管人员社会责任取向［本部分共八组问题，请根据每组陈述性语句的相对重要性打分（0～10 分），<u>分数越高表示您认为该项对企业的发展越重要，但每组四个选项的总分小于或等于 10 分］</u>。

组别	测量指标	重要程度得分（0～10 分）	本组得分（注：≤10 分）
第一组	A11：企业要争取一直保持盈利		
	A12：我们要遵守各项规则		
	A13：我们应从伦理角度以公正负责的方式为其商品或服务做广告		
	A14：我们要积极履行慈善责任		

续 表

组别	测量指标	重要程度得分（0～10分）	本组得分（注：≤10分）
第二组	A21：我们的企业要争取保持强有力的竞争地位		
	A22：我们要做一个遵守法律的企业公民		
	A23：我们的企业要遵循社会标准和伦理规范的期望		
	A24：鼓励管理者和职工参加社区的自愿性和慈善性活动		
第三组	A31：我们的目标是使企业的长期回报最大化		
	A32：企业要遵守法律法规		
	A33：企业应做道德和伦理所期待的事情		
	A34：我们应该主动进行慈善事业		
第四组	A41：我们要帮助寻求能提供个人收入的机会		
	A42：我们所做的一切应符合政府和法律的期望		
	A43：认识并尊重社会所接受的新的或演变的伦理及道德规范		
	A44：我们要积极为公益事业捐赠		
第五组	A51：企业存在的目的只是追求提高回报率的机会		
	A52：企业还应强调对法律、法规条例的自觉遵守		
	A53：我们应倡导道德和伦理行为		
	A54：我们应为慈善和社区组织提供自觉地协助		

续　表

组别	测量指标	重要程度得分（0～10分）	本组得分（注：≤10分）
第六组	A61：企业存在的目的是尽可能的盈利		
	A62：我们杜绝违法行为		
	A63：我们还要避免违背社会规范和伦理，以达到目标		
	A64：应自觉地慈善行为		
第七组	A71：我们企业致力于扩大市场份额		
	A72：企业应及时地遵守新的法律和法庭的裁决		
	A73：我们已经认识到企业诚信和伦理行为胜过仅遵守法律法规		
	A74：长期以来，我们依然维持提高慈善和自觉的努力政策		
第八组	A81：良好的企业财务状况是我们追求的目标		
	A82：我们把遵守法律作为测量企业绩效的重要方法		
	A83：我们把遵守社会规范、习俗等作为测量企业绩效的重要方法		
	A84：我们把慈善行为作为测量企业绩效的重要方法		

二、企业社会责任表现（请您根据下列各项标准对所在企业的表现进行衡量，选择一您认为比较符合实际的一种情况，并在对应方格内打√）。

（备注：特殊群体是指女性，艾滋病、乙肝病患者、残疾人等。）

项目	①完全不符合	②基本不符合	③有些不符合	④不确定	⑤有些符合	⑥基本符合	⑦完全符合
1. 企业员工与企业之间有良好的接触与沟通							
2. 企业为员工提供了安全健康的工作环境							
3. 企业为员工提供职业培训或培训机会							
4. 企业没有侮辱员工人格的伤害行为							
5. 企业没有克扣员工薪酬							
6. 企业与员工依法签订劳动合同							
7. 企业在招聘时对特殊群体一视同仁							
8. 企业给予特殊群体员工平等的薪酬							
9. 企业给予特殊群体员工平等的升迁机会							
10. 企业在生活上给予特殊群体实质性的帮助							
11. 企业股东的红利随企业价值增长而增长							

续 表

项目	①完全不符合	②基本不符合	③有些不符合	④不确定	⑤有些符合	⑥基本符合	⑦完全符合
12. 企业严格按照法律规定向股东披露信息							
13. 企业股东在重大问题决策中具有决定作用							
14. 企业向消费者提供的产品或服务质量合格							
15. 企业努力提高产品或服务的质量和安全性能							
16. 企业进行产品或服务促销时，没有欺诈行为							
17. 企业为消费者提供完备的售后服务							
18. 企业和债权人保持良好的接触和沟通							
19. 企业信守承诺，按期支付本息							
20. 为债权人单位提供良好的技术支持							
21. 企业提供的产品或服务没有污染							

续　表

项目	①完全不符合	②基本不符合	③有些不符合	④不确定	⑤有些符合	⑥基本符合	⑦完全符合
22. 企业创造产品或服务过程中注重环境保护							
23. 企业直接参与环境保护活动							
24. 企业环保水平高于国家标准							
25. 企业与当地社区保持良好的接触和沟通							
26. 企业为当地社区的经济发展提供支持							
27. 企业为当地社区的社会发展提供支持							
28. 企业为当地社会的教育事业提供经济支持							
29. 企业经常参与当地社区的公益活动							
30. 企业与当地政府保持良好的接触和沟通							
31. 企业与传媒机构保持良好的接触和沟通							

续 表

项目	①完全不符合	②基本不符合	③有些不符合	④不确定	⑤有些符合	⑥基本符合	⑦完全符合
32. 依法纳税，从不偷税漏税							
33. 企业经常进行公益性捐赠							
34. 企业为突发性的公益事业有常规性的预算							

三、公司社会责任战略（请您根据公司的实际情况对以下问题进行单一选择）。

项目	①完全不同意	②基本不同意	③有些不同意	④不确定	⑤有些同意	⑥基本同意	⑦完全同意
1. 利润最大化是企业的根本目标							
2. 在企业不景气时，我们从不重视企业社会责任							
3. 企业追求社会责任与追求利润目标是矛盾的							
4. 企业只要在成本、质量等商业指标上领先就可以了，没有必要承担过多的社会责任，我们确实也是这么做的							

续　表

项目	①完全不同意	②基本不同意	③有些不同意	④不确定	⑤有些同意	⑥基本同意	⑦完全同意
5. 成本和利润是考察是否履行社会责任的最重要标准，所以我们承担社会责任首先考虑成本这一要素							
6. 在企业社会责任方面我们只做好被要求做的							
7. 履行社会责任是为了赚钱，少赚钱我们绝对不干							
8. 我们承担社会责任就是为了提高企业经济绩效							
9. 企业愿意积极响应企业社会责任活动，哪怕要花钱							
10. 推行企业社会责任，我们看中的是长远利益							
11. 我们企业一直是企业社会责任的先导者，在没有被要求之前就采取企业社会责任行动							
12. 我们愿意多花些精力来关注整个社会的发展							

续 表

项目	①完全不同意	②基本不同意	③有些不同意	④不确定	⑤有些同意	⑥基本同意	⑦完全同意
13. 我们把履行社会责任作为提升企业核心竞争力的一种手段							
14. 我们通常将履行社会责任和企业公关活动结合起来							
15. 我们追求媒体关注和新闻效应							
16. 我们确信未来的商业计划更需要道德评估和环境影响分析							

四、公司绩效（请您根据公司的实际情况对以下问题进行单一选择）。

绩效	①很差	② 较差	③一般	④较好	⑤很好
利润绩效（同行业横向比较）：					
（1）相对于竞争对手，公司的营销状况					
（2）相对于竞争对手，公司的市场份额					
（3）相对于竞争对手，公司的利润水平					
成长绩效（企业自身纵向比较）：					
（4）近三年，公司销售利润增长率					

续　表

绩效	①很差	② 较差	③一般	④较好	⑤很好
(5) 近三年，公司投资利润增长率					
(6) 近三年，公司市场份额增长率					
管理绩效：					
(7) 公司吸引及留住关键雇员的能力					
(8) 公司员工工作满意度					
(9) 顾客或客户对公司的满意度					

后　记

看着专著即将付梓成册，感慨颇多……

本专著是在我的博士论文基础上，几经修改而成。回想博士学习的5年时光，我深刻体验到了学术的博大精深，研究的精妙细致，治学的艰辛愉悦，也体会到了人生的跌宕沉浮。求学过程中的种种无以言说的感悟，让我的收获远在学术之外。

治学途中，感谢生命中每一个相知、相助，给我关怀，予我温暖的人！

非常感谢在我的求学生涯中起到重要影响的人，我的导师曹兴教授！首先，感谢老师给予我机会，让我有幸能进入博士阶段的学术研究和学习的领域；其次，感谢老师给予我的无声教诲，曹老师以其渊博的学识和崇高的人品，言传身教对我人生产生了巨大的影响；最后，感谢老师教诲我严谨科学的治学方法及理念，引领我进入国际前沿的研究领域，每周一次的学术例会，学期始末的学术交流，课题小组的分组讨论……师从老师的5年时间，于我而言，是三生有幸，是全面提升。同时，感谢我的师母，师母的温柔贤淑、对老师的默默支持，对学生的关心爱护，给我们树立了女性如何在家庭中发挥作用的典范，这对我也是一种意外的收获。

感谢我的父母缪培宁和刘恢祯夫妇。他们给予我血肉之躯，一生竭尽所能，无私奉献给孩子，永远感谢他们。父亲离开我已20余载，清华大学毕业的父亲一直对女儿寄予厚望，没能亲眼看到女儿学业有成，事业进步，是其一生的憾事，愿父亲在天之灵得以安息，并衷心祝愿我的母亲能健康长寿，安度晚年！

感谢长沙学院的领导、同事们，在论文撰写和专著修改过程中，给予我时间上的照顾和学术上的帮助，在我情绪低落时给我关怀、温暖及劝慰，永远祝福他们！

感谢在学术研究过程中给予我热心支持和帮助的中国建设银行湖南省分行及北京分行相关人员，是你们，才使得我的问卷能顺利发放及如期收回。还要衷心感谢北京闻达敏斯物业服务有限公司董事长艾白璐，长沙睿哲造价工程有限公司总经理张泽军，深圳招商集团人力资源部主管王东

晓……因为你们，我的访谈工作得以顺利进行，谢谢你们！

感谢所有帮助我，关心我，支持我，鼓励我，给予我无穷动力和无尽灵感，随时与我分享学习与生活感悟的朋友、老师和同学！

感谢中国财富出版社的编辑对于本书出版所付出的辛苦努力。

最后，感谢我的丈夫石凌宇先生和儿子石恺宁！是你们让我体验到家的丰富内涵和温暖，在我攻读博士学位及著作出版期间给予我巨大的支持、宽容和理解，永远牵挂你们。愿儿子健康快乐，茁壮成长！

谨以此书，献给所有爱我的人和我爱的人！

缪　悦

2015 年 12 月